中国石油天然气集团公司统编培训教材

天然气与管道业务分册

天然气市场营销

《天然气市场营销》编委会 编

石油工业出版社

内容提要

本书主要介绍了天然气市场营销的相关概念及知识。内容包括天然气市场营销概论、国内外天然气市场发展现状及趋势、天然气用户选择与用气特性、天然气市场开发以及客户管理等。

本书可作为从事天然气市场营销工作人员的工具书，也可作为天然气市场营销相关人员的培训教材。

图书在版编目（CIP）数据

天然气市场营销/《天然气市场营销》编委会编．—北京：石油工业出版社，2017.9

中国石油天然气集团公司统编培训教材

ISBN 978-7-5183-2165-0

Ⅰ.①天… Ⅱ.①天… Ⅲ.①天然气工业-市场营销-中国-技术培训-教材 Ⅳ.①F426.22

中国版本图书馆 CIP 数据核字（2017）第 239323 号

出版发行：石油工业出版社

（北京安定门外安华里2区1号　100011）

网　　址：www.petropub.com

编 辑 部：（010）64251613　图书营销中心：（010）64523633

经　　销：全国新华书店

印　　刷：北京中石油彩色印刷有限责任公司

2017年9月第1版　2022年6月第2次印刷

710×1000毫米　开本：1/16　印张：17.75

字数：398千字

定价：62.00元

（如出现印装质量问题，我社图书营销中心负责调换）

版权所有，翻印必究

《天然气与管道业务分册》编审委员会

主 任 委 员：黄维和

副主任委员：凌　霄　黄泽俊　张耀明　侯创业

　　　　　　陈健峰　梁　鹏　吴世勤

委　　　员：王　斌　崔红升　柴　伟　陈晓鸣

　　　　　　赵延芳　董　鹏　徐文满　史宇峰

　　　　　　陈四祥　刘海春　刘　锴　孙　齐

　　　　　　吴志平　西　昕　刘克举

《天然气市场营销》编委会

主　　编：杨建红

副 主 编：徐文满

编写人员：（按姓氏笔画排列）

王占黎	王海涛	王新哲	王富平
王　鹏	冯陈玥	史宇峰	刘　勇
刘晓娟	孙振祥	李　广	李　伟
陈进殿	陈建辉	杜书成	张津铭
沈　鑫	何润民	邹晓琴	杨　义
杨建红	单卫国	郜　婕	段言志
段兆芳	高千惠	熊　伟	樊　慧

审定人员：侯创业　刘明科　刘毅军　米庆来

序

　　企业发展靠人才，人才发展靠培训。当前，集团公司正处在加快转变增长方式，调整产业结构，全面建设综合性国际能源公司的关键时期。做好"发展""转变""和谐"三件大事，更深更广参与全球竞争，实现全面协调可持续，特别是海外油气作业产量"半壁江山"的目标，人才是根本。培训工作作为影响集团公司人才发展水平和实力的重要因素，肩负着艰巨而繁重的战略任务和历史使命，面临着前所未有的发展机遇。健全和完善员工培训教材体系，是加强培训基础建设，推进培训战略性和国际化转型升级的重要举措，是提升公司人力资源开发整体能力的一项重要基础工作。

　　集团公司始终高度重视培训教材开发等人力资源开发基础建设工作，明确提出要"由专家制定大纲、按大纲选编教材、按教材开展培训"的目标和要求。2009年以来，由人事部牵头，各部门和专业分公司参与，在分析优化公司现有部分专业培训教材、职业资格培训教材和培训课件的基础上，经反复研究论证，形成了比较系统、科学的教材编审目录、方案和编写计划，全面启动了《中国石油天然气集团公司统编培训教材》（以下简称"统编培训教材"）的开发和编审工作。"统编培训教材"以国内外知名专家学者、集团公司两级专家、现场管理技术骨干等力量为主体，充分发挥地区公司、研究院所、培训机构的作用，瞄准世界前沿及集团公司技术发展的最新进展，突出现场应用和实际操作，精心组织编写，由集团公司"统编培训教材"编审委员会审定，集团公司统一出版和发行。

　　根据集团公司员工队伍专业构成及业务布局，"统编培训教材"按"综合管理类、专业技术类、操作技能类、国际业务类"四类组织编写。综合管理类侧重中高级综合管理岗位员工的培训，具有石油石化管理特色的教材，以自编方式为主，行业适用或社会通用教材，可从社会选购，作为指定培训教材；专业技术类侧重中高级专业技术岗位员工的培训，是教材编审的主体，按照《专业培训教材开发目录及编审规划》逐套编审，循序推进，计划编审300余门；操作技能类以国家制定的操作工种技能鉴定培训教材为基础，侧重主体专业（主要工种）骨干岗位的培训；国际业务类侧重海外项目中外员工的培训。

"统编培训教材"具有以下特点：

一是前瞻性。教材充分吸收各业务领域当前及今后一个时期世界前沿理论、先进技术和领先标准，以及集团公司技术发展的最新进展，并将其转化为员工培训的知识和技能要求，具有较强的前瞻性。

二是系统性。教材由"统编培训教材"编审委员会统一编制开发规划，统一确定专业目录，统一组织编写与审定，避免内容交叉重叠，具有较强的系统性、规范性和科学性。

三是实用性。教材内容侧重现场应用和实际操作，既有应用理论，又有实际案例和操作规程要求，具有较高的实用价值。

四是权威性。由集团公司总部组织各个领域的技术和管理权威，集中编写教材，体现了教材的权威性。

五是专业性。不仅教材的组织按照业务领域，根据专业目录进行开发，且教材的内容更加注重专业特色，强调各业务领域自身发展的特色技术、特色经验和做法，也是对公司各业务领域知识和经验的一次集中梳理，符合知识管理的要求和方向。

经过多方共同努力，集团公司"统编培训教材"已按计划陆续编审出版，与各企事业单位和广大员工见面了，将成为集团公司统一组织开发和编审的中高级管理、技术、技能骨干人员培训的基本教材。"统编培训教材"的出版发行，对于完善建立起与综合性国际能源公司形象和任务相适应的系列培训教材，推进集团公司培训的标准化、国际化建设，具有划时代意义。希望各企事业单位和广大石油员工用好、用活本套教材，为持续推进人才培训工程，激发员工创新活力和创造智慧，加快建设综合性国际能源公司发挥更大作用。

《中国石油天然气集团公司统编培训教材》
编审委员会

前 言

如果从1949年算起，中国天然气产业已有近70年的发展历史，然而长期以来，由于天然气作为石油的附属产品，天然气产业作为石油产业的附属产业，业内将天然气市场作为油气市场的一部分，缺乏对其进行单独研究。中国石油产业发展是借鉴苏联计划经济的模式发展起来的，因此对天然气市场没有一个清晰的定义。20世纪90年代，中国提出"油气并举"的战略方针，天然气的地位才得到提高。1998年，中国对油气领域进行全面市场经济改革，西气东输项目也在此期间提出，并于2000年得到国务院批准，伴随着西气东输项目的可行性研究，西气东输天然气市场研究专题报告出炉，可以说，这是第一份全面、深入的天然气市场研究报告，也是对天然气市场单独进行研究的一份专题研究报告。

2004年，随着西气东输项目正式商业运作，标志着中国天然气市场由启动期进入发展期，天然气市场呈现爆发性增长，"以资源为基础、以基础设施为手段、以市场为导向"的发展原则正式提出。在此后的一段时间内，天然气市场得到前所未有的重视，由于天然气市场处于发展期的初级阶段，天然气消费模式表现为"供应驱动消费"的发展模式，在此时期内，天然气发展仍以供应为主导，天然气呈现供不应求的局面，天然气市场开发和营销仍处于一种相对"被动"的地位和行为。

2010年以来，随着中国天然气基础设施的不断完善和供应条件的不断改善，天然气市场发展进入发展期的快速阶段，天然气供应日趋宽松，竞争愈加激烈，市场化条件越来越成熟，天然气消费呈现快速增长态势。2014年，中国经济进入"新常态"，国际石油价格进入下行通道，天然气市场也随之进入调整期，天然气消费增长放缓，供应总体宽松。2017年，随着北方清洁采暖和大气污染治理力度的加强，天然气消费量迎来又一个增长高峰。在能源结构调整和大气污染防治的要求下，天然气消费增长模式正在转变为"供应驱动消费"和"需求拉动消费"共存的模式。对于天然气供应和销售企业来说，天然气业务的生产经营理念也应发生转变，由"以资源为龙头、以供应为核心"变为"以市场为导向、以销售为龙头"，天然气市场营销人员的理念也要随之转变，市场营销行为要更为专业、更为投入，通过市场营销行为给企业带来经济效益，提高顾客忠诚度，提升企业品牌，实现天然气业务的可持续发展。

在上述背景下，中国石油天然气集团公司组织编写《天然气市场营销》。本书围绕着"天然气市场"这一核心概念，阐明天然气市场的定义、特点、市场营销管理以及发展趋势等内容。尽管天然气市场千变万化，但其规律也是有迹可寻的，我们尽可能地从概念和方法论上固化天然气市场的理论，梳理市场营销管理的过程，以便为读者提供参考，但也需要读者结合市场的变化和自身的具体业务来理解我们所介绍的内容。

第一章基于市场营销学的理论，介绍了天然气市场和天然气市场营销的概念。首先从天然气商品属性出发，讲述了天然气所具有的特性；然后对天然气市场营销进行了定义，并简要说明了天然气市场营销的过程。

第二章对国内外天然气市场发展现状和趋势进行了叙述和探讨。目前，中国天然气市场已进入快速发展期，面临着巨大的发展机遇和挑战。通过了解世界和中国天然气市场的基本情况，分析不同应用方向的天然气发展前景，并对中国天然气价格政策和世界天然气交易进行了系统地梳理和叙述。

第三章详细论述了城市燃气、工业燃料、天然气发电、天然气化工等天然气应用方向的用气特性。城市燃气中对居民、公服、天然气汽车、采暖等用气类型的用气定额、用户数量、气化率、不均匀性、经济性等用气特性进行了具体分析，并选择了一些典型城市或者用户作为示例。工业燃料中对陶瓷、玻璃、有色金属等用气类型的用气定额、用气规模、不均匀性、经济性等用气特性进行了具体分析。天然气发电中对调峰电厂、热电联产电厂、分布式能源等用气类型进行了具体分析。天然气化工中对合成氨、甲醇、制氢等用气类型进行了具体分析，并选择了一些典型用户作为示例。

第四章对天然气市场开发和市场营销管理的内容进行了系统全面的说明和论述，是本书的重点内容。主要内容包括天然气市场开发流程、客户购买行为、天然气市场调研、天然气市场需求预测、市场细分、目标市场选择、合同谈判和市场营销管理等部分。在每一部分，既有天然气市场开发和市场营销理论知识，也有市场开发与市场营销的方法，并提供一些实际案例，进行了一些实用的经验分享。

第五章讲述的是天然气购销合同、销售计划、关系营销等方面的内容。此部分内容强调了以客户为中心的理念，主要讲述了天然气销售过程中的合同管理、计划管理、天然气客户评价方法等。

总体上，本书在市场营销学理论的基础上，与天然气市场特性、规律以及市场开发工作紧密结合，突出实践应用，形成一本天然气市场领域理论与实践相结合的教科书。本书适用于长输管道天然气销售企业和油气田天然气销售企业从事天然气市场营销工作的人员使用，也可供从事天然气终端销售的人员借鉴参考。

本书编写人员包括中国石油规划总院、中国石油经济技术研究院、中国石油西南油气田经济研究所等多家单位的专业人士。第一章由杨建红、史宇峰、陈建辉、杜书成、冯陈玥编写，第二章由段兆芳、陈进殿、刘勇、段言志、王海涛、王新哲编写，第三章由李广、王富平、熊伟、单卫国、何润民、王占黎、樊慧、高千惠、皱晓琴编写，第四章由李伟、杨建红、邹婕、沈鑫、史宇峰、王鹏编写，第五章由史宇峰、李伟、杨建红、杨义、张津铭编写。全书由侯创业、李明科、刘毅军、米庆来进行审定。

本书编著过程中，中国石油天然气股份有限公司天然气与管道分公司给予了高度重视和支持，时任副总经理的侯创业同志亲自给予指导，中国石油西南油气田的刘明科教授级高级工程师、中国石油大学（北京）的刘毅军教授、中国石油天然气结算中心的米庆来副主任等专家提出了很好的指导意见和建议，同时，我们参考了市场营销和天然气行业其他专家的文献和观点，在此表示衷心的感谢！

中国的天然气产业总体上还处于发展期，天然气市场形势变化快，在中国，天然气市场营销学以前一直缺乏全面、系统的总结和梳理，我们此次编著《天然气市场营销》，只能算作一次大胆的尝试，有些观点和内容不尽成熟和完善，特别是有些观点不能全面反映市场变化形势，需要不断认识和深入探讨。本书中有不合理的地方，烦请读者批评指正！

编者
2017 年 7 月

说 明

本书可作为中国石油天然气集团公司从事天然气市场工作相关人员进行培训的专用教材。现对培训对象的划分及其应掌握和了解的内容在本教材中的章节分布，做如下说明，供参考。

培训对象的划分：

（1）管理人员，包括：

① 天然气与管道分公司天然气销售管理人员。

② 地区销售公司天然气销售管理人员。

③ 油气田公司天然气销售管理人员。

（2）专业技术人员，包括：从事天然气市场研究的人员。

（3）天然气销售人员，包括：地区公司下辖的省级代表处销售人员。

① 地区公司天然气销售人员。

② 油气田公司天然气销售人员。

（4）相关技术人员

① 从事天然气管道可行性研究人员。

② 从事天然气管道初步设计人员。

③ 从事天然气管道施工图设计人员。

针对不同级别人员的培训要求及具体的教学内容，可参照中国石油天然气集团公司天然气市场营销培训教学大纲。在教材中，上述培训对象应掌握和了解的章节如下：

（1）管理人员，要求掌握第四章、第五章，要求了解第一章、第二章、第三章。

（2）专业技术人员，本书所涉及的内容均应学习掌握。

（3）天然气销售人员，要求掌握第三章、第四章、第五章，要求了解第一章、第二章。

（4）相关技术人员，要求了解第四章、第五章。

目 录

第一章 天然气市场营销概论 ... 1
第一节 天然气市场综述 ... 1
第二节 天然气市场营销理论 ... 6

第二章 国内外天然气市场发展现状及趋势 ... 12
第一节 世界天然气市场发展现状及趋势 ... 12
第二节 中国天然气发展现状及趋势 ... 21
第三节 国内天然气价格政策 ... 41
第四节 天然气市场交易 ... 55

第三章 天然气用户选择与用气特性 ... 64
第一节 城市燃气用户用气技术经济特征 ... 64
第二节 工业用户用气技术经济特征 ... 104
第三节 发电用户用气技术经济特征 ... 124
第四节 化工用户用气技术经济特征 ... 141

第四章 天然气市场开发 ... 151
第一节 天然气市场开发基本流程 ... 151
第二节 客户购买行为分析 ... 167
第三节 天然气市场调研 ... 174
第四节 天然气市场需求预测 ... 191

第五节　天然气市场细分 ································· 213
　　第六节　天然气目标市场选择 ···························· 218
　　第七节　意向书及合同谈判 ······························ 222
　　第八节　天然气市场营销策略制定 ······················ 235
第五章　客户管理 ··· 247
　　第一节　天然气购销合同管理 ···························· 247
　　第二节　计划管理 ··· 251
　　第三节　客户关系管理 ······································ 257
　　第四节　公共关系管理 ······································ 262
参考文献 ··· 266

第一章 天然气市场营销概论

第一节 天然气市场综述

市场是营销学的一个重要概念。"市场"（Market）这个词在营销学和经济学中有不同的含义，在经济学中，狭义的市场是单纯从场所来说的，是指买卖双方进行交易的场所，例如，农贸市场、股票市场、期货市场等；广义的市场不仅仅是指交易场所，还包括了所有的交易行为，是交易行为的总称。

按照经济学的概念，天然气市场是指天然气交易行为的总称，包括天然气的供应、需求、定价和竞争等。按照营销学的概念，天然气市场是指愿意并且能够购买天然气的客户群体。

本教材主要是从营销学角度出发，重点讨论天然气在批发环节所面对的市场，例如，天然气长输管道企业和油气田企业以及进口天然气企业所面对的市场，主要是由城市燃气企业、直供工业用户或者经销商组成的客户群体。同时，也需要借助经济学中的更基础的概念，对天然气的供需规律等内容进行论述。

一、天然气商品属性

天然气是存在于地下储集层中以甲烷为主的混合气体的统称，比空气轻，具有无色、无味、无毒的特性。天然气又分为常规天然气和非常规天然气，通常情况下常规天然气又分为气田气和溶解气；非常规天然气包括页岩气、煤层气等。

在天然气中，甲烷占据了绝大部分比例，包括少量乙烷、丙烷和丁烷等气态烃类，还有少量二氧化碳、氮气、硫化氢、水分等杂质组分，这些杂质会被净化处理到符合国家标准规定的限值以内，通过净化处理的

天然气称为商品天然气。GB 17820—2012《天然气》规定了商品天然气的气质标准，该标准是按气态管输形式和城市燃气使用要求统一进行考虑制定的，气质标准既要满足管输要求，又要符合城市民用和商业以及工业使用要求。

天然气作为一种优质、高效、便利的清洁能源和化工原料，被广泛地应用于国民经济发展和社会生产生活中的各个领域，在不同领域中呈现不同的属性。

（一）天然气是最具发展前景的化石能源

天然气的成因有很多种，但总体上它是一种古代生物化石沉淀而来的化石能源，这决定了天然气与石油、煤炭一样，具有不可再生性，必将趋于枯竭，同时，燃烧会产生温室气体二氧化碳。

尽管可再生能源快速发展，但目前及今后一段时间内，化石能源还无法被完全替代。而天然气与其他化石能源相比，具有两个明显的优势：一是比石油资源更丰富，与石油的生成相比，无论是原始物质还是生成环境，常规天然气的生成都更广泛、更迅速、更容易，资源潜力更大，此外还有页岩气、煤层气等非常规天然气以及尚在前期研究中的可燃冰资源。二是比煤炭、石油更为清洁、低碳，与煤炭、石油相比，在燃烧过程中，不仅产生的 SO_2、氮氧化物等污染物少，而且所产生的二氧化碳最少。

因此，全球普遍认为，天然气是全球实现可持续发展最现实的能源选择之一，是未来能源结构中的重要组成部分，与其他化石能源相比，具有更长远的发展潜力和增长动力。

（二）天然气是清洁高效的燃料

天然气不仅清洁，而且高效。天然气作为气体燃料，可以方便地通过对阀门、风门的调节改变燃烧气量，控制燃烧工况，适应装置的负荷变化，还可以根据需要将装置调节为氧化气氛或还原气氛等。这些优点使得装置热效率得到提高，所生产的产品质量得到保证，在这方面，天然气要远好于煤炭，也明显优于石油。

天然气作为燃料的应用极为广泛，主要应用于居民和商业领域的炊事、热水、采暖、空调，工业领域的锅炉、窑炉（烘烤、熔炼、热风、热处理等），交通领域的车、船用天然气发动机，发电领域的燃气轮机、分布式能源系统等。

（三）天然气是优质的化工原料

天然气还是一种优质的化工原料，主要用于天然气制合成氨、天然气制甲醇、天然气制氢，这些应用大多首先使用天然气通过蒸汽转化等反应生产出 CO 和氢气，再进行进一步反应。由于甲烷分子中氢原子数量相比碳原子的比例高，天然气制氢的特点相对于煤炭和石油产率高，特别在小宗碳一化工产品优势更加明显。除上述主要化工应用之外，甲烷还可以通过取代反应、加热分解等其他化学反应，用于生产二硫化碳、氢氰酸、乙炔等化工产品。

（四）天然气是难以储存和运输的气体

气体的特点是密度低，同等质量或能量的气体需要占据的空间要比液体或固体大得多。天然气在常规状态下是一种气体，导致它不容易大量储存，事实上天然气是除了电力以外最难储存的能源，常规的储罐难以满足大规模储存天然气的需要，建设地下储气库又面临投资巨大和储存成本高昂的问题。在运输方面，天然气的陆上运输主要依赖于管道这一种方式，而管道由于路由和投资方面的限制，在管道数量和输送能力方面都是有限的。当然，天然气可以液化后储存和运输，但与建设地下储气库类似，也需要巨大的投资和高额的成本。由于天然气储存和运输上的困难，导致天然气对基础设施的依赖性非常强，这是天然气市场营销中商品的独特性之一。

（五）天然气是与其他能源的互相替代

绝大多数天然气用户都可以通过设施改造与石油产品、煤炭及其衍生产品、电力等能源互相替代，不同能源之间的替代，所带来的是经济性、便利性以及环保效益的不同。用户是否愿意选择使用天然气，最大的考量因素是经济性。在天然气市场中，很多工业用户会根据能源市场价格变化自主选择使用天然气或其他燃料，这种可替代性增加了天然气市场的需求弹性。

二、市场定义及天然气市场特性

（一）市场定义

市场的概念是由交易导出的。美国西北大学菲利普·科特勒教授指出："市场由一切具有特定的欲望和需求并且愿意和能够以交换来满足此欲望和需求的潜在顾客组成"，并且把市场定义为"市场是所有实际和潜在购买者的集合"。此定义，体现出市场的真正内涵，主要表现在以下三方面：

（1）突破了地域的限制，强调市场就是买方的需求，一种产品有没有市场，关键就在于它有没有购买者的需求；

（2）说明市场包括现实的需求和潜在的需求，这样市场就更具有动态性，呈现出广阔的发展前景；

（3）在市场活动买卖双方中强调了买方的地位和利益，买方是市场的中心，不能满足买方需求的卖方就会失去市场。

（二）天然气市场特性

如果从营销学角度讨论天然气市场，主要是讨论不同客户群体对天然气需求的规律和特性，以及如何实现供应方将天然气销售给客户，满足客户的需求。这是本书其他章节讨论的重点。本节主要从经济学角度，论述在现代市场经济中，天然气作为一种商品流通，它的供应、需求、价格和交易模式都符合普遍的经济学规律和原理，同时也有其自身的一些特性。

首先，天然气市场符合经济学的供求关系原理。供求关系原理是指商品的供求关系与价格变动之间的相互制约。商品的供给和需求决定了其价格，同时价格又是促使商品供给和需求趋于平衡的动力。当供给与需求相等时，商品的价格为均衡价格。当社会所提供的商品超过社会的需求时，商品的价格就会下跌，较低的商品价格具有抑制供给、刺激需求的作用，从而使供给和需求逐渐趋于平衡。当社会所提供的商品满足不了社会的需求时，商品的价格就会上涨，较高的商品价格具有刺激供给、抑制需求的作用，从而促使商品的供给和需求逐渐趋于平衡。

在美国、英国等天然气市场自由化国家，供需双方的天然气购销价格通常与商品交易市场的天然气交易价格挂钩，交易价格随着市场供需波动。按照这种机制，天然气供给和需求较容易保持平衡。目前，中国天然气供应价格属于政府指导价，供需关系规律不能完全体现，因此容易发生供需失衡。

其次，天然气市场除了具有上述普遍经济特性，还有以下特点：

（1）供应和需求的波动性。除了受价格因素影响，天然气供应会受上游气田开发生产、进口、运输环节所发生事件等因素的影响而波动，而天然气需求会随着宏观经济发展、环保政策激励、天气情况变化、生产生活条件变化等因素影响而波动。有些波动是周期性或可预见的，例如每年冬季由于供暖需要都会导致天然气需求增长。而有些波动是不确

第一章 天然气市场营销概论

定的，例如，天然气管道事故会造成供应减少，导致天然气供应紧张；宏观经济发展放缓而导致天然气需求减少，造成天然气供过于求。在天然气市场营销工作中，受到储存和运输设施的制约，供需波动是一直存在的，所以提前制订应急预案和及时采取应对措施，尽可能保持供需平衡显得尤为重要。

（2）天然气产业链的协调效应。天然气的勘探生产、运输储存、终端利用构成了天然气的整个产业链。天然气市场要取得发展，这些环节都不可或缺，需要同步推进，而且，天然气产业链的特点是，每个环节的发展都需要巨额投资以及较长的时间周期，这使得各个环节的协调发展显得更加重要。西气东输一线就是一个很好的例子，在塔里木油田天然气勘探取得发现后，同步推进上游气田开发、中游管道和下游的工程建设，实现西气东输一线项目顺利投产并快速达产，各个环节都取得了良好的效益。

（3）竞争特性和政府管制。世界各国的天然气市场总体可归为非竞争性市场和竞争性市场两类。不同类型的市场，天然气的交易行为呈现出鲜明的差异。

在非竞争性天然气市场，需求方不能自由选择供应方，整个市场的天然气供应较少，用户通常只能从一家供应企业购买天然气。为了防止供应方滥用市场支配地位，政府会对供应方的交易行为进行严格管制，包括对供应价格进行管制。

在竞争性的天然气市场，供应方较多，用户可以自由选择供应方。在生产商、用户、管道公司之外还出现了专门从事天然气贸易的天然气经销商，供应方之间形成有效竞争。竞争性的天然气市场中，形成了若干天然气交易中心，供需双方可以在交易市场买卖天然气，场外天然气购销协议的合同价格也可以交易市场价格作为参考。需要说明的是，即便在竞争性的天然气市场，管道输送业务都被认为具有"自然垄断"属性，作为非竞争性的环节，天然气储运业务的经营都受到政府监管，包括对它的服务标准和管输价格进行管制。

通常，一个国家在天然气市场发展初期都是采用非竞争性的模式。但根据经济学原理，竞争性的天然气市场是最有效率的市场，因此，包括中国在内，目前大多数国家都在朝着竞争性天然气市场的方向发展。

第二节　天然气市场营销理论

一、市场营销基本理论

（一）市场营销的定义

"市场营销"一词译自英文"Marketing",市场营销学是20世纪初起源于美国的一门新兴学科。普遍认为,第一本以"Marketing"命名的教科书是哈佛大学的赫杰特齐(J.E.Hegertg)教授于1912年出版的,这是营销学作为一门独立学科出现的标志。此时的营销学与现代营销学不可同日而语,它的内容仅限于"推销术"和"广告术"。

真正的现代营销学是在20世纪50年代形成的,此时期由于社会生产力的显著提高,经济高速发展,市场形势发生了重大变化,原来的营销理论和方法已不能适应现实经济生产生活的需要。在新形势下,现代市场营销理论和方法应运而生,发展至今,市场营销概念层出不穷,国内外学者对市场营销的定义不下上百种,其中最具代表性的是美国西北大学菲利普·科特勒和美国市场营销协会对市场营销的定义。

菲利普·科特勒教授指出："营销学是一门建立在经济科学、行为科学、现代管理理论基础上的应用科学",深刻地阐明了营销学的性质及与其他学科的关系,他对市场营销的定义是："市场营销是个人和集体通过创造、提供出售,并同别人自由交换产品和价值,以获得所需所欲之物的一种社会活动和管理过程"。

美国市场营销协会(American Marketing Association, AMA)对市场营销的定义是："市场营销是在创造、沟通、传播和交换产品中,为顾客、客户、合作伙伴以及整个社会带来价值的一系列活动、过程和体系"。

（二）市场营销的过程

从市场营销的定义可以看出,市场营销是一种过程、活动和体系,其主要目的是:通过带来价值吸引新顾客和通过创造满意巩固老顾客。在市场营销的过程中大体分为五个步骤:了解市场和顾客的需求和欲望;设计针对顾

第一章 天然气市场营销概论

客的市场营销战略；制定为顾客带来价值的市场营销计划；建立盈利性的关系和创造顾客满意；从顾客处获得价值以创造利润和顾客权益。

（三）市场营销的核心概念

在市场营销的过程和体系中，有以下六个核心概念：需要、欲望和需求，产品，价值和满意，交换、交易与关系营销，市场，市场营销者。

1. 需要、欲望和需求

需要是市场营销最基础的概念。人类的需要是一种感到缺乏的状态，包括对食品、服装、温暖和安全的基本生理需要，对归属和情感的社会需要，以及对知识和自我表达的个人需要，这些需要是与生俱来的。

当人们希望得到上述基本需要的特定满足品时，需要就变成了欲望。

而需求是指有能力并愿意购买某个具体产品的欲望。

一个优秀的市场营销公司竭尽全力了解和理解其顾客的需要、欲望和需求。为此，它们往往要进行认真的市场调查，分析大量的市场数据，建立与顾客的关系。

2. 产品（供应品）

产品是指任何满足人类某种需要或欲望的东西，所以，市场营销中的产品，不仅限于实体物品，还包括非物质形态的服务，甚至包括人物、地点、事件、活动和观念等。

天然气市场营销人员需要注意的是：人们购买天然气时不仅关注天然气本身，而且关注供应者的服务、天然气交接地点、企业的品牌实力等。

3. 价值和满意

能够满足消费者需求的产品往往不只一种或不只一家供应者提供的产品，此时消费者必须在这些产品之间进行选择，通常，消费者会选择能给他们带来最大价值并令他们满意的产品。这里所说的价值是指消费者所得到与所付出之比。顾客首先对各种市场供应品的价值和满意形成一定的预期，然后根据预期做出购买决定。

市场营销者在营销过程中必须谨慎设定恰当的预期水平。如果设定的预期过低，或许可以令购买的人满意，但容易造成供不应求的局面，不能满足更多的买者。如果预期过高，购买者会失望，容易造成销售低迷，产品囤积。

4. 交换、交易与关系营销

交换是通过提供某种东西作为回报，从另一人那里得到想要的东西的行为。交换是一个过程，如果双方正在进行谈判并趋于达成协议，这就意味着

他们正在进行交换，一旦达成协议，就发生了交易行为。

交易是由双方之间的价值交换所构成的，是交换的基本组成单位。交易通常有两种方式：一是货币交易；二是非货币交易，包括以物易物、以服务易物、以服务易服务等。

通常，为了使交易双方长期保持关系，就需要关系营销。关系营销是与本企业的重要伙伴（如顾客、供应商、分销商）建立长期满足的关系，以赢得或保持他们的长期业务。营销者一般是通过承诺和以合理的价格提供高质量的产品和服务来达到这种目的。

5. 市场

从市场的定义中，可以看出一个市场的形成必须具备以下要素：

（1）消费主体，即购买商品或服务的消费者和各类社会组织的总和。这里的消费者是指购买者个体，比如一个人或一个家庭；社会组织是指包括各类工商企业、政府机构和其他非营利机构。

（2）客体，即具有能够满足消费者某种需要的一定量的商品或劳务，是市场交易的对象，是构成市场的物质基础。

（3）消费者的需求，即以购买力为基础，在购买欲望的驱动下所形成的购买需求。购买力是指消费者或社会组织支付货币购买商品或服务的能力。

上述三个要素，构成了整个市场，缺一不可。这三个要素的多少，制约了市场规模，决定了市场的基本状况及其发展趋势。

6. 市场营销者

在交换的双方中，如果一方比另一方更积极主动地寻求交换，那么前者称为市场营销者，后者称为潜在顾客。这样，所谓市场营销者，可以定义为"愿意以某种有价值的东西作为交换并希望从别人那里获得利益的人"。

（四）市场营销学的研究方法

西方学者曾经采用很多方法研究市场营销问题，主要包括商品研究法、组织研究法、功能研究法、管理研究法、社会研究法等。其中最主要的方法是管理研究法。目前管理研究法中最著名的营销方法和理论是"4P"理论，即产品（Product）、定价（Price）、分销渠道（Place）和促销（Promotion），简称"4P"。西方市场营销学主要是运用这种管理决策法进行研究。当然，"4P"中每一个"P"都是可以调整和变动的，因而它们可以形成许多不同的组合方式，同时还需要和外部环境因素，如政治、经济、文化等不可控因素有机结合起来，才能获得最优效果。这样在"4P"的基础上，又提出了"11P"，对"4P"进行了延伸和发展。

二、天然气市场营销

（一）天然气市场营销的定义

天然气作为一种优质、高效、便利的清洁能源和化工原料，被广泛地应用于国民经济生产和生活中的各个领域。从天然气的商品属性可以看出，天然气既具有能源、化工原料、气态产品等物理属性，又具有公共事业、清洁燃料、经济能源等社会属性。

结合市场营销的定义和天然气的商品属性，将天然气市场营销定义为："天然气供应商向顾客、客户、合作伙伴供应天然气的过程中，为顾客、客户、合作伙伴以及整个社会带来经济价值、社会价值、环境价值，并从顾客处获得利益回报的一系列活动。"

需要说明的是：天然气的消费主体是个体消费者（简称消费者）和工商企业（除个体消费者外的其他所有消费主体），个体消费者和工商企业就是市场营销者的顾客和客户。

（二）天然气市场营销的过程

从天然气市场营销的定义可以看出，天然气市场营销的主要任务是创造设计、销售、储存运输天然气并服务给消费者和工商企业。

以下将按照管理研究法的方法研究天然气市场营销，那么天然气市场营销的过程即为天然气市场营销的管理过程。天然气市场营销的管理过程就是由企业市场营销部门根据战略规划所确定的业务经营范围、经营目标、业务组合和发展战略，认真识别、分析、评价外部环境，为天然气业务发展所提供的市场机会，结合企业的资源状况，综合考虑各种影响因素，制定天然气的市场营销战略和策略，并予以有效的实施。

天然气市场营销管理过程的简单示意图如图1-1所示。

这里仅对各个步骤的每一个概念和主要含义进行说明，对天然气市场营销过程的每一个步骤进行详细的分析和论述，详见第四章。

1. 天然气市场研究

天然气市场研究主要包括市场调研和预测两部分内容。天然气供应企业通过市场调研和预测，获得相关的信息资料，了解天然气市场消费现状，采用科学的方法预测未来的天然气市场需求，并分析天然气市场的发展趋势，为企业经营决策提供参考依据。

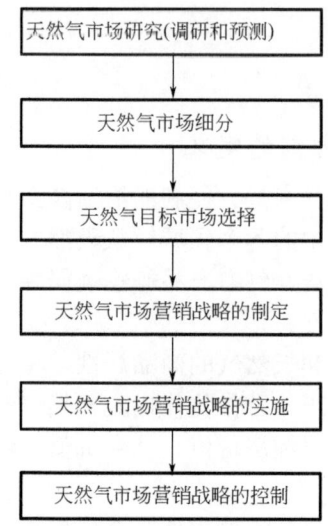

图 1-1　天然气市场营销过程示意图

2. 天然气市场细分

天然气市场细分的定义是天然气企业通过市场调研，依据天然气消费主体（指消费者和社会组织）的需求和欲望、购买行为和购买习惯等方面的明显差异性，把天然气市场整体划分为若干消费者群的市场分类过程。

天然气主要用于居民生活和工商企业生产过程，通常，天然气市场根据时间、地点、用气特性、顾客的不同需求及企业的具体情况进行市场细分。

3. 天然气目标市场选择

天然气目标市场是指企业营销天然气所要满足的市场，是企业为实现预期目标要进入的市场，即企业的服务对象。天然气目标市场选择是以市场细分为基础和前提的，通常，目标市场选择分为地区选择、结构选择、规模选择、用户选择等。

关于天然气目标市场选择在本书中"天然气市场细分"与"天然气目标市场选择"篇幅中进行详细论述。

4. 天然气市场营销战略的制定

市场营销战略是战略业务单位为实现其营销目标而制定的总体方案，它涉及营销组合和营销预算的确定。

天然气市场营销战略的方案制定由营销目标和市场营销策略组合两部

第一章　天然气市场营销概论

分内容构成：

（1）天然气市场营销目标。通常，市场营销目标依据目标销售额制定，包括天然气销售量、销售额、市场占有率等。

（2）天然气市场营销策略组合。一个完整的市场营销战略由产品、价格、分销、促销等营销策略组成。

5. 天然气市场营销战略的实施

营销战略只有实施，才能保证战略任务和目标的实现。天然气市场营销战略的实施包括签订合同、销售、广告宣传、消费者服务等行为。为了对营销战略有效实施，需要：

（1）构建一个功能齐全的市场营销组织，专门从事市场营销的有关职能工作。

（2）拥有一位市场营销高层管理者，负责协调市场营销工作。一方面管理市场营销团队，组织安排营销力量；另一方面协调与生产、财务等其他职能部门的关系。

（3）打造一支高素质的市场营销队伍。

6. 天然气市场营销战略的控制

为了预防战略决策偏差和战略实施中意外事件对战略实施效果可能产生的影响，确保营销战略的实现，企业还必须对战略的实施进行控制。控制市场营销战略的目的是及时发现战略制定和实施中的偏差、营销中存在的问题以及营销环境的变化，以便采取相应的措施，修正其执行、计划、战略甚至目标。天然气市场营销战略的控制有以下类型：

（1）年度计划控制，主要控制企业在年度内应实现的市场营销目标。

（2）赢利能力控制，主要对营销赢利能力进行分析，进而衡量营销活动的效率。

（3）战略控制，主要评估营销战略是否仍与市场条件相适应。

第二章 国内外天然气市场发展现状及趋势

第一节 世界天然气市场发展现状及趋势

当前,经济、能源和环境的可持续发展是世界共同关注的重大问题,低碳发展已经成为共识。能源从高碳向低碳,再向无碳发展是必然趋势,也是一个相当漫长的过程,在这个过程中,世界能源消费仍将以化石能源为主。天然气不仅是最清洁高效的化石能源,而且能够弥补风能、太阳能等可再生能源不易存储、供应不稳定的缺点。天然气在能源利用从高碳向低碳过渡中必将发挥重要作用,拥有巨大的发展空间。

一、世界天然气生产现状及趋势

(一)世界天然气资源

世界天然气资源丰富,据美国地质调查局(USGS)2012年的估算,世界常规天然气最终可采资源量约为 $470 \times 10^{12} m^3$,待发现可采资源量为 $170 \times 10^{12} m^3$。除常规天然气外,世界非常规天然气资源也极为丰富,根据IEA资料,世界非常规天然气可采资源量为 $343 \times 10^{12} m^3$,其中,致密砂岩气为 $81 \times 10^{12} m^3$,煤层气为 $50 \times 10^{12} m^3$,页岩气为 $212 \times 10^{12} m^3$。随着技术水平的提高,未来非常规天然气将在世界天然气供应中占重要地位。

随着勘探技术水平的提高,世界天然气剩余探明可采储量持续增长,从2000年的 $139.3 \times 10^{12} m^3$ 增至2015年的 $186.9 \times 10^{12} m^3$,年均增幅为1.98%,储采比保持在50以上(52.8)。世界天然气探明储量主要集中在中东、独联体地区,分别占世界总储量的42.8%和28.7%,其他地区探明储量占比仅为

28.5%。2000—2015年，世界天然气探明储量增加$47.6×10^{12}m^3$，其中中东和独联体增加$37.6×10^{12}m^3$，占世界天然气探明储量增量的79.0%。2000—2015年世界天然气探明储量和增速如图2-1所示。

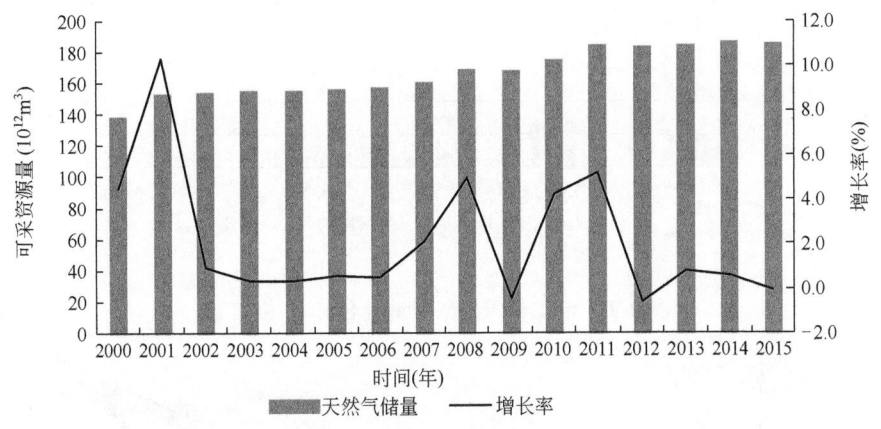

图2-1　2000—2015年世界天然气探明储量和增速

（二）世界天然气产量现状

世界天然气产量逐年提高，2000—2015年，世界天然气产量从$2.41×10^{12}m^3$增长到$3.54×10^{12}m^3$，年均增速2.6%。目前，世界四大主要天然气生产区是北美、独联体、中东和亚太地区，2015年产量分别占世界天然气产量的28.1%、21.1%、17.4%和15.7%，产量合计占世界总产量的80%以上。从主要天然气生产国看，美国和俄罗斯位居世界前两位。受页岩气大规模开采影响，2009年美国超过俄罗斯成为世界第一大天然气生产国，2015年美国天然气产量$7673×10^8m^3$，占世界总产量的22.0%，其中页岩气约占44%，俄罗斯、伊朗、卡塔尔紧随其后。2015年天然气产量排名前20位国家如图2-2所示。

美国页岩气革命改变了世界天然气供需格局。近年，受页岩气勘探开发技术突破的影响，美国页岩气产量激增。2007—2015年，美国页岩气产量由$540×10^9m^3$增加到$4272×10^9m^3$，占天然气商品量的比重由8%提高到46%。非常规气已经改变了北美天然气供需格局，美国天然气供需由基本平衡转向相对宽松，于2016年成为LNG出口国，原本面向美国的卡塔尔、非洲等国的LNG供应将转向亚洲和欧洲市场。2007—2015年美国页岩气产量及占比如图2-3所示。

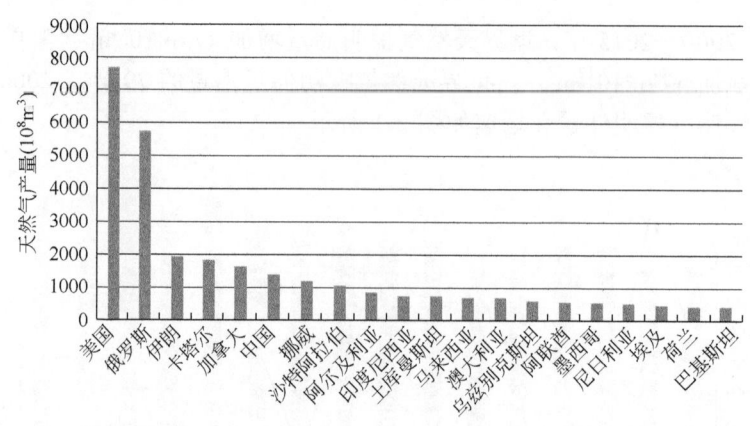

图 2-2　2015 年天然气产量排名前 20 位国家

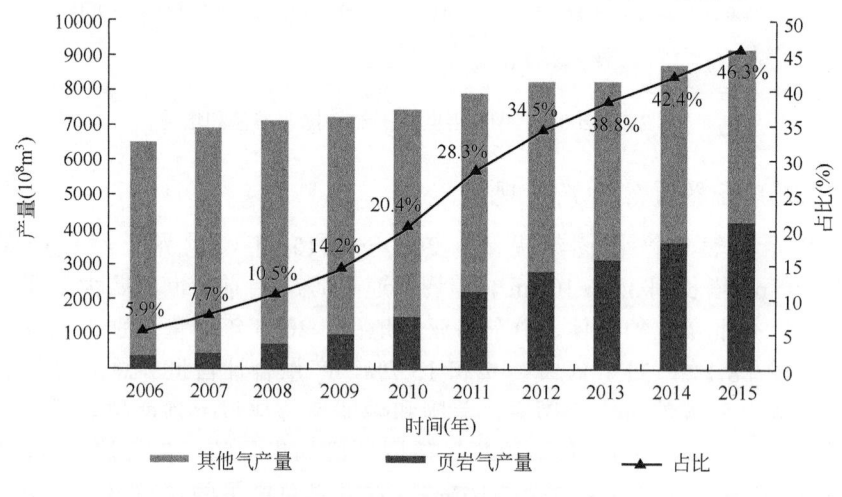

图 2-3　2007—2015 年美国页岩气产量及占比

（三）世界天然气产量发展趋势

未来，世界天然气产量仍将持续稳定增长，非常规气产量上升，天然气供应格局将向多元化发展。传统生产大国将继续发挥重要作用，欧洲天然气产量继续下降，新兴产气国产量快速增长。伊朗、沙特阿拉伯、卡塔尔、马来西亚、中国等国天然气产量增长迅速。同时，中亚地区的土库曼斯坦、哈萨克斯坦和阿塞拜疆，亚太的越南，非洲的埃及、尼日利亚、利比亚等国近年来加快天然气领域对外合作步伐，国内天然气产量将快速增加，在世界天

第二章 国内外天然气市场发展现状及趋势

然气供应中的地位日益提高。继美国页岩气革命后,世界其他国家也开始致力于页岩气发展。受技术限制、地质条件、环保压力等因素影响,目前其他国家的页岩气开发远远落后于美国。

二、世界天然气消费现状及趋势

(一)世界天然气消费现状

1995—2015 年,世界天然气消费量持续快速增长。天然气消费量由 $2.1×10^{12}m^3$ 增至 $3.5×10^{12}m^3$,年均增幅为 1.7%(图 2-4)。随着世界天然气消费的持续增长,天然气在一次能源结构中的地位不断上升, 2015 年,天然气在世界一次能源消费中的占比已上升至 24%,石油和煤炭的占比分别降为 33% 和 30%,占比差距已缩小到 10 个百分点以内,天然气在世界一次能源中的地位大幅提升。

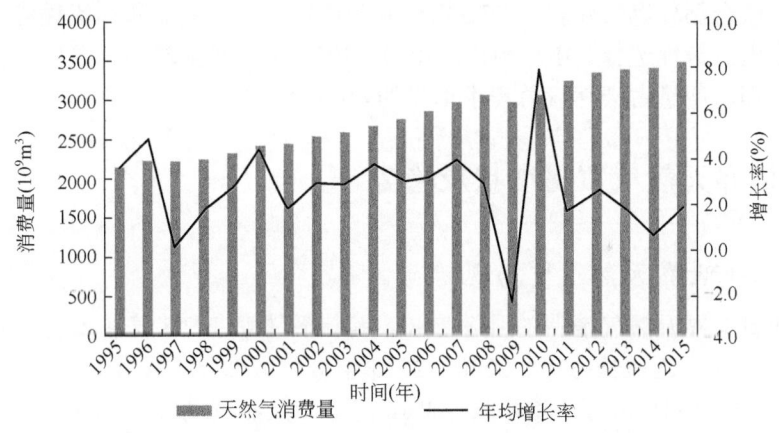

图 2-4 1995—2015 年世界天然气消费量和年均增长率

世界天然气市场发展具有明显的区域性特征,分为北美、欧洲、亚太三大市场。北美市场较为成熟,天然气消费量平稳增长,2000—2015 年,北美地区天然气消费量年均增长 1.3%;欧洲地区在经济危机之后,受经济温和复苏及天然气价格下行影响,需求量稳步回升,2015 年欧洲天然气消费增速达 4.6%;亚太地区在世界天然气市场中的地位突出,2015 年亚太消费增速只有 0.5%,远低于 2005—2013 年间 6.5% 的增速。

世界天然气消费结构占比依次是电力、居民和工业。据 IEA 统计,2014

年 OECD 国家发电用气占天然气消费总量的 36%，工业燃料占 31%，城市燃气占 22%，化工用气仅占 10%。同期，非 OECD 国家发电用气占比高达 45%，城市燃气占比 25%，化工用气占比 17%，工业燃料占比相对较低，为 13%。2015 年以来，受国际气价下跌影响，欧洲、美国发电用气量均保持较快增长。

（二）世界天然气消费发展趋势

未来 20 年，世界天然气工业仍将持续繁荣发展，天然气消费量仍将持续增长。根据国际能源署（IEA）的预测，2030 年世界天然气需求将达到 $4.8×10^{12}m^3$，2035 年达到 $5.1×10^{12}m^3$，年均增长 1.6%，高于石油的 0.5% 和煤炭的 0.8%，是增长最快的化石能源。亚太地区仍将是拉动全球天然气需求增长的"引擎"，IEA 预计到 2020 年，亚太地区天然气需求将达 $9100×10^8m^3$，占全球需求量的比重将增至 23%；2030 年，亚太地区天然气需求将达到 $1.25×10^{12}m^3$，占全球的比重将达到 26%。发电将是天然气需求增长的主要推动力，联合循环燃气轮机（CCGTs）由于具有经济、灵活和环境优势，被认为是发电的最优选择。IEA 预计，2010—2035 年之间全球用于发电和供暖的天然气利用增量占天然气总需求增量的 40%。

三、世界天然气贸易现状及趋势

（一）世界天然气贸易现状

随着世界天然气消费的强劲增长，跨国管道和 LNG 发展迅速，天然气贸易量呈现快速增长态势。2000—2015 年世界天然气贸易量由 $5263×10^8m^3$ 增长至 $11424×10^8m^3$，年均增长 5.3%，占全球天然气消费量的比重由 21.8% 提高至 32.5%。2000—2015 年世界天然气贸易量及占消费量比重如图 2-5 所示。

管道气在世界天然气贸易中占主导。2000—2015 年，管道气贸易量由 $3893×10^8m^3$ 增至 $7041×10^8m^3$，年均增长 4.0%。2015 年，全球管道气贸易量占世界天然气贸易总量的比重为 67.5%。分区域来看，欧洲地区天然气管网发达，是世界最主要的管道气贸易区，2015 年，欧洲管道气进口量占世界管道气贸易总量的 57.0%，主要来自俄罗斯和挪威、荷兰等欧洲内部国家。北美和独联体地区管道气出口贸易相对活跃，北美管道气贸易集中在加拿大、美国和墨西哥三国之间；独联体地区的管道气出口以俄罗斯为主，2015 年俄

第二章　国内外天然气市场发展现状及趋势

罗斯管道气出口量为 1930×10^{8}m^3，主要出口至欧洲以及乌克兰等原苏联国家。随着亚洲天然气需求的增加和管道逐步完善，亚洲管道气贸易量逐年增加，由2000年的15×10^{8}m^3 增至2015年的612×10^{8}m^3，年均增幅达到28.0%，增长动力主要来自中国。

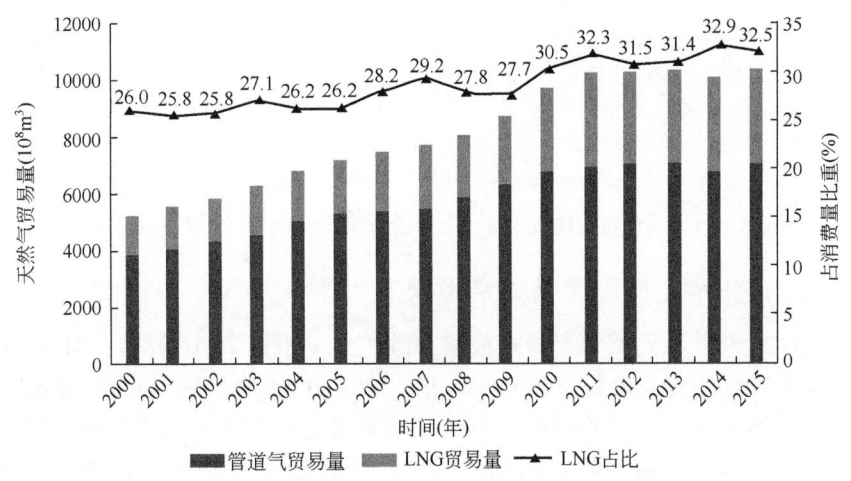

图 2-5　2000—2015 年世界天然气贸易量及占消费量的比重

LNG 贸易发展迅速，流动性日益增强。2000—2015 年，全球 LNG 贸易量从 1370×10^{8}m^3 增至 3383×10^{8}m^3，年均增长 6.2%。LNG 贸易快速发展主要得益于亚洲 LNG 需求量的快速上升，2000—2015 年，亚洲 LNG 进口量从 980×10^{8}m^3 增至 2386×10^{8}m^3，年均增速达 6.1%。日本、韩国、中国大陆、印度和台湾地区是亚太地区主要的 LNG 进口区域，2015 年，五个国家和地区 LNG 进口量占亚洲进口量的比重为 68%。2013 年，新加坡和马来西亚开始进口 LNG，成为亚太地区需求增长的新助推器。2015 年，受天然气市场需求增速放缓影响，亚太地区 LNG 进口总量同比下跌 1.5%，拉低了全球 LNG 贸易增速。而欧洲和中东地区受天然气需求增加拉动成为 LNG 贸易增长的主要动力。截至 2015 年底，全球共有 18 个 LNG 出口国，95 条生产线，总液化能力为 3.05×10^{8}t/a，主要集中在中东、亚太和非洲地区；全球共 34 个 LNG 进口国，162 个 LNG 接收站。2015 年世界 LNG 出口量排名前 10 位国家如图 2-6 所示。

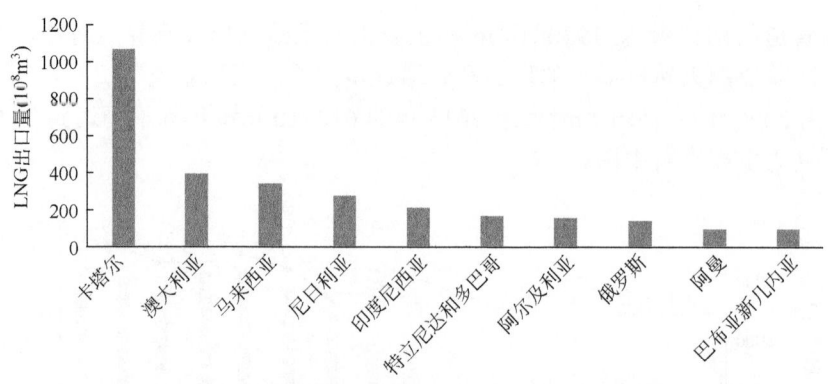

图 2-6 2015 年世界 LNG 出口量排名前 10 位国家

（二）世界天然气贸易发展趋势

预计未来世界天然气贸易规模将持续扩大。根据 IEA 预测，2011—2035 年，跨区天然气贸易量将增长 60%，从 $6850×10^8m^3$ 增长到 $10920×10^8m^3$，增幅大于世界天然气产量的增幅（50%）。未来管道气贸易仍将在全球天然气贸易中占主体地位。随着俄罗斯到中国、欧洲管线以及从里海到欧洲、印度等长输管道的建成投产，管道气贸易规模将继续扩大。未来管道气贸易主要进口国包括欧洲国家和中国等，管道气主要出口国包括俄罗斯、中亚和北非国家。全球 LNG 贸易也将快速增长，占比不断提高。IEA 预计到 2035 年，LNG 贸易增加一倍，超过 $5750×10^8m^3$，在区际贸易中的比例从 42% 上升到接近 50%。未来 LNG 供应增长主要来自非洲、俄罗斯、北美、澳大利亚等地。

世界 LNG 现货贸易量将大幅增加。2000 年以来，LNG 市场贸易形式日趋灵活多样，长期、中期、短期、现货、易货贸易得到长足发展。特别是近年，短期和现货贸易比重大幅增加。天然气进口国组织（GIIGNL）数据显示，LNG 短期和现货贸易量由 2000 年的不足 $500×10^4t$ 快速提高到 2013 年的 $6500×10^4t$，占世界 LNG 贸易的 27%。从需求侧看，亚洲、北美和欧洲是世界 LNG 短期和现货贸易的主要进口地。从供应侧看，LNG 短期和现货资源主要来自非洲、南美和中东国家。未来，随着 LNG 贸易全球化、流动性不断增强，LNG 现货以及中短期合同比重有望继续提升，但考虑到 LNG 项目运营商投资较大和能源供应安全等因素，预计长贸合同在 LNG 贸易中占比将持续较高，起到中流砥柱作用。与此同时，世界天然气合同的灵活

第二章　国内外天然气市场发展现状及趋势

性将大大增加，目的地限制、照付不议比例、价格公式等长贸合同条款将越来越松动。

四、世界天然气价格发展现状及趋势

（一）世界天然气价格体系

世界天然气价格体系呈现明显的区域性特征，主要划分为北美、欧洲和亚太三个价格体系，分别以美国 Henry Hub 价格（HH）、英国 NBP 价格和日本进口 LNG 价格为代表。

北美（美国、加拿大）地区天然气市场高度发展，实行不同气源之间的竞争定价，即为"气-气"竞争的定价方式。随着天然气市场与监管政策的发展，北美地区形成了充足并富有竞争力的多元供应格局，用户能够在众多供应商中自由选择，管输系统四通八达并实现了非歧视性的"第三方准入"。在此基础上，天然气作为商品的短期贸易在很大程度上取代了长期合同，在北美形成了以 Henry Hub 为核心的定价系统，属于完全市场化的定价模式。

随着竞争性市场的发展，英国形成由市场竞争定价的价格机制，即国家平衡点 NBP 价格，并在一定程度上代表了欧洲地区的天然气价格水平，成为欧洲市场的基准价。NBP 价格一般都与国际油价或油品价格联动，是欧洲天然气现货交易的基础。英国的天然气管网实现了"第三方准入"，所有的供应商都有权平等使用由英国国家电网公司拥有和运营的高压天然气管道和由地方天然气配送公司拥有和运营的低压天然气管网，实现了"气与气"之间的竞争，管输费由政府严格监管。英国的天然气批发价格基本上是由供需双方谈判而定，用户根据自己的需求和比价之后选择供气方，英国的天然气价格反映了天然气市场的供需状况。

亚太地区（以日本、韩国、中国为代表）的 LNG 贸易定价体系源自日本。由于日本当年引进 LNG 主要是为了替代原油发电，因此在长期合同中采用了与日本原油加权平均价格（JCC）挂钩的定价公式，这一定价方式已经不符合日本和亚太地区其他国家的市场现状，但目前尚无供需双方都能接受的其他方式，只能通过与 JCC 价格挂钩的方式来规避风险。

（二）世界天然气价格现状

2008 年之前的 20 年间，北美天然气价格保持上升态势。1989—2008 年间，美国亨利中心价格从 1.7 美元 / MMBtu 增至 8.85 美元 / MMBtu，增长四倍多。2009年,受金融危机影响,美国天然气价格大幅下降到4美元/MMBtu左右。随着页岩气革命推动美国天然气产量突增,美国天然气价格自2009年大幅下跌后保持相对低位。2015年HH均价为2.6美元/MMBtu,同比下跌40%。2016年4月,HH价格降至1.9美元/MMBtu,同比下跌27%。

受经济复苏影响,NBP价格于2009年进入上升周期;自2013年以来,随着亚洲需求增速放缓和油价走低,NBP价格止升回落。2015年,NBP年均价为6.6美元/MMBtu,同比下跌15%。2016年4月,NBP价格降至4.2美元/MMBtu,同比下跌40%。

受日本地震影响,全球LNG市场于2011年起收紧,日本LNG进口平均价格上升并维持在15美元/MMBtu左右高位;随着油价下跌以及日本、韩国、中国对LNG需求下降,东北亚LNG进口平均价格于2015年回落至9.8美元/MMBtu。2011—2015年,世界天然气价格走势如图2-7所示。

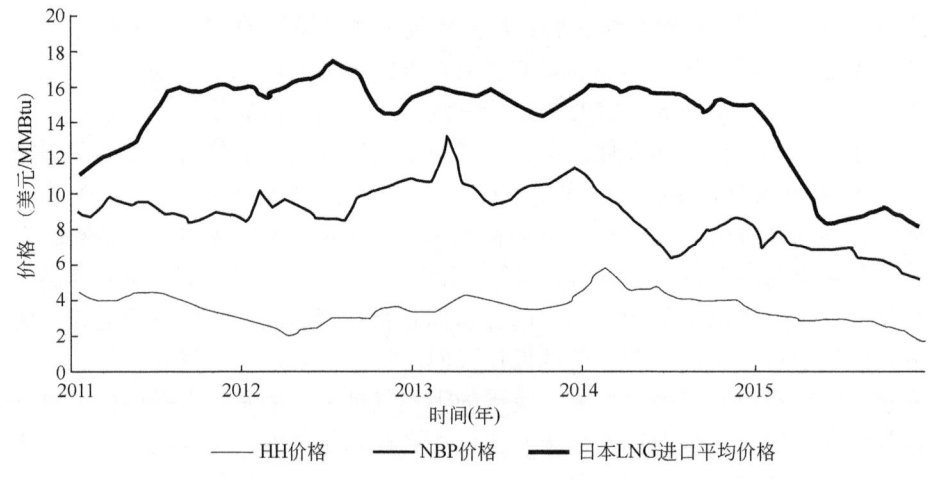

图2-7　2000—2015年世界天然气价格走势

(三)世界天然气价格发展趋势

随着全球天然气贸易的发展,不同区域天然气价格的联动性逐渐增强。从价格走势看,2020年以前,世界天然气市场持续保持供需宽松局面,三大市场天然气价格将继续低位运行;2020年以后,世界天然气市场恢复再平衡后会迅速转向供不应求,价格有望保持上涨。

受低气价影响,美国天然气产量增速将有所放缓,但随着管输能力增强和油价回升,美国天然气产量将从2018年开始快速回弹。预计2020年,美

第二章 国内外天然气市场发展现状及趋势

国HH价格将在3～4美元/MMBtu左右。随着美国LNG出口增加，预计价格会在2020年后逐步上升。在IEA的黄金规则情景下，美国天然气价格预计在2035年达到7.1美元/MMBtu。

未来美国LNG出口将影响欧洲气价走势。不同于与油价指数挂钩的天然气定价模式，美国LNG出口合同价是在国内价格（Henry Hub价格）基础上加上液化费、运输成本。预计2020年以前，美国出口至欧洲的LNG到岸成本将在4～5美元/MMBtu。加之俄罗斯管道气供应较为充裕，预计欧洲气价在2020年以前将维持在5～7美元/MMBtu的相对低位。

短期内亚洲LNG进口仍将主要执行与油价挂钩的长期合同价。综合LNG市场的宽松形势和未来油价走势，预计日本LNG进口平均价格将从2016年的7美元/MMBtu逐步回升；预计2017—2020年，东北亚LNG现货价格（日本、韩国、中国LNG现货价格平均值）均价在6美元/MMBtu左右。

第二节 中国天然气发展现状及趋势

一、中国天然气行业概况

天然气产业包括上、中、下游三个环节，其中，上游环节是指勘探开发、进口以及转化天然气（主要是煤制气），表征行业发展水平的指标是天然气（包括煤层气、页岩气等非常规天然气）的储量、产量、进口量、转化天然气产量等；中游环节是指储存和运输，表征行业发展水平的是管道、LNG接收站、地下储气库等基础设施建设运行情况；下游环节是指天然气市场利用或消费，表征行业发展水平的是消费量、分布及结构等。

（一）中国天然气资源概况

中国是一个天然气资源比较丰富的国家，除常规天然气外，近年来非常规天然气也取得了突破性进展。

自20世纪80年代开始，天然气资源量随着地质认识的不断提高、科学技术的不断进步而不断增加。近20多年来，中国先后进行了三次全国范围内的资源评价。1986年，原石油工业部组织完成的资源评价，天然气远景资源

量为 $38\times10^{12}m^3$；2005 年完成第三轮全国资源评价，天然气远景资源量为 $56\times10^{12}m^3$。2014 年，国土资源部完成的新一轮全国常规油气资源动态评价成果表明，截至 2014 年底，全国常规天然气地质资源量为 $68\times10^{12}m^3$，可采资源量为 $40\times10^{12}m^3$；已累计探明地质资源量为 $12\times10^{12}m^3$，探明程度 18%，处于勘探早期；剩余可采资源量为 $38.5\times10^{12}m^3$，进一步增储上产的潜力很大，未来中国将进入天然气储量产量快速增长的发展阶段。中国历次常规天然气资源评价结果见表 2-1。

中国的天然气资源主要集中在鄂尔多斯、四川、塔里木、柴达木、珠江口、琼东南、东海、莺歌海、松辽等 9 个盆地，资源量、储量和产量贡献超过全国的 80%。

表 2-1　中国历次常规天然气资源评价结果　　　　单位：$10^{12}m^3$

资源评价	第一轮全国油气资源评价	第二轮全国油气资源评价	第三轮全国油气资源评价	国土资源部全国常规油气资源动态评价
完成时间	1986 年	1994 年	2005 年	2014 年
远景	38	38	56	—
地质	—	—	35	68
可采	—	13	22	40

非常规天然气主要包括致密砂岩气、煤层气、页岩气、水溶气和天然气水合物。国内外研究表明，中国非常规天然气资源丰富，资源量至少为 $190\times10^{12}m^3$。全国非常规天然气资源量情况见表 2-2。

表 2-2　全国非常规天然气资源量

资源种类	资源量（$10^{12}m^3$）	数据来源
致密砂岩气	15～20	中石油勘探开发研究院，2012 年
煤层气	36.8	国土资源部《中国矿产资源报告》，2014 年
页岩气	25/36	国土资源部，2012 年/EIA，2012 年
天然气水合物	113	国土资源部专家估算值（含海域和陆域）

从产量看，中国天然气开发已进入快速发展阶段，天然气开发呈现出良好的发展态势。2015 年，中国常规天然气产量为 $1197\times10^8m^3$，地面抽采煤层气产量为 $44\times10^8m^3$，页岩气产量为 $46\times10^8m^3$，均达到历史最高水平。2000—2015 年中国天然气产量如图 2-8 所示。

第二章 国内外天然气市场发展现状及趋势

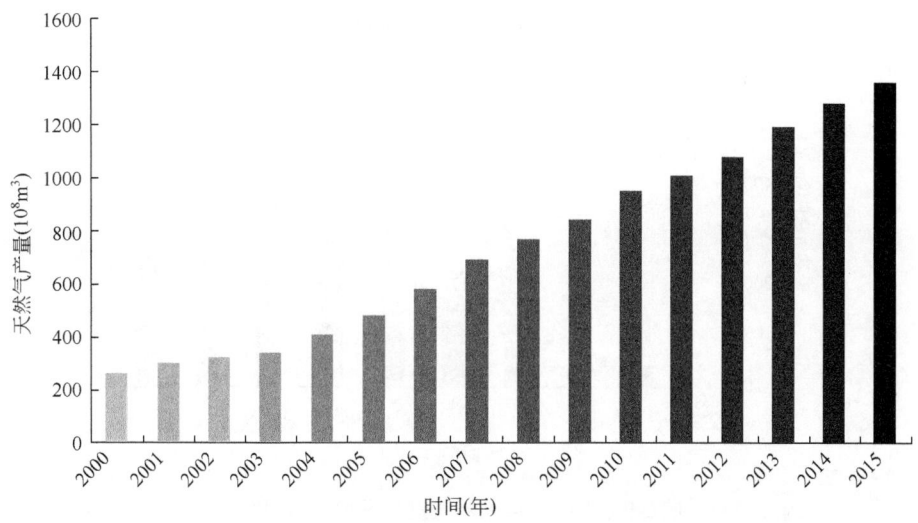

图 2-8　2000—2015 年中国天然气产量

2015 年，中国煤制气产量为 $14×10^8m^3$，主要来自大唐克旗煤制气项目一期工程、伊犁庆华煤制气项目一期工程、内蒙古汇能煤制气项目等。

（二）中国天然气进口概况

随着天然气市场的快速发展，国产天然气已不能满足需要，中国逐步开始引进海外资源，以满足不断增长的市场需求。

中国 LNG 进口始于 2006 年深圳大鹏 LNG 接收站建成，陆上管道气进口始于 2009 年底中亚管道建成。2015 年，天然气进口量达到 $614×10^8m^3$，其中 LNG 进口量 $1843×10^4t$（折合约 $258×10^8m^3$），管道天然气进口 $356×10^8m^3$。2015 年，天然气对外依存度达到 31.3%。中国历年天然气进口及增长情况如图 2-9 所示。

目前，中国管道天然气进口主要来自于中亚地区，少量来自于缅甸。2015 年，中国进口管道天然气 $356×10^8m^3$，占进口总量的 58.0%；LNG 进口来自 13 个国家和地区，主要来源国包括澳大利亚、卡塔尔、马来西亚、印度尼西亚、巴布亚新几内亚等，其中澳大利亚、卡塔尔和马来西亚位居 LNG 进口量前三位，2015 年分别进口 $72.4×10^8m^3$、$65.0×10^8m^3$ 和 $44.1×10^8m^3$，分别占全国天然气进口总量的 11.8%、10.6% 和 7.2%（表 2-3）。

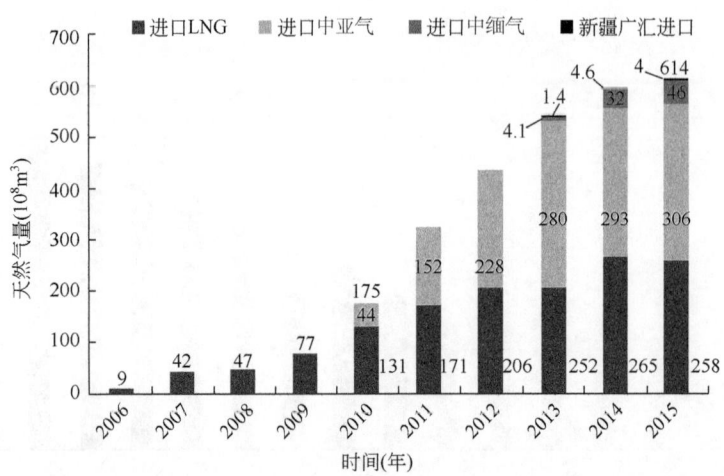

图 2-9 中国历年天然气进口及增长情况图

表 2-3 2015 年中国天然气进口来源

序号	来源国家和地区	进口形式	进口量（10⁸m³）	占比（%）
1	中亚	管道气	305.0	49.7
2	澳大利亚	LNG	72.4	11.8
3	卡塔尔	LNG	65.0	10.6
4	缅甸	管道气	47.0	7.7
5	马来西亚	LNG	44.1	7.2
6	印度尼西亚	LNG	39.0	6.4
7	巴布亚新几内亚	LNG	21.3	3.5
8	阿尔及利亚	LNG	4.9	0.8
9	尼日利亚	LNG	4.3	0.7
10	也门	LNG	3.5	0.6
11	俄罗斯	LNG	2.5	0.4
12	赤道几内亚	LNG	2.4	0.4
13	阿曼	LNG	0.9	0.1
14	挪威	LNG	0.8	0.1
15	特立尼达和多巴哥	LNG	0.7	0.1
合计			614	100.0

第二章　国内外天然气市场发展现状及趋势

（三）中国天然气基础设施概况

天然气基础设施主要包括管道、LNG 接收站、地下储气库。

1. 管道

中国天然气管道运输业始于 1963 年四川巴渝输气管道的建设，20 世纪 70 年代建成了威成线、泸威线、卧渝线、佛渝线等管道，1989 年建成了从渠县至成都的半环输气干线（北干线），形成中国首个区域性环形供气管网——川渝环网。

20 世纪 90 年代，围绕着塔里木、长庆油气田开发，建设了陕京系统、涩宁兰、崖港线、西气东输一线等大型跨区域管道工程。1997 年，陕京一线建成投产，拉开了中国长距离输气管道建设的序幕。2004 年建成西气东输一线，标志着中国的天然气管道建设向长距离、大口径、高压力和高度自动化管理的方向发展，是中国天然气管道追赶世界先进水平的起点。

"十二五"以来，随着国外资源的大量引进和国内天然气的上产，建设了中亚天然气管道、西气东输二线、川气东送管道、中贵联络线、中缅天然气管道等。2009 年，中国首条在境外跨多国的天然气长输管道中亚天然气管道建成投产，实现了中国从追赶到领跑世界先进水平的历史性大跨越，标志着中国管道总体技术水平已达到国际先进水平，部分技术水平达到国际领先水平。

通过几十年的建设，中国天然气管网基本形成了以涩宁兰系统、陕京系统、西气东输一线、西气东输二线、川气东送管道等为骨干的输气管网框架，在川渝、华北及长三角地区已形成了比较完善的区域性管网。截至 2014 年底，中国天然气管道长度达 8.3×10^4 km。

2. LNG 接收站

1999 年，国家正式批准广东大鹏 LNG 试点工程总体一期项目立项，从此揭开了中国引进 LNG 的序幕。2006 年，广东大鹏 LNG 项目一期工程建成并投入商业运营式投产，标志着中国规模化进口 LNG 时代已经到来。截至 2015 年底，中国已投产 LNG 接收站 11 座，总接收能力超过 4000×10^4 t/a（图 2-10）。

3. 地下储气库

与管道相比，中国地下储气库的建设较为滞后。在 20 世纪 70 年代以前，中国没有建设地下储气库。1969 年，在东北地区，曾利用大庆油田的枯竭油气藏建造了 2 座地下储气库，但利用率较低。2000 年，在大港油田的大张坨凝析气藏建成了与陕京管道配套的地下储气库，有效工作气量为 6×10^8 m^3。

2010年，建成华北油区京58储气库群，有效工作气量为$7.5\times10^8m^3$，主要用来保障陕京二线输气管道的正常运行和京津地区天然气的季节调峰。

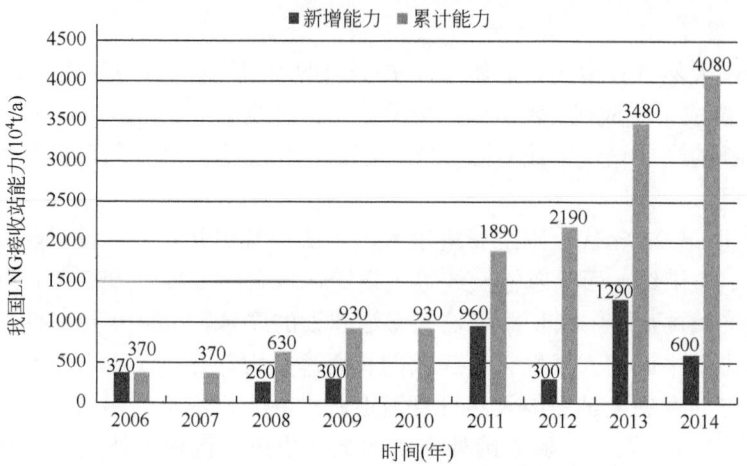

图2-10 2006—2014年中国LNG接收站能力发展状况

随着西气东输一线的建设，配套建设了金坛储气库和刘庄储气库。金坛储气库为中国第一座盐穴储气库。近几年来，加大了储气库建设，建成了呼图壁储气库、苏桥储气库和相国寺储气库。截至2015年底，中国地下储气库已建成18座，形成工作气量$55\times10^8m^3$，占当年天然气消费量的2.9%。

（四）中国天然气市场概况

中国是世界上较早开发利用天然气的国家之一，20世纪90年代以前，受"重油轻气"的影响，长期以来天然气在中国一直没有得到大规模地开发利用。1980—2000年，中国天然气消费年均增长率仅为2.8%，远低于能源消费增长率4.2%。2000年中国天然气消费量为$235\times10^8m^3$，较1980年的$140.6\times10^8m^3$仅增加了$94.4\times10^8m^3$。

"九五"期间，中国提出了"油气并举"的战略方针，大大推动了天然气的发展。近十余年来，受经济持续高速发展、人口城镇化水平不断提高、天然气供应能力大幅提升、储运设施不断完善以及天然气长期保持价格优势等诸多因素驱动，中国天然气消费量高速增长。2000年以来，中国天然气市场消费规模基本呈现指数增长趋势，由2000年的$235\times10^8m^3$迅速增长到2015年的$1931\times10^8m^3$，年均增长$113\times10^8m^3$，年均增速15%，远高于同期能源消费增速8%，成为能源消费中增速最快的一次能源品种。2010年后，年均增

第二章 国内外天然气市场发展现状及趋势

量达 $171×10^8m^3$，占同期世界年均增量 $534×10^8m^3$ 的 32%（图 2-11）。

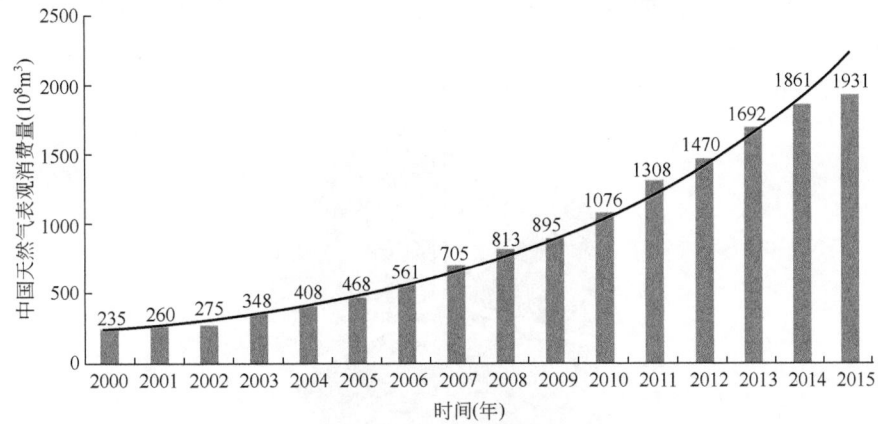

图 2-11 2000—2015 年中国天然气表观消费量

2015 年，中国天然气表观消费量为 $1931×10^8m^3$，同比增长 $70×10^8m^3$；绝对消费量 $1861×10^8m^3$，同比增长 $100×10^8m^3$，增长率为 5.6%。2015 年，天然气消费量占全国能源消费总量的 4.9%，较上一年增加 0.2 个百分点。

从消费规模上看，中国 2015 年天然气表观消费量达到 $1931×10^8m^3$，是仅次于美国和俄罗斯的世界第三天然气消费大国。2015 年，世界前 10 位天然气消费国家见表 2-4。在世界天然气消费规模前 10 位的国家中，中国是天然气市场发展速度较快的国家，仅次于伊朗、德国，2015 年消费增速为 4.7%。

表 2-4 2015 年世界前 10 位天然气消费国家

位次	国家	2015年消费量（10^8m^3）	2015年消费增速（%）	占全球的比重（%）
1	美国	7780	3.0	22.8
2	俄罗斯	3915	-5.0	11.2
3	中国	1931	4.7	5.7
4	伊朗	1912	6.2	5.5
5	日本	1134	-3.9	3.3
6	沙特阿拉伯	1064	4.0	3.1
7	加拿大	1025	-1.7	2.9
8	墨西哥	832	-4.2	2.4
9	德国	746	5.0	2.1
10	阿联酋	691	4.3	2.0

从消费结构看，2015年中国天然气消费结构为城市燃气占比32.5%，发电占比14.7%，工业燃料占比38.2%，化工占比14.6%；呈现出城市燃气、工业燃料、发电+化工"三足鼎立"的局面（图2-12）。在城市燃气用气领域中，天然气气化人口2.8亿人，城镇人口气化率达到40%。

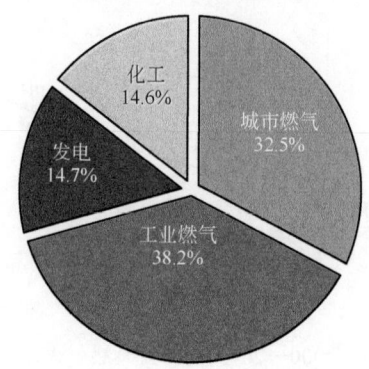

图2-12　2015年中国天然气消费结构

二、天然气利用重点行业发展状况

（一）城市燃气发展现状及趋势

根据GB 50028—2006《城镇燃气设计规范》的定义，城市燃气是指供城市生产和生活作燃料使用的人工煤气、天然气和液化石油气，其消费主体主要包括城市居民生活、公共服务、天然气汽车、采暖、制冷等用户。由于天然气资源的不断充足，全国干线管道、支线管网、省内管网的日益完善，下游消费市场的不断成熟，以及天然气本身的清洁性和便利性，天然气在城市燃气市场中的应用得到了快速发展，2012年，天然气从气化人口、热值当量和管道长度三方面全方位超过液化石油气，正式成为城市燃气行业的主导气源。

1. 发展现状

1）行业整体发展现状

中国城市燃气发展至今，行业整体呈现以下特点：

（1）天然气用气当量占比超过80%。

2000年，天然气、LPG和人工煤气用气当量占比分别为26.7%、52.5%和20.8%；2005年，天然气用气当量超过LPG，成为城市燃气行业第一大气

第二章 国内外天然气市场发展现状及趋势

源;截至 2014 年底,天然气用气当量占比增至 82.9%,LPG 降至 14.9%,人工煤气则萎缩为 2.2%。城市燃气三种气源历年热值当量对比如图 2-13 所示。

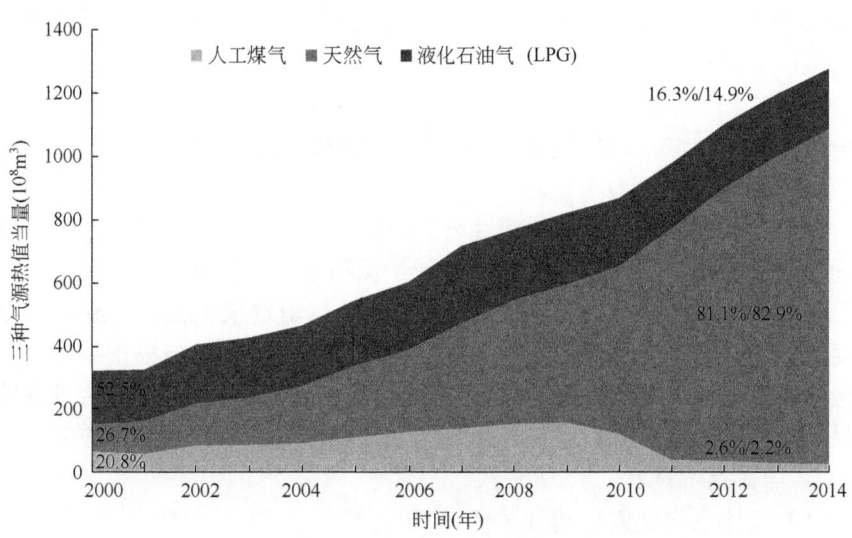

图 2-13 城市燃气三种气源热值当量变化趋势图

(2)天然气管道长度占比超过 90%。

截至 2014 年底,全国城市燃气管道总长度近 57×10⁴km,其中天然气管道为 52.3×10⁴km,占比为 92.2%。三种气源燃气管道里程历年对比如图 2-14 所示。

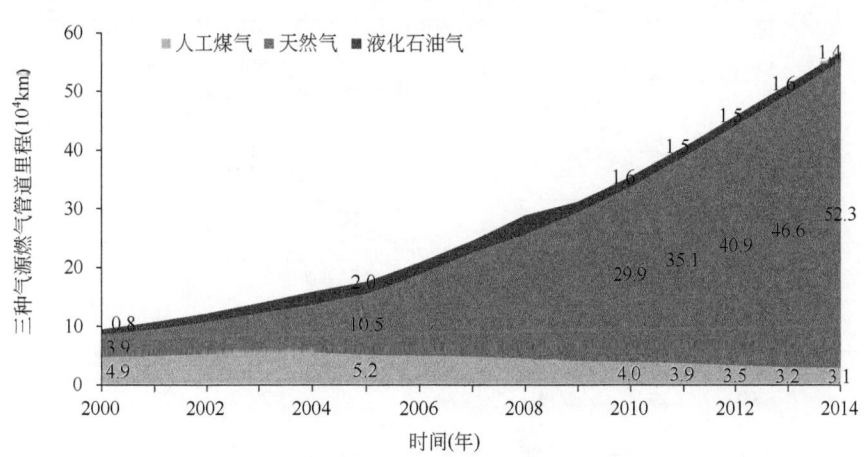

图 2-14 2000—2014 年三种气源燃气管道里程历年变化趋势图

(3) 市场格局基本形成。

政府对燃气行业施行开放市场、多元化经营，截至 2014 年底，全国有 1000 多家大小不一的城市燃气企业。在全国 337 个地级区划以上城市里，仅有西藏、云南和黑龙江个别省份存在空白市场；在全国 698 个县级市以上城市中，578 个已用上天然气，占比 83%；市场格局已基本形成，燃气市场的竞争已由原来一城一域的竞争，向相互渗透和周边包围转变。

(4) 应急储气能力不足。

国家发展和改革委员会令第 8 号《天然气基础设施建设与运营管理条例》明确提出"县级以上地方至少形成不低于保障本行政区域平均 3 天需求量的应急储气能力"。2014 年，城市燃气企业天然气消费量 $1027 \times 10^8 m^3$，根据条例要求，天然气应急储气能力应该至少达到 $8.4 \times 10^8 m^3$，但根据统计，2014 年全国天然气应急储气能力为 $6.2 \times 10^8 m^3$，没有达到最低标准，自有设施能力不足，多数企业主要依靠长输天然气管道保障气量供应、调峰和应急。

2) 居民用气现状

(1) 天然气气化人口超过 3 亿。

至 2014 年底，中国城市燃气气化总人口达到 5.37 亿，其中天然气气化人口达到 3.02 亿，占比 56.3%，2010—2014 年气化人口年均增长约 2800 万，增速较快。城市燃气三种气源历年气化人口对比如图 2-15 所示。

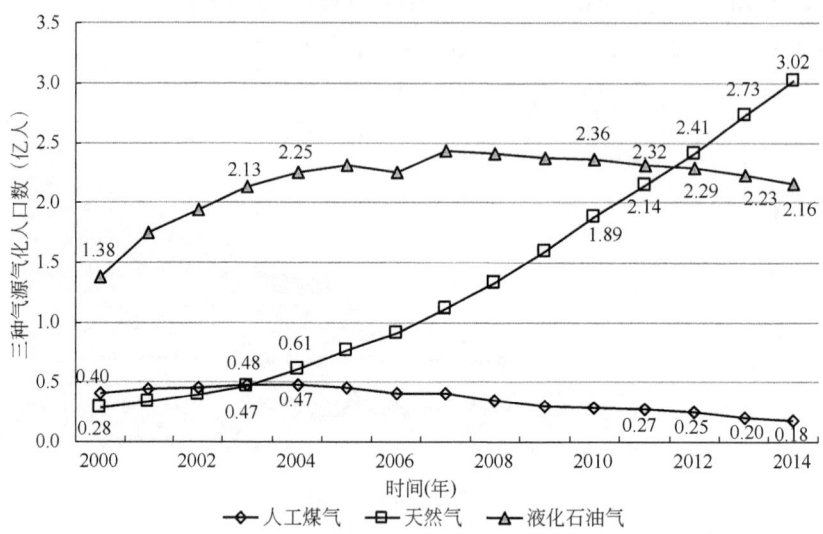

图 2-15　2000—2014 年城市燃气三种气源历年用气人口变化趋势图

第二章 国内外天然气市场发展现状及趋势

(2) 全国平均城镇人口气化率达到40%。

2014年，全国平均城镇人口气化率为40.2%，但各省发展不均衡，城镇人口气化率较高的省份主要为经济较发达的省份（如北京76.6%、上海66.9%）和油气田所在地及周边省份（如新疆79.3%、重庆68.3%）（表2-5）。

表2-5 2014年部分省市天然气城镇人口气化率统计表

序号	省市	城镇人口	气化人口	天然气气化率（%）	序号	省市	城镇人口	气化人口	天然气气化率（%）
1	新疆	1059	888	83.8	8	江西	2281	562	24.6
2	北京	1858	1425	76.7	9	广东	7292	1638	22.5
3	重庆	1783	1277	71.6	10	福建	2352	404	17.2
4	上海	2174	1554	71.5	11	广西	2187	280	12.8
5	天津	1248	775	62.1	12	贵州	1404	155	11.0
6	四川	3769	2337	62.0	13	云南	1967	140	7.1
7	宁夏	355	216	60.9	14	全国	74916	30150	40.2

3）天然气采暖发展现状

天然气采暖是指居民、公服用户使用燃气锅炉或燃气空调采暖，主要采暖方式有分户燃气采暖、区域燃气锅炉采暖和热电联产采暖3种。分户燃气采暖以壁挂炉为主，它的特点是用户可自主控制，有很大的调节灵活性，无锅炉房和热网损失，使用效率高，在新建小区使用较多。区域燃气锅炉采暖根据大小和供热方式又可分为小型锅炉采暖和大型锅炉房采暖；小型锅炉采暖是单个建筑或多个建筑使用一个锅炉房采暖，特点是用一次热网直供，单台锅炉的额定蒸发量一般在 0.1~7MW（0.15~10t/h）之间，系统的供暖面积在（0.5~50）×$10^4 m^2$之间，在新建小区、公服企业单位以及城市大供热系统没有覆盖的区域使用较多；大型锅炉房采暖采用二次热网，为一个小区或几个小区的多个建筑供暖，还可以接城市供热系统，锅炉的额定蒸发量在7MW 以上，采暖面积从几十万平方米到百万平方米，设有中间换热站，外热网规模较大。在城市的煤改气工程中采用的较多。小型锅炉采暖用气和大型锅炉采暖用气都为集中采暖用气。热电联产采暖是热电厂利用天然气作为能源同时供热和发电，热电联产能源利用效率比区域燃气锅炉高，但相同供热量下的天然气消耗量比区域锅炉高，主要在同时有供热和发电需求的地区使用。

各地天然气供暖受所处地区经济、气源、气候、环境、政策与价格等因

素影响，发展程度不同，如北京，截至 2015 年底，五环以内基本实现"无煤化"，采暖用气量约 $60\times10^8m^3$，采暖面积 $6.2\times10^8m^2$，主要依赖于政府的大力推动；新疆乌鲁木齐，截至 2015 年底，市区县基本改造完成，采暖面积约 $2.4\times10^8m^2$，2015 年用气量约 $18\times10^8m^3$，主要原因是供气价格较低，同时政府给予了大力推动；东北地区尽管天气寒冷，但受气源及经济发展程度限制，气价承受能力低，近期仍以燃煤采暖为主；南方地区近几年也有不同程度的发展，主要是通过壁挂炉或燃气空调供暖，集中供热仅在武汉、合肥等少数城市应用。

4）CNG 汽车发展现状

CNG（Compressed Natural Gas）汽车是指以压缩天然气替代常规汽油或柴油作为汽车燃料的汽车。CNG 汽车发展首先面向公共交通——出租车和公交车，这两类车保有量虽然只占全国汽车总保有量的 10%，但年行驶里程是私家车的 5～10 倍，同时出租车和公交车主要在城市道路行驶，燃烧天然气可以有效改善大气环境，正切合各地减排的迫切要求。据中国天然气汽车产业协会统计，2011 年全国 CNG 汽车保有量为 148.5 万辆，2014 年增至 441.1 万辆；2011 年全国 CNG 汽车加气站保有量 2300 座，2014 年增至 4455 座。CNG 汽车的快速增长得益于 CNG 技术的成熟以及合理的气油比价，主要集中在山东、新疆、四川等发展较早、资源较丰富的省份。

5）LNG 汽车发展现状

LNG（liquefied Natural Gas）汽车是液化天然气汽车的简称，是以低温液态天然气为燃料的新一代天然气汽车。与 CNG 汽车相比，LNG 汽车具有一次加注续驶里程长、更加清洁环保、加注速度快、更加安全等优点，更适用于长距离、长时间连续行驶的城际客车、城市公交、物流领域。2010 年，全国各类 LNG 汽车数量不到 1 万辆，2014 年增至 19.4 万辆，主要为公交车和重型卡车。LNG 汽车发展较快的省份为新疆、山东、河北、广东、江苏等地。从 LNG 汽车车型构成看，重型卡车占比最大，2014 年，重型卡车占 LNG 汽车总数的 65%，约 12.6 万辆；其次是公交车，占比 24%；区间客运车占比仅为 11%。

2. 发展趋势

1）居民气化人口将保持稳定增长，气化区域将向各地乡镇农村拓展

居民用户用气可承受能力较高，受宏观经济变化的影响较小，再加上天然气本身具有的清洁性和便利性，未来居民生活燃料仍会以天然气为主导，且气化人口和气化率均会保持稳定的增长，只是增长率受市场环境影响或稍

有下降,同时天然气气化区域也会继续拓展至各地乡镇农村。

2)受大气污染防治和节能减排政策的推动,"煤改气"将提速

2013年9月,《大气污染防治行动计划》和《京津冀及周边地区落实大气污染防治行动计划实施细则》出台,明确提出了锅炉煤改气的要求和煤炭削减目标;2014年3月,《能源行业加强大气污染防治工作方案》出台,提出京、津、冀、鲁4省市到2017年要削减燃煤8300×10^{4}t,折合天然气约480×10^{8}m^3;2014年5月,国务院印发《2014—2015节能减排低碳发展行动方案》,要求到2015年底,全国淘汰落后的燃煤锅炉20×10^{4}t/h,重点集中在山东、河北、天津等北方省市,如全部改建成燃气锅炉,用气需求约540×10^{8}m^3。上述文件提到的燃煤锅炉既包括工业燃煤锅炉也包括采暖燃煤锅炉,在推动工业燃煤锅炉煤改气的同时,也将使采暖锅炉煤改气进程提速。

3)CNG汽车市场将受新能源汽车冲击

近几年,国家相继出台扶持新能源汽车发展的相关规划和鼓励政策,主要包括国务院2012年6月发布的《节能与新能源汽车产业发展规划(2012—2020年)》(以下简称"产业规划")、财政部等四部委2013年9月发布的《关于继续开展新能源汽车推广应用工作的通知》(财建〔2013〕551号)、财政部等四部委2014年1月发布的《关于进一步做好新能源汽车推广应用工作的通知》和国务院2014年7月发布的《国务院办公厅关于加快新能源汽车推广应用的指导意见》等,其中产业规划指出,2015年中国新能源汽车累计销售要达到50万辆,2020年达到500万辆。同时,各省市区也密集出台了推广新能源汽车的相关政策,如北京市财政局2014年3月印发的《北京市示范应用新能源小客车财政补助资金管理细则》、广州市人民政府办公厅2014年11月印发的《广州市新能源汽车推广应用管理暂行办法》等。一旦新能源汽车实现规模快速发展,则以出租车和私家车为主要发展方向的CNG汽车市场会受到较大影响。

4)LNG汽车的发展与成品油的价格密切相关

2014年下半年以来,国际油价大幅下跌,导致国内柴油价格一路走低,使天然气与柴油的性价比优势"缩水",LNG汽车增速放缓,但考虑到未来市场发展的诸多利好因素,LNG汽车发展前景仍被看好。第一,2015年1月1日起,中国全面执行国Ⅳ排放标准,使得柴油重型卡车购车成本增加近3万元左右,缩小了柴油重型卡车与天然气重型卡车之间的购车成本优势;第二,天然气是世界公认的清洁能源,是道路运输理想的、使用量最多的、潜力巨大的替代能源,国家和政府会对购买天然气商用车的用户给予节能减

排专项资金支持和补贴;第三,与电动汽车相比,LNG汽车能量密度大、气瓶占用空间小,具有续航里程长、加注时间短等独特优势,且适用于载重货车的电池技术尚未突破;第四,"十三五"期间中国天然气价格改革步伐会加快,与可替代能源的比价关系将会得到逐步理顺,LNG与柴油相比竞争力会再显现。

(二)工业用气发展现状及趋势

1. 工业用气发展现状

工业领域利用天然气通常是作为工业锅炉和工业窑炉的燃料。工业锅炉主要是供给工业企业生产工艺用水蒸气或热水,作为加热、蒸发、消毒或干燥设备的热源,分布在食品、纺织、医药、饮料、酿酒、废旧材料回收等行业;工业窑炉主要是利用燃料燃烧产生的热量,实现对工件或物料进行熔炼、加热、烘干、烧结、裂解和蒸馏等,分布在冶金、石化、建材(陶瓷、玻璃)等行业,如生产陶瓷的隧道窑、生产玻璃的马蹄焰窑炉、钢铁行业生产不锈钢的加热炉等。在工业燃料领域,天然气的主要竞争能源包括燃料油、液化石油气(LPG)、煤炭和煤气。工业用户天然气的消耗量与企业所处的行业、企业的生产工艺过程、作息制度、检修期、节假日以及季节性的生产活动有关,各个项目、行业间存在较大差别,且多数工业用户受下游产品市场销售情况影响,月度用气并不均衡。

发展至今,天然气工业用户已经覆盖到大部分传统产业、高新技术产业领域。从目前天然气工业用户发展情况来看,呈现出用户种类众多的特点,主要包括钢铁、有色金属、陶瓷、水泥、耐火材料、玻璃、石化、工业废弃物处理行业、轻工业、纺织业、医药和食品等,其中玻璃、钢铁、陶瓷、石化和铝业是主要用气行业。同时,部分地区用户发展呈现出行业集聚性的特点,例如,在珠江三角洲和长江三角洲地区,电子信息、纺织服装、玩具、制鞋和家用电器等产业集群已经具备了世界级规模,其天然气需求稳步增长。

2015年,中国工业用户天然气消费量超过$650 \times 10^8 m^3$,占全国天然气消费量的比例超过三分之一,主要分布在环渤海、西南、长三角及中南地区,如环渤海地区,随着陕京一线、二线、三线的建成通气,沿线周边钢铁、石化、玻璃等工业用户被不断开发,天然气用气量急速增长。

2. 工业用气发展趋势

未来工业燃料仍将是天然气的主要需求领域。

天然气作为燃料,在工业领域的应用潜力主要来自终端能源消费中的制

第二章　国内外天然气市场发展现状及趋势

造业锅炉和窑炉燃料替代，现用的燃料有煤炭、燃料油、LPG、人工煤气等。2014 年，工业终端能源消费量为 $28.3×10^8$tce，其中作为燃动力的煤炭消费 $5.3×10^8$tce（工业终端能源消费中煤炭消费总量减去原材料消费量），作为燃料可以用天然气替代的 LPG 消费 $948×10^8$tce，燃料油消费 $744×10^8$tce。

天然气替代煤炭作为工业燃料，经济上竞争力弱，主要动力来自节能减排的环保和社会效益。通过天然气替代散煤，是解决当前雾霾问题最重要和最有效的手段之一，也是天然气作为清洁能源高效利用的重要领域。2013 年 9 月，《国务院大气污染防治行动计划》提出，加强工业企业大气污染综合治理，全面整治燃煤小锅炉……京津冀区域城市建成区、长三角城市群、珠三角区域要加快现有工业企业燃煤设施天然气替代步伐，到 2017 年基本完成燃煤锅炉、工业窑炉、自备燃煤电站的天然气替代任务。2014 年 5 月，国家发展和改革委员会（以下简称"国家发改委"）、能源局等发布的《能源行业加强大气污染防治工作方案（2014）》提出，加强分散燃煤治理，2017 年底前，京、津、冀、鲁现有炼化企业的燃煤设施基本完成天然气替代，或由周边电厂供汽供电；在气源有保障条件下，长三角、珠三角城市群基本完成炼化企业燃煤设施的天然气替代改造……。2014 年 6 月，国务院印发了《能源发展战略行动计划（2014—2020 年）》，提出控制重点用煤领域煤炭消费，以经济发达地区和大中城市为重点，有序推进重点用煤领域"煤改气"工程，加强余热、余压利用，加快淘汰分散燃煤小锅炉，到 2017 年，基本完成重点地区燃煤锅炉、工业窑炉等天然气替代改造任务。未来京津冀、长三角、珠三角地区工业企业的"煤改气"工作将会受到政府部门强力推动，工业燃料用气需求空间广阔。

（三）天然气发电现状及趋势

1. 中国天然气发电现状

天然气发电是天然气利用的重要方向之一，与煤炭、石油等传统能源相比，天然气发电具有效率高、环保、运行灵活等优点。目前，中国天然气发电处于发展的初期，发电用气量占中国天然气消费总量的 15%，远低于欧美国家水平。中国燃气发电厂主要分为调峰电厂、热电联产电厂。作为西气东输一线的配套项目，中国最早一批投运的燃气电厂多为调峰电厂，一般运行在电网的峰荷及腰荷，主要分布于江苏、河南等省区。后来，随着广东大鹏、福建莆田等沿海 LNG 接收站的建成，广东、福建等省的调峰电厂快速发展。天然气"热电联产"项目集发电、供热于一体，主要采取"以热定电"方式运行。

截至 2014 年底，燃气发电装机容量 5567×10^4kW，占中国发电装机总量的 4%，远低于燃煤发电装机容量；煤电占全部装机容量的 62%；水电（含抽水蓄能）占全部装机容量的 23%；核电占比 2%，并网风电占比 7%，并网太阳能发电占比 2%（图 2-16）。

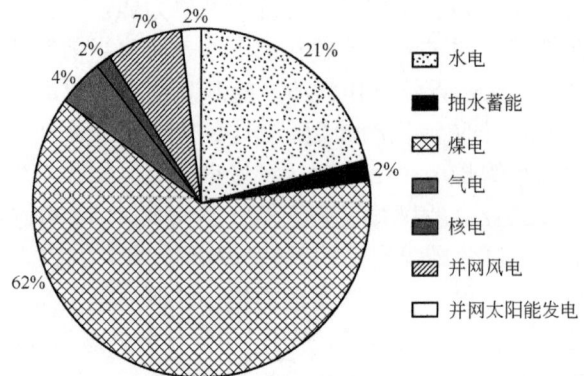

图 2-16　2014 年中国发电装机构成

中国天然气发电厂主要分布于长三角、东南沿海、环渤海等经济发达省份，此外，河南、山西、重庆等地也有少数燃气电厂，西部地区的油气田周边有少量自备电厂。从各省市分布情况看，广东省天然气发电机组装机容量达 1400×10^4kW，占中国天然气发电装机总量的 25%，远高于其他省市，其次是浙江省与北京市，装机容量占比分别为 18% 及 15%；此外，江苏、上海等地占比也相对较高（图 2-17）。

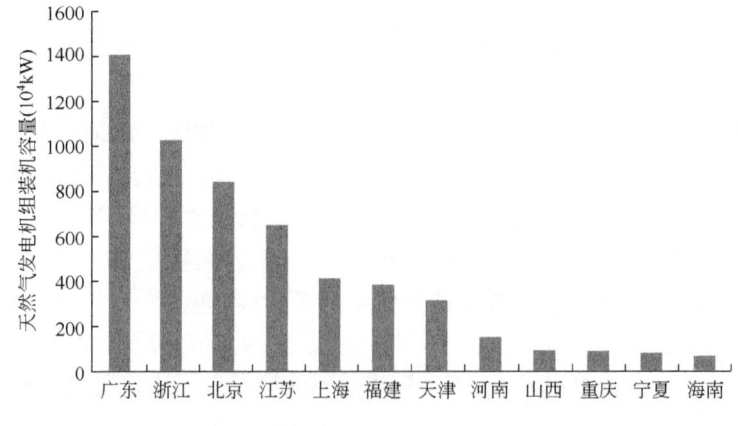

图 2-17　中国天然气电厂分区域分布图

第二章　国内外天然气市场发展现状及趋势

中国天然气发电行业上下游产业链主要由三类主体构成（图 2-18）。上游主体指天然气的供应方，包括国内石油公司及城市燃气公司，如中国石油西气东输管道（销售）公司及北京燃气等。燃气电厂向上游供气方购买天然气并转换成电力，按照上网电价出售给下游电网公司。今后，随着中国部分电力企业 LNG 接收站的建成投产，电力企业自主进口天然气开展发电业务也将成为一种模式（图 2-18）。

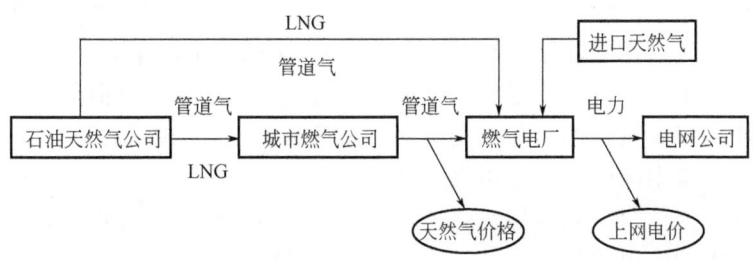

图 2-18　中国天然气发电行业上下游产业链

中国燃气电厂运营主体通常分为三类：第一类是国有大型发电央企；第二类是地方政府出资控股的省属电力投资集团及能源集团；第三类是石油天然气生产供应公司。国有大型发电企业以中国华电、中国华能等央企为代表，截至 2014 年，两家公司已投产燃气电厂装机容量分别为 $800×10^4$ kW、$570×10^4$ kW，占中国燃气装机总量的 14%及 10%。省属电力投资集团及能源集团以浙能集团、申能集团等为代表。石油公司参与燃气发电业务以中海油气电集团为代表，其目前发电总装机规模达 $480×10^4$ kW。

目前，中国燃气发电上网电价由各省市政府价格主管部门确定，并根据天然气价格变化等因素进行调整。不同地区燃机电厂的上网电价各异，主要定价方式包括以下两种：一种是两部制电价，这种上网电价定价方式以上海市为代表，自 2012 年 1 月 1 日开始实施，具体办法为，将上网电价分为容量电价与电量电价，电量电价为 0.4856 元/（kW·h），容量电价用以补偿燃气电厂在电网运行中的顶峰发电作用，按照全年 2500 利用小时安排，电价补偿标准为 0.22 元/（kW·h）；另一种是单一电价，江苏、广东等地都采用该种定价方式。

中国在《天然气利用政策》《大气污染防治行动计划》等多项政策规划中，提出了天然气发电的发展思路和策略。其中，2012 年版《天然气利用政策》提出放松对燃气发电项目的限制，《大气污染防治行动计划》提出有序发

展天然气调峰电站。

2. 中国天然气发电发展趋势

在生态环境约束凸显的背景下,天然气发电需求空间较大,与传统煤电相比,天然气发电具有较大优势。首先,气电厂二氧化碳排放量不足燃煤电厂的一半,氮氧化物排放量约为燃煤电厂的10%,SO_2和烟尘排放几乎为零,环保优势突出。其次,燃气机组启停灵活,便于为电网调峰,可以作为调峰电厂运行。第三,燃气电厂占地面积一般仅为燃煤电厂的一半,便于在用电紧张的城市负荷中心建设,实现就地供电。未来随着中国电力需求稳步增长,电力装机容量也将进一步增长,考虑天然气发电在环保等方面的优势,天然气发电作为燃煤发电的一种重要替代方式将具有较大的发展空间。从利用方式来看,未来中国天然气发电将以利用效率较高的热电联产和分布式能源为主。此外,天然气发电调峰优势显著,在与可再生能源发电协调运行方面也将发挥较大的作用。

(四)天然气化工发展现状及趋势

1. 天然气化工发展现状

天然气化工是指以天然气为原料生产化工产品的工业。通过在高温下进行的天然气热裂解,可生产乙炔和炭黑等;通过蒸汽转化或天然气的部分氧化,可制得合成气,从而生产合成氨和甲醇等;经过氯化、硫化、硝化、氨化、氧化可制得甲烷的各种衍生物。对以上产品进行加工可产出尿素、硝胺、碳氨、三聚氰胺、甲醛、醋酸、乙烯、乙炔、二氯甲烷、四氯化碳、二硫化碳、硝基甲烷等基础化工原料。

中国天然气化工始于20世纪60年代初,现已初具规模,主要分布在四川、黑龙江、辽宁、山东等地,用于生产氮肥,其次是生产甲醇、甲醛、乙炔等。2014年天然气化工用气量$290×10^4 m^3$,占全国天然气消费总量的15.8%。

氮肥是最大的天然气化工用户,有相当的产业规模,生产水平较高,2014年,中国合成氨产量中的19%来自气头生产装置。天然气氮肥产品有尿素、碳酸氢铵等多种产品。截止到2014年,国内尿素行业产能高达$7359.80×10^4 t$,而产量仅为$5296.05×10^4 t$,产能严重过剩。目前,中国气头尿素企业有41家,产能$2236×10^4 t$,占尿素总产能的30.4%。受产能过剩、原料成本上涨等因素影响,2014年,赤天化、泸天化、四川川化、四川美丰和沧州大化等多家大型气头化肥企业全面陷入亏损。供应过剩、成本增加、需求放缓是尿素行业发展面临的主要问题,据估计将有$1000×10^4 t$尿素产能陆续退出市场。

第二章 国内外天然气市场发展现状及趋势

甲醇是天然气又一大宗化工产品。2014年，中国甲醇产量中的28.6%来自气头生产装置。从目前中国甲醇行业生产原料来看，煤炭、天然气及焦炉气多原料并存，且现阶段煤炭仍占据主导地位。截至2014年底，中国甲醇生产企业达到300余家，甲醇设计有效总产能为$6861×10^4$t，其中以煤炭为原料的企业总产能达$4758×10^4$t，占比达69%；天然气制甲醇占15.26%。天然气甲醇受原料供应和价格上涨的影响，多年以来产能利用率一直不高。未来，预计部分天然气甲醇装置将逐渐关停或进行原料结构调整、转为煤炭原料路线。

天然气生产精细化工品种很多，但规模较小，高附加值产品甚少，尚未真正形成天然气化工深加工产品系列。例如，以天然气为原料的氢氰酸、硝基甲烷、二硫化碳等，其生产能力每年仅数万吨。

2. 天然气化工发展趋势

中国天然气化工与国外相比尚有诸多差距（例如，生产装置规模小、工艺落后、能耗高）。未来中国天然气化工发展的重点是对现有碳一化工技术不断改进完善，加快天然气新应用领域开发，使其具有与石油原料竞争的能力。此外，中国天然气化工的发展，还面临投资以及产业结构调整等诸多因素的制约。

2012年，国家发改委颁布的《天然气利用政策》提出：已建的合成氨厂以天然气为原料的扩建项目、合成氨厂煤改气项目、新建以天然气为原料的合成氨项目、以甲烷为原料乙炔、氯甲烷等小宗碳一化工项目均为限制类项目；新建或扩建天然气制甲醇及下游产品项目、以天然气代煤制甲醇项目均为禁止类项目。受天然气利用政策和天然气价格等因素的影响，天然气化工未来需要在"夹缝"中生存。天然气化工今后可能还有发展空间的主要是两个方面：一是天然气制氢，出于经济和石油紧张因素，天然气制氢可能成为各石化企业的选择；二是新疆等地的天然气化工产业。

三、未来天然气市场发展趋势

（一）推动天然气消费快速增长的动力存在，但不确定性因素增加

"十三五"期间，国家层面的能源结构优化和环境污染治理将成为天然气消费最主要的推动力，但随着国家经济发展进入新常态，影响天然气消费的不确定性因素也在增加，主要体现在两个方面：第一，宏观经济增长对天

然气消费的驱动力减弱,很多用气行业面临着效益下滑、产能过剩等问题;第二,油价、煤价的持续低位运行,天然气价格与可替代能源的比价关系缺乏足够的竞争力,将会对天然气消费起到抑制作用。

国内外咨询机构普遍预测,"十三五"期间中国天然气整体或长期处于供需宽松状态,2020年天然气消费将在($3000 \sim 3600$)$\times 10^8 m^3$ 之间,供应将达到 $4000 \times 10^8 m^3$。

(二)天然气发电是未来天然气市场增长的主要驱动力之一

2015年,中国城市燃气行业天然气消费量占比32.5%,工业燃料行业占比38.2%,化工用气占比14.6%,发电用气占比14.7%。未来随着中国"煤改气"工作的开展和天然气价格的逐步理顺,发电行业消费占比将会继续上行,天然气消费结构将更趋"均衡型"。天然气消费结构正向城市燃气、工业燃料、发电和化工"三足鼎立"的局面发展。

(三)受能源结构调整、大气污染防治政策推动,环渤海、长三角地区仍为主要消费区域

受大气污染防治和节能减排政策的推动,环渤海、长三角和东南沿海地区天然气需求仍有增长空间,2020年天然气需求占比将达到50%,仍是中国天然气主要消费地区;而西南地区和西北地区因化工用气等萎缩,两地区占比将下降。

(四)天然气基础设施不断完善,促进中国天然气利用的快速发展

2004年,"西气东输"管道投入商业运营,使得天然气用气人口首次超过人工煤气用气人口;2005年,按热值测算,天然气取代液化石油气成为第一大城市燃气气源;2011年,西气东输二线投产,2012年,天然气用气人口首次超过液化石油气用气人口,天然气正式成为燃气领域里的主导气源。

"十三五"期间,国家对油气管网设施领域投资限制的放宽和审批权限的下放,将极大调动各路资本进入天然气基础设施建设的热情,干线管道的覆盖范围将进一步扩大,区域天然气管网系统和配气管网系统将进一步完善,地下储气库等调峰储备体系将进一步完备,不同经济主体的管网设施将逐步实现互联互通。根据国家"十三五"规划前期研究,到2020年,全国长输管网总规模将达 $15 \times 10^4 km$ 左右(含支线),输气能力达 $4800 \times 10^8 m^3/a$ 左右;储气设施有效调峰能力为 $620 \times 10^8 m^3$ 左右;LNG接收站投产18座,接收能力达 $7440 \times 10^4 t/a$ 左右;城市配气系统应急能力的天数达到7天左右。未来随着

中国天然气基础设施的不断完善，中国天然气利用规模将会一步步地迈向更高的台阶。

（五）天然气价格市场化改革步伐加快

2014年下半年以来，国际油价大幅下跌，与此同时中国经济增长整体下行，产能过剩行业急需转型升级，再加上中国煤炭价格的持续走低，天然气与可替代能源的比价关系竞争力减弱，部分地区、部分行业甚至出现能源"逆替代"现象，种种因素将促使中国加快天然气价格市场化改革的步伐。天然气价格改革的总体趋势是逐步实现市场化，使其价格逐步接近其市场价值，最终实现门站价格与替代能源价格形成关联和动态调整机制，随国际油价水平而波动。

（六）季节调峰需求增加，天然气供应安全保障的要求进一步提升

保持稳定供应是天然气业务健康快速发展的基本保障。"十三五"期间，中国天然气整体或长期处于供需宽松状态，但由于各地用气结构的不均衡，区域性、季节性的天然气供不应求可能还会继续存在。特别是由于大气污染防治计划的执行，"煤改气"的大量实施，冬季用气规模大幅攀升，尤其是京、津、冀、鲁地区供暖用气，季节调峰压力将更为突出。目前，国内储气设施建设相对滞后，已建成的地下储气库主要满足几个重点城市的调峰需求，大部分城市在"煤改气"后的调峰能力建设亟待加强。

第三节　国内天然气价格政策

近年来，中国天然气消费快速增长，从发展趋势来看，迫切需要完善天然气市场体系和定价机制，使天然气产业和天然气价格向市场化迈进，以发挥价格对天然气产业发展的引导和调节作用。

一、天然气价格定义

按照天然气价值形成的顺序，天然气价格可分为天然气井口价格、天然气出厂价格、天然气管输费、天然气门站价格和终端燃气价格等环节。中国天然气价格结构如图2-19所示。

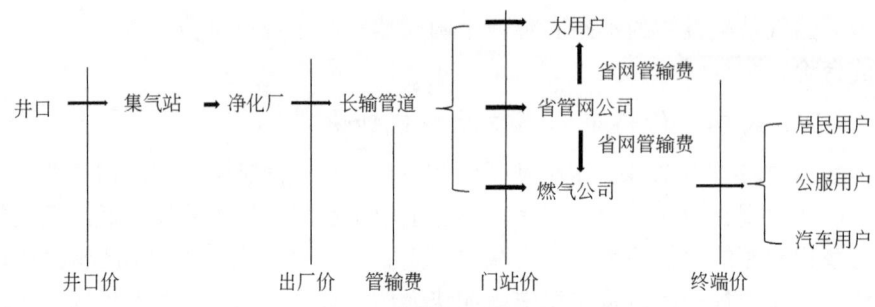

图 2-19 中国天然气价格结构

（一）天然气井口价格

国外天然气井口价格是指天然气生产商（供气商）在天然气交割点（进入高压输气管道前）的价格。

国内天然气价格结构中已没有天然气井口价格。传统意义上讲，天然气井口价格是指上游企业开采天然气到井口位置的交气价格，不包括集输、净化等成本费用，历史上该价格由国家石油天然气行政主管部门或国家物价主管部门管理。

（二）天然气出厂价格

天然气出厂价格是指经上游天然气勘探、工业开发、矿场集输、天然气处理与加工后，在进入长输管道前的价格，主要由国家物价主管部门管理。2002年1月，国家发展计划委员会（国家发展和改革委员会前身）在《关于规范天然气价格管理等有关问题的通知》[计价格（2002）39号]中明确提出，"将现行天然气井口价外加收的净化费并入价内，合并为统一的天然气出厂价"。2013年，国内天然气全面实行门站价格管理以后，对国内常规天然气一般不再使用天然气出厂价格的提法。

（三）天然气管输费

天然气管输费是指天然气管道公司收取的天然气管道运输费用，其中跨省管道的管输费由国家物价主管部门管理，省内管道的管输费由省级行政部门管理。1964年，石油工业部、冶金工业部在油财成发067（64）、冶财第734文件中明确提出了天然气管输收费的问题。石油化工部在1976年以（76）油化财劳字第135号文件规定了天然气管输费按距离收费的原则与收费标准。2000年之后，开始对新建管道实行"一线一价、新线新价",根据单条管道建设运行成本确定管输费。2016年10月,国家发改委发布《天然气管道运输价格管理办法(试行)》和《天然气管道运输定价成本监审办法(试行)》,开始对跨省管理实施"一企一率"的管输价格管理办法。

部分省市成立了省管网公司,负责本省范围内天然气的统购统销,对其用户收取省网管输费。

(四)天然气门站价格

天然气门站价格是指天然气经长输管道运输,到达分输站后与燃气公司或直供用户的交气价格。天然气门站价格按省级行政区域确定,由国家物价主管部门管理。在2011年,广东、广西两省天然气价格改革的文件中首次明确提出天然气门站价格。在2013年,全国全面推行天然气门站价格,并对门站价格区分为存量气价格和增量气价格,其中存量气为2012年实际使用气量实行较低价格,增量气为超出部分实行较高价格。2015年4月,存量气价格和增量气价格并轨为统一的天然气门站价格。

(五)终端燃气价格

终端燃气价格是指地方配送气公司通过城市配气管网将天然气分销或零售给终端用户的天然气价格,主要包括居民价格、公服价格、天然气汽车价格、采暖价格等。终端燃气价格一般由省及以下级行政部门管理。

二、天然气价格改革历程

世界上一些主要天然气生产和利用大国在天然气产业市场开放和价格市场化过程中取得了丰富的经验,这为中国天然气工业发展提供了一定的借鉴意义,从而可以更好地推进中国天然气产业市场开放和价格市场化发展。

伴随着经济体制改革和社会主义市场经济的发展,中国的天然气价格改革历经最初的计划管理价格演变到国家指导价格,再到如今的"市场净回值法"定价,大致经历了以下5个阶段。

(一)高度集中的政府定价阶段(1953—1982年)

此阶段是从建国之初的1953年到1982年,中国天然气价格实行高度集中的计划体制,国家统一定价,生产企业没有自主定价权。在这种价格管理

模式下,国家直接规定企业原材料和产成品价格,天然气价格也不例外。国家不仅制定天然气价格,而且每年还要下达天然气产量计划,企业的一切生产经营活动均列入国家计划。在这段时期,受当时天然气勘探开发特别是输送技术条件的限制,加之产量较少,天然气价格结构相当简单,只有天然气井口价格,1964年后增加了管输费,而且实行的是低价政策,价格水平非常低。

(二)"双轨制"价格阶段(1982—1997年)

从1982年至1997年,是中国天然气价格双轨制时期,即对天然气实行计划定价和市场定价两种不同的定价机制。1982年4月,国务院对四川天然气实行了商品量常数包干政策,规定每年商品气 $50 \times 10^8 m^3$,商品率88%,包干内计划天然气由国家负责分配和定价,包干外天然气由企业自行销售、定价。1992年6月,国务院对四川天然气实行包干内外价格并轨,并根据各用户用气性质不同,实行分类气价,划分为城市居民、城市商业、其他工业、化肥等类别。1993年4月1日(国家物价局[1993]价工字97号)—1994年4月30日,四川石油管理局按国家计划规定由企业自销的天然气实行市场价格。1994年5月1日(国发[1994]26号文)—1997年3月19日,开始天然气包干内外井口价格"并轨",企业自销的天然气可以在国家规定的中准价900元/$10^4 m^3$基础上"上下不超过10%的范围内浮动"。

(三)政府指导价价格阶段(2003—2012年)

1997年3月20日(计电[97]35号文)—2001年12月31日,对四川天然气国家制定的计划价格和自销气价格实行"并价",对用户实行综合结算价格。

2003年9月28日,国家发改委发布《关于西气东输天然气价格有关问题的通知》,核定西气东输天然气出厂基准价为0.48元/m^3,明确提出出厂价实行政府指导价,具体价格可在上下10%的浮动范围内协商确定,并将干线分输站以下的输配气价格及销售价格交由省级物价部门制定。随后,在忠武线、陕京线的定价问题上,均采用这种价格管理方式。

2005年12月26日,国家发改委在价格文件中提出,增加政府定价的灵活性,更好地反映市场供求,决定将天然气出厂价改为统一实行国家指导价,其中,一档气出厂价可以在国家规定的基准价基础上,在上下10%的范围内浮动,由供需双方协商确定;二档气出厂价可在国家规定的基准价基础上上浮10%,下浮幅度不限(川渝气田、长庆油田、青海油田、新疆油田的全部天然气及大港、辽河、中原等油田计划内天然气为一档价格气，除此以外的其他天然气为二档价格气）。同时，国家发改委还决定，天然气出厂基准价每年调整一次，调整系数根据原油、液化石油气、煤炭5年移动平均变化情况，分别按40%、20%和40%加权平均确定，相邻年度的调整幅度最大不超过8%；在3~5年内将一档气出厂价基准逐步调整到二档气出厂基准水平。

随后的几年，国家发改委逐步上调天然气价格。2007年11月8日，国家发改委出台《国家发改委关于调整天然气价格的通知》，适当提高工业用天然气出厂基准价：各陆上油气田（包括西气东输、忠武线、陕京输气系统等）供工业用户天然气的出厂基准价格提高0.4元/m^3。2010年4月15日，天然气管道运输价格在1997年的价格基础上调整，将执行国家统一运价的天然气管道运输价格每立方米提高0.08元。2010年6月1日，国家发改委又上调0.23元/m^3的天然气出厂价格，并合并了一档气和二档气，结束了出厂价格双轨制的历史。

（四）"市场净回值法"定价阶段（2012年至今）

2011年12月26日，国家颁布《国家发改委关于在广东省、广西自治区开展天然气价格形成机制改革试点的通知》。通知规定，在广东、广西两地开展天然气价格形成机制的改革试点工作，从原有的出厂价和管输费单独定价的方式调整为门站定价的方式，天然气门站价格由国务院价格主管部门管理，门站价格不再分类，实行最高限价，供需双方可在不超过最高门站价格的范围内协商确定具体门站价格；门站价格以下销售价格由地方价格主管部门管理，地方可建立上下游价格联动机制并对机制进行听证；选取上海市场（中心市场）作为计价基准点，以进口燃料油和液化石油气（LPG）作为可替代能源品种，并分别按照60%和40%权重加权计算等热值的可替代能源价格，然后按照0.9的折价系数，把中心市场天然气门站价格确定为等热值可替代能源价格的90%。

在广东、广西天然气价格改革试点开展近两年之后，2013年6月28日，国家发改委发出通知，决定自7月10日起调整非居民用天然气价格。根据国家发改委公布的方案，这次天然气价格只调整非居民用气价格，居民用气价格不做调整。基于此，"市场净回值法"定价全面向全国推广，此后国家发改委按照"市场净回值法"对门站价格进行了多次调整。

三、现行天然气价格政策

（一）天然气门站价格

自2011年底，两广天然气价格试点开始，中国真正吹响了天然气价格市场化改革的号角，构建了天然气价格市场化的基础。在国家强力推动下，天然气价格市场化改革将进入新阶段。

1. 2011年两广地区天然气价格试点

2011年12月26日，国家发改委号下发《关于在广东省、广西自治区开展天然气价格形成机制改革试点的通知》（发改价格［2011］3033）。这是自2005年国家发改委公布天然气价格形成机制改革目标后，天然气价格改革首次获得实质性推进。

1）天然气价格机制的主要变化

（1）试点的天然气价格改革方案：将以"成本加成"为主的天然气定价方法，改为以"市场净回值"为主的定价方法，即选取计价基准点和可替代能源品种，建立天然气与可替代能源价格挂钩动态调整机制。

（2）将出厂价和管输费构成的价格体系改为只确定和管理天然气门站价格。各省（区、市）的天然气门站价格以计价基准点价格为基础，综合考虑天然气主体流向和管输费用确定。

（3）将分类天然气价格改为统一的政府指导价，门站价格不再分类，供需双方可在不超过最高门站价格的范围内协商确定具体门站价格。

（4）对于不进大管网的页岩气、煤层气等非常规天然气和煤制气的出厂价格放开，实行市场定价。

2）天然气价格的确定方法

（1）确定计价基准点（中心市场）。综合考虑中国天然气市场资源流向、消费和管道分布现状，选取上海市场（中心市场）作为计价基准点。

（2）建立中心市场门站价格与可替代能源价格挂钩机制。中心市场天然气门站价格按照略低于等热值可替代能源价格的原则确定。可替代能源品种选择燃料油和液化石油气（LPG），权重分别为60%和40%。等热值可替代能源价格按照燃料油和液化石油气（LPG）单位热值价格加权平均计算。同时，为保持天然气与可替代能源的竞争优势，鼓励用户合理使用天然气，天然气价格暂按可替代能源价格的90%测算。中心市场门站价格计算公式为：

第二章 国内外天然气市场发展现状及趋势

$$P_{天然气} = K \times \left(\alpha \times P_{燃料油} \times \frac{H_{天然气}}{H_{燃料油}} + \beta \times P_{LPG} \times \frac{H_{天然气}}{H_{LPG}} \right) \times (1+R) \quad (2\text{-}1)$$

式中　$P_{天然气}$——中心市场门站价格（含税），元/m³；

　　　K——折价系数，暂定 0.9；

　　　α、β——燃料油和液化石油气的权重，分别为 60%和 40%；

　　　$P_{燃料油}$、P_{LPG}——计价周期内海关统计进口燃料油和液化石油气的价格，元/kg；

　　　$H_{燃料油}$、H_{LPG}、$H_{天然气}$——燃料油、液化石油气和天然气的净热值（低位热值），分别取 10000kcal/kg、12000kcal/kg 和 8000kcal/kg；

　　　R——天然气增值税税率，取 13%。

（3）确定广东、广西两省（区）天然气门站价格。以中心市场天然气门站价格为基础，考虑天然气市场资源主体流向和管输费用，并兼顾广东、广西两省（区）经济社会发展水平，确定两省（区）门站价格。

根据上述方法，按 2010 年燃料油和液化石油气进口价格（对应的国际市场原油价格为每桶 80 美元左右）测算，确定广东、广西两省（区）最高门站价格分别为 2740/10³m³ 元和 2570 元/10³m³。

2. 2013 年天然气价格改革全面铺开

2013 年 6 月，国家发改委下发《关于调整天然气价格的通知》（发改价格〔2013〕1246 号）。本次改革文件提出，以"成本加成"为主的定价方法逐步向"市场净回值"定价调整，选取计价基准点和可替代能源品种，建立与可替代能源价格挂钩的动态调整机制，国家只管理天然气门站价格。各省（区、市）的天然气门站价格以计价基准点价格为基础，综合考虑天然气主体流向和管输费用确定。门站价格不再分类，供需双方可在不超过最高门站价格的范围内协商。对于不进大管网的页岩气、煤层气等非常规天然气和煤制气的出厂价格放开，实行市场定价。

按市场净回值方法确定各省区市的增量气综合门站价格。在本次调整中，以 2012 年各省市的实际消费量为存量气量，2012 年底之后新增的消费量为增量气量。增量气价格一步到位，按"市场净回值"0.85 的折价系数计算；存量气适度调整。居民用户价格水平不变；化肥用户价格最多上涨 0.25 元/m³，其他用气最多上涨 0.4 元/m³。2013 年 7 月 10 日后，各省执行的存量气、增量气价格见表 2-6。

文件同时提出，到 2015 年，存量气与增量气实现价格并轨。

表 2-6　2013 年 7 月 10 日后各省执行的存量气、增量气价格　单位：元/m³

省份	存量气	增量气	省份	存量气	增量气	省份	存量气	增量气
北京	2.26	3.14	浙江	2.43	3.31	重庆	1.92	2.78
天津	2.26	3.14	安徽	2.35	3.23	四川	1.93	2.79
河北	2.24	3.12	江西	2.22	3.1	贵州	1.97	2.85
山西	2.17	3.05	山东	2.24	3.12	云南	1.97	2.85
内蒙古	1.6	2.48	河南	2.27	3.15	陕西	1.6	2.48
辽宁	2.24	3.12	湖北	2.22	3.1	甘肃	1.69	2.57
吉林	2.02	2.9	湖南	2.22	3.1	宁夏	1.77	2.65
黑龙江	2.02	2.9	广东	2.74	3.32	青海	1.53	2.41
上海	2.44	3.32	广西	2.57	3.15	新疆	1.41	2.29
江苏	2.42	3.3	海南	1.92	2.78			

3. 2014 年走出天然气价格改革的第二步

2013 年的天然气价格改革后，各省的增量气与存量气门站价格均相差 0.88 元/m³，当时在文件中提出了逐步提高存量气价格，到 2015 年实现价格并轨。根据党的第十八届三中全会精神和 2014 年深化经济体制改革重点任务的总体安排，按照 2015 年实现存量气与增量气价格并轨的既定目标，2014 年 6 月，国家发改委下发《国家发展改革委关于调整非居民用存量天然气价格的通知》（发改价格［2014］1835 号），适当提高了非居民用存量天然气门站价格，并要求自 2014 年 9 月 1 日起实施。

4. 2015 年 4 月实现存量气与增量气价格并轨

国家发改委于 2015 年 2 月 28 日发布《关于理顺非居民用天然气价格的通知》，决定自 2015 年 4 月 1 日采暖基本结束后深入调整非居民用气价格。主要内容包括以下几个方面：

1）实现存量气与增量气价格并轨

根据 2014 年下半年以来燃料油和液化石油气等可替代能源价格变化情况，按照现行天然气价格机制，增量气最高门站价格每千立方米降低 440 元，存量气最高门站价格每千立方米提高 40 元（广东、广西、海南、重庆、四川按与全国衔接的原则安排），实现价格并轨，理顺非居民用天然气价格。

2）试点放开直供用户用气门站价格

放开天然气直供用户（化肥企业除外）用气门站价格，由供需双方协商定价，进行市场化改革试点。直供用户是指直接向上游天然气供应商购买天

第二章 国内外天然气市场发展现状及趋势

然气，用于生产或消费、不再对外转售的用户。

鉴于化肥市场持续低迷，化肥用气价格改革分步实施，再给企业一定过渡期。化肥用气不区分存量气和增量气，价格在现行存量气价格基础上适当提高，提价幅度最高不超过 200 元$/10^3 m^3$。同时提高化肥用气保障水平，对承担冬季调峰责任的化肥企业实行可中断气价政策，用气价格折让幅度不得低于 200 元$/10^3 m^3$。

3）居民用气门站价格暂不作调整

居民生活、学校、养老福利机构等用气（不包括集中供热用气）门站价格暂不作调整。方案实施后新增用气城市居民用气门站价格按该省（区、市）并轨后门站价格政策执行。

5. 2015 年 11 月非居民气价下调

2015 年 11 月，国家发改委下发《关于降低非居民用天然气门站价格并进一步推进价格市场化改革的通知》（发改价格〔2015〕2688 号），要求 11 月 20 日起调整天然气价格，主要包括：

1）降低非居民用气门站价格

非居民用气最高门站价格降低 700 元$/10^3 m^3$。其中，化肥用气继续维持现行优惠政策，价格水平不变。

2）要求提高天然气价格市场化程度

由最高门站价格管理改为基准门站价格管理，供需双方可以基准门站价格为基础，在上浮 20%、下浮不限的范围内协商确定具体门站价格。方案实施时门站价格暂不上浮，自 2016 年 11 月 20 日起允许上浮。各省（区、市）非居民用天然气基准门站价格见表 2-7。

表 2-7　2015 年 11 月 20 日后各省非居民用天然气基准门站价格表　单位：元$/m^3$

省份	基准门站价格	省份	基准门站价格	省份	基准门站价格
北 京	2.00	浙 江	2.17	重 庆	1.64
天 津	2.00	安 徽	2.09	四 川	1.65
河 北	1.98	江 西	1.96	贵 州	1.71
山 西	1.91	山 东	1.98	云 南	1.71
内蒙古	1.34	河 南	2.01	陕 西	1.34
辽 宁	1.98	湖 北	1.96	甘 肃	1.43
吉 林	1.76	湖 南	1.96	宁 夏	1.51
黑龙江	1.76	广 东	2.18	青 海	1.27
上 海	2.18	广 西	2.01	新 疆	1.15
江 苏	2.16	海 南	1.64		

（二）天然气管道运输、储气价格

中国管输费目前尚未形成能够适应天然气管输特点和运行实际的规范的价格体系，价格形成机制还需要进一步完善。但是，随着定价思路的不断转变和方法的进步，部分新管道的费率水平已经能基本反映成本，费率形式也趋于多元。

1. 管输费现状

1）初次收取管输费

中国最早于1964年开始收取管输费。基本精神是保证按时回收国家投资，同时减少输气亏损。没有考虑输送距离，不计利润，只按照固定的输气量和10年折旧期计算输气费用。

2）按运距收费

1976年12月，原石油化工部下发《关于收取天然气管输费的通知》[（76）油化财劳字第135号]。该文件规定了天然气管输按输送距离收费，并制定了管输距离和费率标准。

1991年，国家改以保本微利为原则，对管输费率进行了上调，各类用户的管输费每立方米提高了三厘。之后几年全国物价水平经历了大幅上升，为保证管输企业的生产经营，国家再次出台新的天然气费率标准，费率总水平由 58.6 元$/10^3 m^3$ 提高到 63.6 元$/10^3 m^3$。直到2010年，国家才再次提高该费率标准。中国国家统一定价的管输费率标准见表2-8。

表2-8 中国国家统一定价的管输费率标准

序号	输气里程（km）	管输费率（元/m³）	序号	输气里程（km）	管输费率（元/m³）
1	<50	0.116	6	301～350	0.148
2	51～100	0.121	7	351～400	0.154
3	101～200	0.127	8	401～450	0.159
4	201～250	0.138	9	451～500	0.165
5	251～300	0.143			

3）"新线新价、一线一价"和"两部制"费率

前文提到的管输费率均是针对1984年国家实行"利改税""拨改贷"政策前建设的管道收取的管输费率标准。1984年以后，国家对部分利用银行贷款新建的天然气管道按项目经济评价法或政府批准的管道建设可研报告测算

管输费，既"新线新价、一线一价"。

由于国家在核定新建管道的管输费时没有考虑不同用户的用气特性，新建管道管输价格所包含的储气调峰费用由所有用户共同承担，加大了部分用户的用气负担，也不利于鼓励用户均衡用气。因此，国家在陕京管道和忠武管道试点天然气管输费"二部制"，即收取"管道容量费"和"管道使用费"。陕京管道输气系统干线管输费及"两部制"费率见表2-9。

表2-9　陕京管道输气系统干线管输费及"两部制"费率　　单位：元/10^3m^3

地区	一部制平均费率	两部制费率			
		连续供气用户		可中断供气用户	
		容量费	使用费	最低使用费	最高使用费
陕西	120	73	70	70	143
山西	310	73	136	136	209
山东	400	73	222	222	295
河北	420	73	233	233	306
北京	450	73	268	268	341
天津	480	73	300	300	373
全线平均	420	73	241	241	314

川渝地区最早实行"新线新价"是在2000年（川价函[2000]127号）。

4)"一企一率"管输价格

2016年，为加强天然气管道运输价格管理，规范定价行为，提高定价科学性、合理性和透明度，促进天然气行业健康发展，根据《中华人民共和国价格法》等法律法规规定，国家发改委制定《天然气管道运输价格管理办法（试行）》。办法规定管道运输价格按照"准许成本加合理收益"原则制定，即通过核定管道运输企业的准许成本，监管准许收益，考虑税收等因素确定年度准许总收入，核定管道运输价格。

对新成立企业投资建设的管道，制定管道运输试行价格，运用建设项目财务评价的原理，使被监管企业在整个经营期内取得合理回报。可行性研究报告设计的达产期后，调整为按"准许成本加合理收益"原则核定管道运输价格。

2. 储气库储气费现状

目前中国天然气价格体系中还没有储气库费率这个科目。但在一些天然气长输管道的可行性研究和管输费核准过程中，曾考虑了配套建设地下储气库，并将其投资及成本纳入管网系统进行统一评价，费率包含在管输费之中。例如，国家发改委在制定陕京二线和西气东输的管输费中均包含了地下储气库费用；国家发改委向国务院上报西气东输二线核准文件中也明确，西气东输二线的单位管输费中含有储气费 0.07 元/m^3。

2003 年 9 月 28 日，国家发改委发布《关于西气东输天然气价格有关问题的通知》（发改价格〔2003〕1323 号），其中明确规定"全线管道平均运价（含储气库费用）为 0.79 元/m^3（含营业税）。"

2005 年 7 月 14 日，国家发改委发布《关于陕京管道输气系统天然气价格有关问题的通知》（发改价格〔2005〕1281 号），其中规定"陕京一线、二线管输价格实行综合结算价，全线主干线平均管输价格（含储气库费用）为 0.42 元/m^3（含营业税）"。

为鼓励投资建设储气设施，增强天然气供应保障能力，2016 年 10 月，国家发改委发布了《关于明确储气设施相关价格政策的通知》（发改价格规〔2016〕2176 号），明确储气服务价格由供需双方协商确定，储气设施天然气购进价格和对外销售价格，由市场竞争形成。储气设施经营企业可统筹考虑天然气购进成本和储气服务成本，根据市场供求情况自主确定对外销售价格。

（三）终端燃气价格

终端燃气价格由省级地方政府管理，通常为省发改委或省物价局，列入地方政府定价目录，有些省份也将部分天然气终端价格的管理权限下放至市、县级。天然气终端价格是在城市门站购进价格的基础上，加上地方管道公司和城市燃气公司的输配气成本后形成的价格。在执行过程中，省级物价部门主要是根据监审燃气公司成本情况制定城市燃气各类用户的终端价格，而并非直接管理城市配气费，即采用"管理终端价格的形式监管城市配气费用"的方式。

根据《中华人民共和国价格法》及其他相关法律法规，终端燃气价格应遵循补偿成本、合理收益、反映市场供求及公平负担、考虑用户承受能力的原则，并实行价格听证会制度和公告制度。因此，终端燃气价格的定价或调价通常是以城市燃气公司运营中所发生的合理成本、费用、税金以及合理利润作为依据，同时兼顾不同用户的价格承受能力和替代能源的价格水平，并

第二章　国内外天然气市场发展现状及趋势

考虑用户对燃气的不同用途和服务条件，按照公平合理回报率的原则而确定价格。其中，合理成本包括城市燃气公司的维护、更新供气设施所发生的维修费、折旧费以及计量装置校验、更换和强制检定等费用；回报率参照相同行业的回报率。

1. 居民价格

2014年3月，国家发改委发布《关于建立健全居民生活用气阶梯价格制度的指导意见》，要求各地在2015年底之前建立居民用气阶梯价格制度。主要包括以下内容：

1）基本原则

实行居民用气阶梯价格制度，遵循以下基本原则：一是保障基本与反映资源稀缺程度相结合，对于居民基本生活用气需求，实行相对较低价格，对超出基本生活用气需求的部分，要适当提高价格，以反映天然气资源稀缺程度；二是补偿成本与公平负担相结合，居民生活用气价格总体上要逐步反映用气成本，减少交叉补贴，同时，公平用气负担，用气多的居民多负担；三是统一政策与因地制宜相结合，国家制定居民生活用气阶梯价格政策的总体框架和指导性意见，各地结合当地自然地理环境、经济发展和居民用气特点，确定具体实施方案。

2）主要内容

（1）分档气量的确定，按照满足不同用气需求，将居民用气量分为三档。

（2）分档气价的安排，各档气量价格实行超额累进加价。

（3）关于独立采暖，各地可结合当地气候、采暖用气需求等实际情况，单独制定独立采暖用气阶梯价格制度，也可综合考虑采暖用气和非采暖用气情况，将独立采暖用气纳入统一阶梯价格制度。

（4）实施范围，居民生活用气为通过城市燃气管网向居民家庭供应的所有燃气。

对学校、养老福利机构等执行居民气价的非居民用户，气价水平按当地居民第一档、第二档气价平均水平执行。

（5）计价周期。阶梯气价可以月为周期执行，也可以季度或年为周期，具体由各地结合当地实际情况合理确定。

（6）建立动态调整机制。各地可根据当地经济社会发展、居民生活水平提高、居民生活用气变化等实际情况，适时调整各档气量和气价。

（7）收入用途。实行阶梯气价后供气企业增加的收入，主要用于"一户一表"改造、弥补居民基本生活用气供应和储气调峰成本，以及减少与工商业交叉补贴等方面。

2. 采暖价格

各地可结合当地气候、采暖用气需求等实际情况，单独制定采暖价格，也可综合考虑采暖用气和非采暖用气情况，将独立采暖用气纳入统一阶梯价格制度。

采暖用户确定气价时，应统筹考虑不同住房面积用气数量差异，以及天然气独立采暖与集中供热等不同方式（以煤炭为燃料集中供热的，应考虑煤炭的环境成本）、天然气与电力等不同能源的采暖成本衔接，着重保障基本住房面积的采暖需求。

3. 公服价格

公服价格主要是指天然气终端燃气中工业、服务业等非居民用户的管道气供气价格。考虑到非居民用户价格承受能力强，以及减轻居民负担等因素，地方政府通常实行较高的公服价格，以补贴居民用气。此外，公服价格主要实行上下游价格联动机制（或称顺价机制），即根据燃气企业天然气成本和门站价格变化情况，实行终端价格与一定时期内购气结算价格联动，与上游天然气价格涨跌同时间、同方向调整。

在 2010 年之前，国内只有上海、成都等少部分城市实行非居民用气上下游价格联动机制。2010 年 7 月，《国家发展改革委办公厅关于加快落实天然气价格调整方案的通知》明确提出"各地要积极探索建立天然气上下游价格联动机制"之后，许多城市开始推广试点。例如，宁波市物价局在 2015 年 5 月 18 日发布《关于建立非居民用天然气价格上下游联动机制的通知》，建立非居民用天然气价格上下游联动机制。

4. 车用天然气价格

车用天然气价格主要是指 CNG 和 LNG 加气站销售给车辆用户的终端供气价格。一般来说，LNG 终端销售价格实行市场定价，CNG 终端销售价格由省级政府定价。

在 2010 年发布的《国家发展改革委关于提高国产陆上天然气出厂基准价格的通知》中，国家提出"理顺车用天然气与汽油比价关系"，要求"各地要按照与 90 号汽油最高零售价格不低于 0.75：1 的比价关系，理顺车用天然气价格，保持车用气的合理比价。目前车用天然气价格较低、一步执行到位确有困难的地区，此次可先按不低于 0.6：1 的比价关系调整，两年内调整到位"。这一政策在实际并未严格执行。

第二章 国内外天然气市场发展现状及趋势

第四节 天然气市场交易

从国外经验看,打造天然气交易市场是实行天然气市场化交易的有效途径,这对中国天然气市场有现实的借鉴意义,2013年起,中国开始了天然气市场交易的探索,2015年,上海石油天然气交易中心的成立更推进了市场交易的发展。

一、国外天然气市场交易的相关情况

(一)美国天然气市场交易

1. 天然气市场中心的起源

美国的天然气市场中心起源于20世纪80年代,是由于1985年美国联邦能源管理局(FERC)发布的436号法令要求管道运输商必须执行"开放储存运输"而发展起来的。天然气市场中心的发展基于两个方面的原因,一是天然气工业的发展,州际管道建设迅速,天然气需求急剧增加,从而也导致了对"枢纽"系统的需求;二是美国监管政策的改变,使之前的管道运输商从多元化公司变为专门的运输服务提供商,因此需要在众多的管道商和(或)管道系统之间建立"节点",实现不同管道系统之间天然气的交换。

2. 天然气市场中心的发展

美国最早的天然气市场中心是"Henry Hub",成立于1988年。大多数交易中心是在1993—1998年成立,在1999—2003年,美国有6个新的市场中心投入使用,而同期有8个市场中心失效(倒闭),主要原因是由于竞争和缺少交易,如靠近"HenryHub"的"Texaco Gulf Star Center",发展到2008年,在北美有33个正常运行的市场中心,其中美国有24个,加拿大有9个。

3. 天然气市场中心的服务及管理

每个市场中心提供的服务各不相同,大体来说,市场中心提供的服务包括如下几种:

(1)气体运输,把气体从一个州际管道转移到另一个州际管道,也可以从一个市场中心转运到另一个市场中心。

（2）短期存储，即可以把托运人的货物（即天然气）短期存储在市场中心，使其可以延迟交割。

（3）中心可以先期提供部分天然气，而借贷者可以过一段时间偿还。

（4）在客户支付费用时，中心可以进行天然气的季节性存储。

为实现以上服务，这些市场中心还全部实现信息化管理，可以实时监测各地的天然气消费需求与储量，及时调配天然气的运输，为客户提供及时、周到的服务。

4. 市场中心的作用

1）市场重建作用

1993年，FERC通过636法案之后，原来的管道公司中天然气购买和销售被剥离，需要有专业的机构来实现供求的平衡关系，从而重建市场，因此，天然气市场中心应运而生。这些市场中心的主要作用是提供消费者和托运人所需要的服务，包括天然气的供应、运输和存储。另外，这些市场中心的位置也有助于增加天然气管道系统的运输量，并增加天然气市场的活跃程度。最后，由于各种服务能够单独定价，因此各市场中心之间相互竞争，使得天然气管道系统和存储设施得以迅速发展，并拓展出各种附加服务。在实际运行中，市场中心也的确起到了相当大的作用，不仅避免了市场重建过程中可能出现的问题，还提高了天然气长输管道系统的能力，并扩展了天然气的市场。在636号法案实施之后，美国的州际天然气管道系统得以长足发展，且实现了相互间的有机联结，这主要得益于天然气市场中心成立之后，由于竞争刺激而产生出来的各种附加的州际连接。

2）价格发现作用

市场中心同时还提供专门的场所，以便现货市场业务的办理和天然气交易的进行。更重要的是，这些特点综合起来，使得市场中心能够实现天然气现货市场价格发现的功能。在中心，买方能够寻找价格最低的卖方，而卖方也可以寻找对价格承受能力较大的买方，在这样的交易平台上能够实现价格的妥协，从而发现天然气的交易价格，包括天然气的价格和管道运输的价格，从而使得交易者能够规避大多数市场风险。

3）枢纽作用

市场中心最主要的作用是向顾客提供气体运输和转送服务。例如，当在一个管道系统中的托运人向另一个管道系统的终端消费者提供天然气时，托运人可以通过中心进行天然气的转送业务，而中心进行相应的操作，如增压或者降压以使天然气在不同的管道系统之间进行交换。在交易者需要的时候，市场中心需要有足够的接收能力。同样的，托运人可以利用中心的设施修改或者交易自己各项业务的权益。在这个过程中，市场中心承担了天然气市场运行的枢纽作用。不仅仅只是天然气从一个管道系统转送到另一个管道系统，还包括市场中心在供应和需求之间建立起了一个缓冲。当需求超过供应时，市场中心给予托运人短期借贷（天然气）；而当供应过量时，市场中心提供给托运人短期（几天）或中短期（几月）的存储能力。通过这样的缓冲，使得市场得以平稳运行，消费者和供应商在很大程度上能够避免价格波动带来的巨大风险。

（二）欧洲天然气市场交易

1. 欧洲天然气交易中心

欧洲天然气市场交易中心起始于上世纪 90 年代，目前有英国 NBP、荷兰 TTF、德国 NCG 和 GPL、比利时 Zee 和 ZTP 等，如图 2-20 所示。与北美不同，欧洲的天然气交易中心大多为虚拟型，即将区域性的管网视为一个虚拟的点，天然气交易都在该点进行。

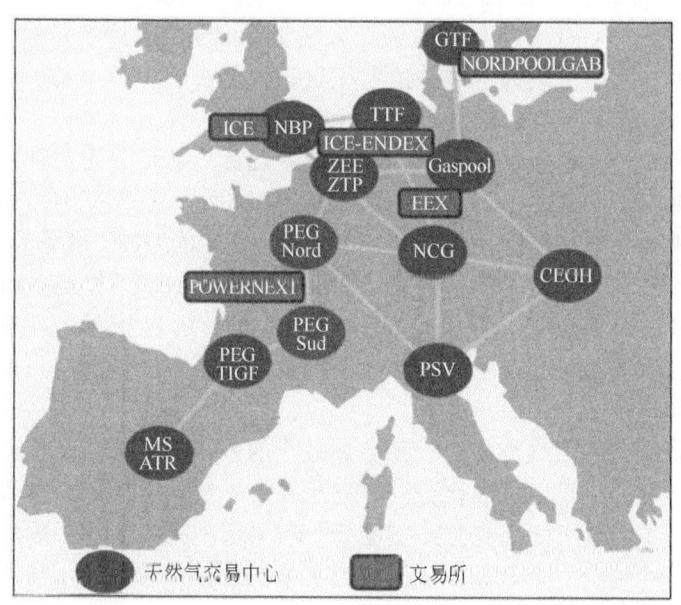

图 2-20 欧洲主要的天然气交易中心和天然气交易所分布

2. 欧洲天然气交易市场体系

欧洲天然气交易市场被划分成相对独立的两部分：天然气商品市场和天

然气容量市场。

1）天然气商品的交易包括长期合同和市场化交易两种途径

（1）长期合同交易。

长期合同交易是通过与天然气生产商签订10年以上长期供应合同进行的交易。这类交易方式的特点是合同期长，价格、交易量、结算方式等由供需双方直接协商谈判确定，不受政府管制，条款内容通常保密，价格与替代能源价格、通货膨胀率等挂钩。目前长期合同的市场份额正逐步减少，已从2000年的80%以上下降到目前的约50%。

（2）市场化交易。

① 场外交易（Over The Counter，OTC）。

场外交易是指供需双方通过经纪人达成的双边交易，是欧洲天然气市场化交易的主要方式。欧洲OTC交易起步于英国"NBP97合同"和比利时"ZEE2000合同"，采用了标准化的一般条款，交易双方只需要填写买卖方、供应周期、日供气量、价格等交易确认信息就能快速完成交易。现阶段欧洲OTC交易使用最多的是EFET标准合同，采用"主条款+交易中心附件"的方式。当前，OTC交易主要通过经纪人提供的电子交易系统进行双边撮合，通过市场参与者报价或询价，并由系统自动识别买家和卖家来实现交易。

② 交易所交易（Exchange）。

交易所交易主要包括现货和期货交易。现货交易可分为两种，一种是短期现货（Spot），一般在1~2天内由交易所组织进行实物交割；另一种是与管道平衡机制相联系的即期现货（如ICE-ENDEX的OCM市场），即管道公司为平衡天然气管道压力参与的市场交易，是一种对破坏管道系统平衡性的市场参与者的惩罚机制（这种交易可不进行实物交割）。天然气期货交易一般都出于投资保值避险等金融性目的，用现金清算的方式平仓，只有很少一部分用于实物交割。

在交易所的天然气交易是一种更加规范的方式，其特点是受到政府金融部门的严格管制，采用标准化合同，信息公开、透明度高，大多数用户都可匿名参与交易。最大的优点是，交易所一般采用中央交易对手的清算模式来降低交易对手风险，充分保障了天然气交易的进行；缺点是，结算和交易都要支付费用，还需缴纳保证金，交易成本很高。

2）天然气容量主要采用电子平台进行市场化交易，过程公开透明，价格受到政府严格监管

欧洲天然气容量市场主要是天然气管道容量、储气库容量和部分LNG

第二章 国内外天然气市场发展现状及趋势

接收站容量的交易市场。由于天然气基础设施具有自然垄断性，因此容量市场的交易受到政府严格监管，主要以欧盟委员会提出的管网法令（Network Code，NC）为基础，并在 ACER 建立的容量配置机制、拥堵管理程序、平衡法则等规则下运行，确保天然气容量市场的稳定有效。

天然气容量市场可分为一级市场和二级市场。一级市场容量由系统运营商销售给天然气用户，主要遵循容量配置机制。例如，管道容量配置采用拍卖、捆绑、先来先得等方式，储气库容量配置采用用户优先权、拍卖等方式。按时间跨度，容量可分为年度、月度、每日、小时等类型，按稳定性可分为固定、可中断等，不同类型的容量采用相应的配置方式。在二级市场上，持有用户可以对持有固定容量的所有权或使用权进行转让。

欧洲天然气容量主要通过多家管道公司联合组建的电子平台进行交易。目前主要建有 PRISMA、 TRAC-X、匈牙利-罗马尼亚容量交易平台等，ICE-ENDEX 也可以进行储气库容量的交易。2013 年成立的 PRISMA 是欧洲大陆最主要的天然气管道交易平台，涉及比利时、法国、德国、意大利、荷兰等国的 29 家管道公司。

二、中国天然气交易市场化改革思考

（一）建立天然气交易市场的必要性

天然气交易市场是天然气市场发展到一定时期的必然结果。随着中国天然气工业的发展，传统的天然气交易方式已难于适应中国天然气市场发展的要求，迫切需要建立一个可供供需双方进行天然气交易的场所，推行多样、灵活的天然气交易合约和适应市场需求变化的天然气价格机制，以此推进形成天然气基准价格，促进中国天然气市场健康、规范、有序发展。

1. 平衡天然气供需，保障供应安全

随着中国天然气工业和市场的高速发展，中国现行天然气交易形式（中长期合同、合同交易量每年一签、日或月供气量固定）单一，已逐渐难于适应供用双方在资源、市场和季节等条件变化而引发的天然气供需形势变化。建立天然气交易市场、实行天然气现货交易对解决阻碍中国天然气市场发展存在的这些问题有重要作用。天然气现货交易的价格机制给天然气生产企业提升天然气价值创造了条件，有利于刺激天然气生产（进口），增加市场供应量，同时灵活的天然气供应机制也为天然气用户根据资源供给状况、气候变

化和产品的市场需求与价格,调节气量需求或弥补气量短缺提供了机会。

2. 优化资源配置,促进节能减排

作为一种不可再生的清洁化石能源,天然气在中国的资源配比中远低于煤炭和石油,人均可采资源量仅为世界平均水平的十分之一。优化资源配置,提升天然气的利用效率和效益是中国能源消费利用的重要战略任务。然而,在目前中国现行天然气价格政策和资源分配方式下,一方面天然气市场供需紧张,许多气价承受能力较强和产品附加值较高的用户天然气需求严重不足,产能得不到有效发挥;另一方面一些低效高耗能用户在享受低价天然气带给他们的福利,不但加剧供需矛盾,也不利于国家节能减排的发展战略。

建立天然气交易市场不仅可以满足高端用户的天然气需求,促进资源优化配置,而且市场化的价格机制也能促进各行业和全社会认识天然气的真实价值,提高节能意识并付诸行动,促进节能减排。

3. 推动形成中国乃至东北亚地区天然气基准价格,谋求国际天然气定价话语权

天然气价格市场化是中国天然气价格改革的最终目标。目前,国家正积极推动国内天然气价格机制改革,并出台了拟市场化天然气门站机制。虽然有了较大进展,但面临的改革任务依然繁重,各类用户的价格水平远未理顺,价格体系也不健全,新价格形成机制切实投入实施还有困难和阻力。

天然气现货交易价格体现了买卖双方对天然气当前市场价值的一致认同,有利于理顺中国天然气价格水平和推动天然气价格改革。北美和欧洲就是通过美国亨利中心(Henry Hub)和英国国家平衡点(NBP)2个天然气交易中心,分别形成了区域内的天然气基准价格体系,使之成为区域内进口管道气和LNG合同价格的重要参考依据,对平抑国内外价格差起到了重要作用。并且,中国作为未来东北亚地区最大的天然气进口国,谋划推进在国内建立天然气交易市场,形成亚太地区天然气基准价格体系,对推动中国天然气工业健康发展和增强进口气价格谈判的主动权和话语权具有重要意义。

4. 提升中国的全球影响力,繁荣天然气市场经济

在北美、欧洲和亚太地区等全球三大天然气区域市场中,北美和西欧以输气管道枢纽为核心逐渐发展建立了大量交易中心(Hub),并进行规范的天然气现货交易。并且,美国和英国分别于1990年和1997年推出了天然气期货合约交易。目前,只有亚太地区尚未建立天然气交易市场或交易中心,也没有现货、期货的实际交易平台,这与中国作为地区主要天然气消费国和世界第二大经济体很不相称。

第二章　国内外天然气市场发展现状及趋势

建立中国天然气交易市场，开展天然气现货交易，进而推出天然气期货交易，吸引全球天然气进口（出口）国和消费国的注意，在国际上增强中国作为一个新兴经济体大国和能源生产与消费大国的地位，为全球天然气及其他能源产品定价争取更多的话语权，提升中国在全球的影响力。

同时，天然气交易市场不但可以丰富中国现货、期货交易品种并促进天然气商品在地区之间的流通，而且通过吸引天然气产业链各个行业参与交易，可以提高流动性，繁荣天然气市场经济。

（二）中国天然气交易市场建设现状和趋势

2015年7月1日，上海石油天然气交易中心试运行，标志着中国天然气交易市场建设迈出实质性的一步。上海天然气交易中心旨在成为具有国际影响力的石油天然气交易平台、信息平台和金融平台。交易中心采用挂牌和竞价"两种模式"，主要交易管道天然气、液化天然气、LNG接收站接转能力"三种产品"。

上海天然气交易中心积极探索和推进天然气交易的市场化进程，主要包括：一是在政府的引导下，把传统的线下自由撮合交易整合到相对公开、公平和透明的交易中心平台上，并公布天然气场内、场外交易价格；二是沟通上游资源方和下游用户，逐步将冬季增量气量引入平台并形成竞价交易；三是研究天然气管道管容信息公开方案，让市场通过交易平台能够轻松浏览到国内各条管道的使用情况和负荷率，为推动基础设施公平准入与智能高效运转提供服务；四是研究LNG终端销售价格和槽车自提批发价格指数；五是研究天然气错位掉期等金融衍生品的开发，不断提高交易中心金融平台的作用。未来交易中心还计划逐步实现三大石油公司的全部天然气上网交易，推动区域油气改革试点，研究并发布管道天然气价格指数，并最终形成具有指导意义的中国天然气价格指数，建成东北亚乃至亚洲天然气定价中心。

中国天然气交易市场未来预计将有多个天然气交易平台，以天然气供应商、销售商、中间商、直供大用户为主的市场交易主体，以天然气长贸合同、短期现货、中远期现货、期货、管输容量、储气库容量为主的交易品种，实物交易和金融交易相交织的市场体系。届时，天然气交易市场的监管将更加侧重于规则制定、信息发布、成本监审、宏观规划，进一步降低行政对市场的干预。

（三）中国天然气交易市场发展的路径选择

结合中国目前天然气供需形势和区域市场的发展程度、近中期天然气资

源供应趋势和天然气基础设施建设速度，以及油气体制改革发展目标，中国已初步具备全面建立天然气交易市场的基本要求，需要做好天然气交易市场发展的顶层设计，制定建设方案，积极推进实施。

1. 基本思路

以建立一个能够反映中国乃至东北亚地区天然气市场供需关系的开放、竞争、规范、有序的现代天然气市场体系为目标，结合中国天然气市场结构及其供需特点，以开展供需双方协商下的天然气现货交易为突破口，实施天然气交易方式多元化，满足天然气用户的调峰需求和短期需求，逐步建立和发展天然气交易市场。在此基础上，形成中国天然气市场基准价格，择机与东北亚地区相关国家开展合作，建立有效协调和对话机制，引入相关资源与交易主体，增加天然气交易市场的流动性，推动中国成为东北亚天然气市场中心和区域天然气定价中心。条件成熟后，选择国家商品期货交易所（或上海石油天然气交易中心）推出天然气期货合约交易。

2. 实施步骤

从中国天然气工业体制机制现状及改革趋势分析看，中国要一步到位建立起国家级天然气交易市场是不现实的，应采取"循序渐进、试点推广、分步发展"的办法，分阶段、分层次开展天然气交易市场建设，分四步实施：

第一步：国家放松天然气市场和天然气交易的管制或限制，通过试点和推广，推行供需双方协商的天然气现货交易。

虽然中国现在实行的是社会主义市场经济，但国家对天然气工业、天然气商品量、市场运行及价格管理等方面还带有浓厚的计划经济色彩。政府仍在对天然气生产企业的年供气量和气量分配施加影响，价格要严格执行国家规定价格水平。因此，要实行天然气现货交易，首先需要得到国家主管部门批准或认可。充分必要条件之一是政府部分放松天然气出厂价格管制，选择条件成熟的天然气区域市场（以国内油气田为中心的区域性地方天然气市场）开展天然气现货交易试点。根据试点的经验，制定并完善相关管理制度和配套措施，然后国内区域市场再和天然气消费中心推广天然气现货交易。

第二步：建立区域天然气交易市场，通过电子交易平台进行区域市场范围内的天然气现货交易。

在天然气现货交易量大、交易方式成熟、管理规范和天然气市场规模或需求量大、上游天然气供应商相对较多的省市或区域建立天然气现货交易市场（所），提供电子交易平台和框架交易合同，进行区域市场范围内的天然气现货交易或天然气竞价交易，使天然气现货交易步入规范、有序、公开、透

第二章 国内外天然气市场发展现状及趋势

明的轨道，及时满足本区域市场及其用户的天然需求。

第三步：培育和建立国家级天然气现货交易市场，实行跨地区和跨区域的天然气现货交易。

将地理位置优越、气源供应多元、天然气基础设施完善、天然气现货交易量大、流动性好或天然气消费量大的区域天然气交易市场建设成为国家级天然气现货交易市场，吸引国内外，特别是东北亚天然气供气商、进出口商和交易商参与，进行国内外（东北亚地区）管道天然气和 LNG 的短期（30 天以内）和中远期（1～6 个月）现货天然气交易，发展成为与英国 NBP、美国 Henry Hub 并立的东北亚天然气交易市场，提高中国天然气交易市场的流动性和影响力，使天然气交易价格成为中国各区域天然气交易市场的价格基准及中国进口管道气和 LNG 的参照价格。

第四步：商品期货交易所（或上海石油天然气交易中心）推出天然气期货合约，开展天然气期货交易。

在天然气现货交易市场发育及相关法律法规健全、管理体制机制规范、交易价格通过竞争和市场供需形成、天然气现货交易量或流动性逐渐增大、天然气现货交易并在成为中国天然气交易的主要模式之一后，在商品期货交易所推出天然气期货合约交易，以规避或转移天然气价格风险、发现未来天然气价格变化趋势并掌控天然气定价权。

在中国发展天然气现货和期货交易，天然气价格的管理体制和形成机制是至关重要的决定性因素。虽然现在国家对天然气价格的管理有所松动，但完全通过天然气现货交易和期货交易形成价格还需要较长时间。因此，供需双方协商定价将是中国天然气现货交易的主要模式和近中期的发展方向，并在双方协商的天然气现货交易发展成熟后，建立起区域天然气现货交易市场。而跨区域和地区甚至跨国天然气现货交易，还需要在天然气上中下游产业链的管理体制机制和市场化改革、基础设施建设、金融服务支撑等做较多的工作和准备，实现的时间较长。

第三章 天然气用户选择与用气特性

第一节 城市燃气用户用气技术经济特征

一、城市燃气用户分类

城市燃气是用气量最大的领域之一，主要满足居民家庭、宾馆、酒店、学校、医院等公共服务业炊事、热水、采暖、制冷用气，以及市内小工业、汽车用气。

城市燃气用户分为：

(1) 居民：生活中用于炊事、热水的天然气居民用户。

(2) 公服：医院、学校、机关单位、宾馆、餐饮等使用天然气的公服用户。

(3) 采暖（含空调）：居民、公服中使用天然气采暖和空调的天然气采暖用户。

(4) 天然气汽车（含船舶）：使用压缩天然气（CNG）、液化天然气（LNG）的所有汽车和使用 LNG 的船舶用户。

需要说明的是：LNG 船舶用气作为交通运输领域用气，纳入城市燃气用气中。

二、城市燃气用户用气特征

目前城市燃气用户用气特征尚无明确的定义和范围。结合天然气市场开发实际经验，对城市燃气用户用气特征主要从用气定额、用户数量、气化率、

第三章 天然气用户选择与用气特性

不均匀性等几个方面进行论述。

在气候条件、生活习惯等多种因素影响下，不同地区的城市燃气用户用气特征差别较大，营销人员在天然气市场开发、营销过程中，应结合不同城市的具体情况，合理地选择相关参数，准确地预测天然气市场需求。笔者结合统计资料和城市燃气用户实际运行数据，对典型地区城市燃气用户的用气特征进行分析。

（一）用气定额

用气定额需要按不同类型用户分别确定。用气定额与用户所处区域、气候条件、时间、生活习惯等有关，需要通过实际调查用气或能耗情况，采用数理统计方法对数据进行处理并加以确定。对新建燃气设施的城市，也可以采用类比的方法，参照相似条件城市或同类型燃气用户的用气定额加以确定。

1. 居民用户用气定额

居民用户用气定额是指每人每年消耗的天然气量（按热值折算）。居民用户用气定额受到多种因素的影响，如住宅内用气设备的设置情况、公共生活服务网（食堂、熟食店、餐饮店、浴室、洗衣房等）的发展和应用情况、居民生活水平和生活习惯、居民户均人口、地区气象条件、燃气价格、住宅内有无集中供暖设备和热水供应设备等。

通常，住宅内用气设备齐全、地区的平均气温低，则居民用户用气定额指标高。但是，随着公共生活服务网的发展以及灶具的改进，加上电磁炉、电热水壶等家电器具对燃气器具的替代，居民用户用气量又会下降。

居民用户用气定额受到上述各种因素的影响，每种因素的影响程度无法精确确定。通常都是首先对典型用户进行调查和测定，然后综合分析得到用户平均用气量作为用气定额。

对于新建燃气供应系统的城市，其居民生活用气定额可以根据当地的其他燃料消耗量、生活习惯、气候条件等具体情况，并参照相似城市的用气定额确定。

1）我国居民用户用气总量及用气定额

2014年，我国居民用户用气总量达到 $231.4×10^8 m^3$，用气人口30137万人，平均用气定额 $77×10^8 m^3/$（人·年）。2004年以前，我国天然气市场发展处于启动期，居民用户用气量增长缓慢，2000—2004年年均增量仅为 $6.0×10^8 m^3$。2004年西气东输一线建成投产，标志我国天然气市场进入发展期，居民用户用气量保持快速增长，2005—2014年年均增量 $18.1×10^8 m^3$。

2000—2014 年我国居民生活用气总量及用气定额见表 3-1。

表 3-1 2000—2014 年我国居民生活用气总量及用气定额表

年份/指标	2000	2001	2002	2003	2004	2005	2006	2007
家庭用量（$10^8 m^3$）	27.0	27.5	38.3	41.7	50.9	58.0	64.5	73.2
用气人口（万人）	2818	3401	4002	4681	6065	7623	9099	11133
用气定额 [m^3/（人·年）]	96	81	96	89	84	76	71	66
年份/指标	2008	2009	2010	2011	2012	2013	2014	
家庭用量（$10^8 m^3$）	87.0	105.1	134.2	153.0	183.9	204.2	231.4	
用气人口（万人）	13290	15948	18856	21442	24134	27338	30137	
用气定额 [m^3/（人·年）]	65	66	71	71	76	75	77	

注：居民生活用气量统计数据中包含了分户采暖用户用气量。

2）不同地区的居民用气定额

居民用气定额具有明显的区域性，与所处地理位置、气候、生活习惯等相关。环渤海地区属于寒冷地区，集中采暖设施较完善，居民用户用气定额保持在 60～70m^3/（人·年）。东北地区天然气市场发展相对缓慢，供暖设施完善，居民用户用气定额保持在 40～50m^3/（人·年）。中南、长三角属于冬冷夏热地区，冬季气温较低，没有集中采暖设施，采用天然气分户采暖比较普遍，例如，武汉市分户采暖用户超过 10 万户，长沙分户采暖用户近 10 万户，扣除此部分气量后，居民用户用气定额基本保持在 50～60m^3/（人·年）。东南的广东、广西、福建和西南的云南、贵州属于夏热冬暖和温和地区，冬季暖和，太阳能资源丰富，燃气热水器利用度不高，居民用户用气定额保持在 40～60 m^3/（人·年）。西南地区的四川、重庆用气历史较长，天然气普及率高，用气定额较高，扣除部分分户采暖用气量后，居民用户用气定额保持在 80～100m^3/（人·年）。从统计数据来看，西北的新疆、青海、甘肃和中西部的陕西、宁夏居民用气定额较高，都在 100m^3/（人·年）以上，最高接近 200m^3/（人·年），通过实地调研了解，主要原因是这些地区都大量采用天然气分户采暖的方式，如兰州分户采暖用户超过 10 万户，西安分户采暖用户超过 30 万户，扣除此部分气量后，西北、中西部地区的居民用户用气定额基本在 50～60m^3/（人·年）。

2014 年我国各省市区居民用户用气定额分布如图 3-1 所示。

第三章 天然气用户选择与用气特性

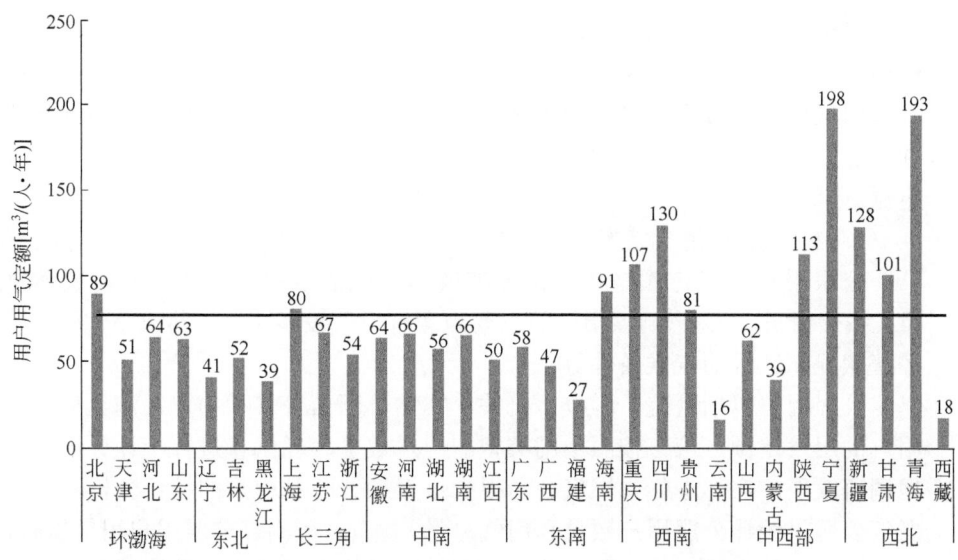

图 3-1 2014 年我国各省市区居民用户用气定额分布图

从统计数据中可以看出，部分省市居民用气量中含有分户式采暖用气量，居民用气定额较大。结合实际调研情况和各地分户式采暖发展情况，测算居民用户用气定额时剔除此部分气量，提出居民用气定额范围的建议值，供测算居民用气需求时参考。

居民用户用气定额范围参考值见表 3-2。

表 3-2 居民用户用气定额范围参考值

序号	地区	参考值 [m³/(人·年)]	备注
1	环渤海	60~70	
2	东北	40~50	远期可适当增加
3	长三角	50~60	
4	中南	50~60	
5	东南	40~60	
6	西南	40~60/100~120	云南、贵州按低范围，四川、重庆按高范围
7	中西部	50~60	
8	西北	50~60	

对于非传统采暖的地区，比如中南、西南、长三角等地区，集中供暖比例极小，居民用户多采用壁挂炉等方式采暖，在进行居民用气量测算时，如采暖用气单独测算则可以采用表3-2推荐的居民用气定额，如采暖用气不单独计算，根据分户式采暖用户占总用户数的比例，适当提高采用的居民用气定额。

2. 公服用户用气定额

公服用户用气定额是指单位设施或单位成品或每人每年消耗的天然气量（按热值折算）。影响该指标的主要因素有用气设备类型、热效率，单位的经营状况和地区的气候条件等。

公服用户包括医院、学校、机关、宾馆、酒店等多种用户，测算每一类用户的用气定额，应该按照不同类型的用户数量、耗气量进行统计分析。实地调研发现，实际运行中燃气公司很少进行细分公服用户的统计分析，多数燃气公司只统计公服用户数量和用气总量。因此，在测算公服用户用气量时，可以采取两种方法，一是按照各类公服用户用气定额分类测算用气量，二是根据公服用户用气量与居民用气量比例估算，具体方法根据资料收集和目标市场实际情况选用。

1）公服用户用气定额参考值

公服用户用气定额应根据当地每类公服用户用气量的统计数据分析确定。

公服用户用气定额参考值见表3-3。

表3-3 公服用户用气定额参考值

类别		单位	用气量指标	单位	用气量指标	备注
商业建筑	有餐饮	kJ/(m²·d)	502	m³/(m²·d)	0.015	商业性购物中心、娱乐城，办公商贸综合楼、写字楼、图书馆、展览厅、医院等。有餐饮是指有小型办公餐厅或食堂
	无餐饮		335		0.01	
宾馆	高级宾馆（有餐厅）	MJ/(床·年)	29302	m³/(床·年)	844.4	该指标耗热包括卫生用热、洗衣消毒用热、洗浴中心用热等。中级宾馆不考虑洗浴中心用热
	中级宾馆（有餐厅）		16744		482.5	

第三章 天然气用户选择与用气特性

续表

类别		单位	用气量指标	单位	用气量指标	备注
旅馆	有餐厅	MJ/（床·年）	8372	m³/（床·年）	241.3	指仅提供普通设施，条件一般的旅馆及招待所
	无餐厅		3350		96.5	
餐饮业		MJ/（座·年）	7955～9211	m³/（座·年）	229.3～265.5	主要指中级以下的营业餐馆和小吃店
燃气直燃机		MJ/（m²·年）	991	m³/（m²·年）	28.6	供生活热水、制冷、采暖综合指标
燃气锅炉		MJ/（t·h）	2510	m³/（t·h）	72.2	按蒸发量、供热量及锅炉燃烧效率计算
职工食堂		MJ/（人·年）	1884	m³/（人·年）	54.3	指机关、企业、医院事业单位的职工内部食堂
医院		MJ/（床·年）	1931	m³/（床·年）	55.6	按医院病床折算
幼儿园	全托	MJ/（人·年）	2300	m³/（人·年）	66.3	用气天数275d
	半托	MJ/（人·年）	1260	m³/（人·年）	36.3	
大中专院校		MJ/（人·年）	2512	m³/（人·年）	72.4	用气天数300d

2）公服用气量与居民用气量比例

公服用气量与居民用气量的比例因市场发展阶段的不同而不同。在市场快速发展期，与居民用气、公服用气发展速度密切相关。在天然气市场发展较为成熟后，主要与居民生活水平、生活习惯、第三产业发展程度和城市功能定位等因素相关。具体比例选择可参考当地历史用气情况或者同类型城市用气数据。

通过对不同城市的燃气公司用气现状调研结果看，影响公服用气量占居民用气量比例的原因主要有几个方面：一是城市功能定位、第三产业发展情况、居民生活习惯；二是城市天然气发展阶段，通常，用气时间越长，城市配气管网覆盖率越高和气源供应越有保障，占居民用气量比例越高；三是公服用气初期改造投资和用气价格；四是燃气公司本身覆盖区域公服用户情况。

图3-2中提供了部分典型城市公服用气占居民用气量比例的数据，供确定参数时参考。典型城市的公服用气量占居民用气量比例集中在三个区间：一是20%以下，沈阳、葫芦岛、抚顺处于市场发展初期，受气源供应、管网等因素影响，占比较低；二是40%～60%之间，包括乌鲁木齐、哈尔滨、重庆、成都、郑州、合肥等城市，市场经过多年的发展，相对成熟，比例保持

相对稳定；三是 100%左右，主要包括兰州、长沙、武汉，属于省会和地区中心城市，公服商业发达，天然气基础设施完善，比例较高。

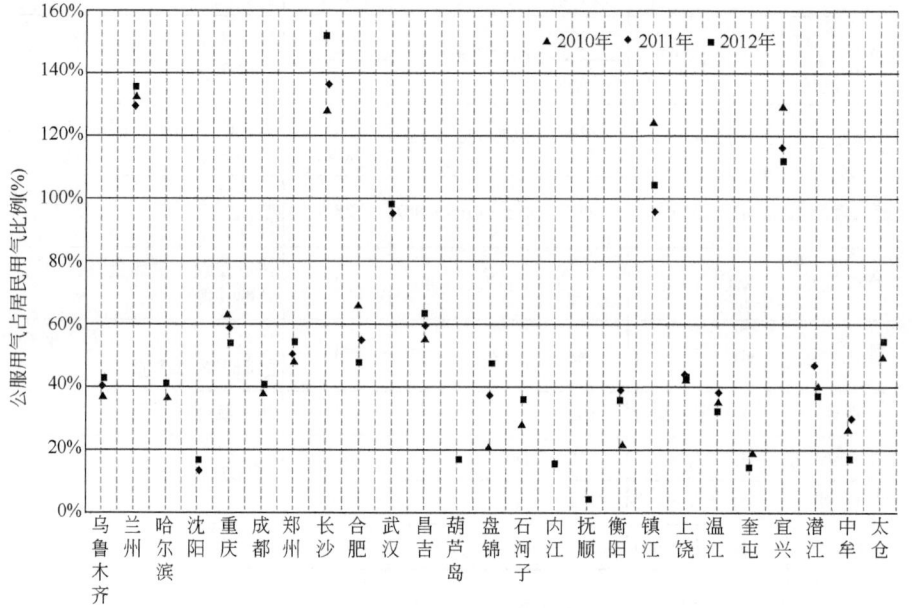

图 3-2　不同城市公服用气量占居民用气量比例图

由上分析，在市场开发时要合理预测公服用气量占居民用气量比例，需要结合用户所在地区实际情况，综合考虑多种因素，选取相应合理的比例测算公服用气量。

不同城市公服用气量占居民用气量比例范围参考值见表 3-4。

表 3-4　不同城市公服用气量占居民用气量比例范围参考值

城市	公服用气占居民用气比例（%）	备注
省会及以上城市	60～80	部分可达到 100%，如兰州、长沙、武汉等
地级城市	40～60	部分重点城市、旅游城市可达 80%
县级城市及县城	20～40	部分可达 60%

3. 采暖（含空调）用户用气定额

采暖（含空调）用户用气定额是指采暖、制冷时单位建筑面积每年消耗的天然气量，该指标受采暖和空调方式、建筑物是否采用节能措施、所处地

第三章 天然气用户选择与用气特性

区的气候条件等影响。

1) 天然气采暖方式

采暖方式主要有分户燃气采暖和集中燃气采暖两种方式,集中燃气采暖包括热电联产和区域燃气锅炉两种热源形式。不同采暖方式的特点不同,在用气定额和用气不均匀性等用气特性方面存在一定差异。

分户燃气采暖以壁挂炉为多,它的特点是用户可自主控制,有很大的调节灵活性,无锅炉房和热网损失,使用效率高。通常,在新建小区使用较多。

区域燃气锅炉采暖根据大小和供暖方式又可分为小型锅炉采暖和大型锅炉房采暖;小型锅炉采暖是单个建筑或多个建筑使用一个锅炉房采暖,特点是用一次热网直供,单台锅炉的额定蒸发量一般在 0.1~7MW(0.15~10 吨),系统供暖面积在(0.5~50)×$10^4 m^3$。通常,在新建小区、公服企业单位以及城市大供热系统没有覆盖的区域使用较多;大型锅炉房采暖是采用二次热网,为一个小区或几个小区的多个建筑供暖,还可以接城市供热系统,锅炉的额定蒸发量在 7MW 以上,采暖面积从几十万平方米到百万平方米,设有中间换热站,外热网规模较大。通常,在城市的煤改气工程中采用的较多。

热电联产采暖是热电厂利用天然气作为能源同时供热和发电,热电联产能源利用效率比区域燃气锅炉高,但相同供热量下的天然气消耗量比区域锅炉高,主要在同时有供热和发电需求的地区使用。目前,热电联产供暖主要在北京使用较多。

2) 采暖用气定额推荐值

采暖用气定额主要受冬季外部环境温度、维护结构的保温性能、住户的外墙面积、相邻住户的采暖水平、朝向和通风量、供热系统的运行效率、调节度等因素影响。此外,热电联产用气还与发电和供热的比例有关。

(1) 集中采暖用气定额。

集中采暖(指区域锅炉采暖)用气定额除受外部环境温度、建筑能效性、供暖系统运行效率影响外,各城市确定的室内达标温度对集中采暖用气负荷影响较大。北方地区集中供暖室温标准为 16~18℃,部分城市如乌鲁木齐规定室内达标温度在 20℃ 以上。总的来看,集中采暖用气负荷区域性较为明显,受采暖时间和室内达标温度影响较大。从各城市的集中采暖用气调查统计看,西北地区城市用气负荷在 15~20m^3/(m^2·年)左右,华北地区在 8~13.7m^3/(m^2·年)之间。

部分城市 2012 年集中供暖用气定额统计见表 3-5。

表 3-5　部分城市 2012 年集中供暖用气定额统计

序号	城市	平均负荷 m³/(m²·年)	采暖期（d）
1	乌鲁木齐	20	182
2	西宁	18	182
3	昌吉	16.4	182
4	兰州	15.8	150
5	太原	8	150
6	北京	9	120
7	天津	13.7	120
8	涿州	12	120

（2）分户采暖用气定额

分户采暖的室内温度和采暖时间控制有较大的灵活性，采暖用气主要还是受外部温度环境影响。同时，用户的生活习性不同对用气负荷形成差异，但随着用户数不断增加，城市分户采暖的年用气负荷逐渐趋于平稳。根据各城市的分户采暖用气调查统计，西北地区城市的年用气定额大部分是在 1350～2000m³/户之间，华北地区城市的年用气定额在 1350～2000m³/户之间。

部分城市 2012 年采暖季分户采暖用气定额统计见表 3-6。

表 3-6　部分城市 2012 年采暖季分户采暖用气定额统计表

序号	城市	平均用气定额 [m³/(户·年)]	城市集中采暖期（d）
1	乌鲁木齐	2000	182
3	西宁	1343	182
4	石河子	1830	182
5	昌吉	1400	182
6	兰州	868	142
7	北京	800～1000	120
8	涿州	800	120

3）采暖（含空调）用户用气定额理论值

采暖（含空调）用户用气定额实际值难以确定。实际市场开发过程中，在无类似城市可参考情况下，采暖（含空调）用户用气定额可按 CJJ 34—2010

第三章 天然气用户选择与用气特性

《城镇供热管网设计规范》或当地建筑物耗热量指标确定。

采暖用户耗热指标推荐值见表 3-7。

表 3-7 采暖用户耗热指标推荐值　　　　　　单位：W/m²

建筑物类型	采暖用户耗热指标	
	未采取节能措施	采取节能措施
住宅	58～64	40～45
居住区综合	60～67	45～55
学校、办公	60～80	50～70
医院、托幼	65～80	55～70
旅馆	60～70	50～60
商店	65～80	55～70
食堂、餐厅	115～140	100～130
影剧院、展览馆	95～115	80～105
大礼堂、体育馆	115～165	100～150

注：(1) 表中数值适用于我国东北、华北、西北地区。
　　(2) 耗热指标中已包括 5%管网热损失。

空调热指标、冷指标推荐值见表 3-8。

表 3-8 空调热指标、冷指标推荐值　　　　　　单位：W/m²

建筑物类型	热指标	冷指标
办公	80～100	80～110
医院	90～120	70～100
旅馆	90～120	80～110
商店、展览馆	100～120	125～180
影剧院、展览馆	115～140	150～200
体育馆	130～190	140～200

注：(1) 表中数值适用于我国东北、华北、西北地区。
　　(2) 寒冷地区热指标取较小值，冷指标取较大值；严寒地区热指标取较大值，冷指标取较小值。

4. 天然气汽车（含船舶）用气定额

天然气汽车用气定额是指汽车每行驶百公里时所消耗的天然气量，该指标受汽车种类、车型和汽车的性能等因素影响，应根据当地天然气汽车种类、车

型和用气量的实测统计数据分析确定。当缺乏用气量的实际统计资料时,可按类似城市的天然气汽车用气定额分析确定,或者按照同款车型油耗折算确定。

天然气船舶用气定额是指船舶行驶每千吨公里消耗的天然气量,该指标受船舶的种类、吨位、水域条件等因素影响,应根据当地船舶种类、吨位、水域条件和使用量的统计数据分析确定。由于 LNG 船舶发展相对缓慢,缺乏用气量的实际统计资料,可按照同类型、同吨位和相同水域条件下船舶的油耗折算确定。

天然气汽车用气定额的确定与汽车车型密切相关,不同类型车辆的用气定额差别较大,例如,出租车每百公里耗气量为 8~10m^3;公交车每百公里耗气量为 25~50m^3,受公交车类型、路况、是否为空调车等因素影响。

天然气船舶目前处于试点推广期,实际运行船舶较少,建议用气定额根据船舶实测数据确定,或选择同种类、同吨位、相同水域条件下燃油消耗量,考虑发动机效率损失后折算天然气消耗量。

天然气汽车(含船舶)用气定额范围参考值见表 3-9。

表 3-9 天然气汽车(含船舶)用气定额范围参考值

车辆类型		耗气量(m^3/10^{2}km)	日均运营里程(km)	
出租车		8~10	中等及以上城市	300~500
			小城市及县城	200~300
公交车	小型	25~50	中等及以上城市	150~300
	中型			
	大型		小城市及县城	100~200
	特大型/双层			
私家车		8	30~50	
重型、中型载货汽车		50/25	400/300	
大型、中型载客汽车		35/20	350/250	
船舶		实测或折算	根据实际情况确定	

注:(1)公交车类型划分标准参见 GJJ/T 114—2007《城市公共交通分类标准》,小型指车长 3.5~7m、定员不大于 40 人,中型指车长 7~10m、定员不大于 80 人,大型指车长 10~12m、定员不大于 110 人,特大型(铰接)指车长 13~18m、定员 135~180 人,双层指车长 10~12m、定员不大于 120 人。

(2)城市类型划分标准参见国务院《关于调整城市规模划分标准的通知》(国发[2014]51号),中等以上城市包括中等城市(城区常住人口 50 万以上 100 万以下)、大城市(城区常住人口 100 万以上 500 万以下)、特大城市(城区常住人口 500 万以上 1000 万以下)、超大城市(城区常住人口 1000 万以上);小城市及县城包括小城市(城区常住人口 50 万以下)、县城。

(3)重型载货汽车指 14t 以上,中型载货汽车指 6~14t;大型载客汽车指 20 座以上,中型载客汽车指 9~20 座。

第三章 天然气用户选择与用气特性

（二）用户数量

1. 居民用户数量

居民用户数量是指使用天然气的城市常住人口或常住人口户数，包括通气用户和实际用气用户数量两个概念。通气用户是指完成用气改造，具备使用天然气基本条件的用户，包括新建成楼盘、空置房等；实际用气用户指已经使用天然气的用户。

天然气居民用户数量受到城市类型、人口分布（乡镇）、气源保障、基础设施建设、用气时间等因素影响。用户数量数据主要通过政府主管部门统计资料、燃气运营商运营信息获取，对于有多个燃气运营商的城市需累加。

1) 我国居民用气人口

我国居民用气人口伴随着天然气市场发展稳步增长。天然气市场启动期，2000—2004 年天然气气化人口数量年均增加 811 万人；天然气市场发展期，居民用气人口保持快速增长，2005—2014 年气化人口数量年均增加 2407 万人。2014 年，我国天然气用气人口达到 30137 万人。

2000—2014 年我国居民用气人口见表 3-10。

表 3-10 2000—2014 年我国居民用气人口表

年份/指标	2000	2001	2002	2003	2004	2005	2006	2007
用气人口（万人）	2818	3401	4002	4681	6065	7623	9099	11133
年份/指标	2008	2009	2010	2011	2012	2013	2014	
用气人口（万人）	13290	15948	18856	21442	24134	27338	30137	

从气化人口数量的地区分布来看，2014 年，山东、江苏、四川位居前三，分别达到 2780 万人、2345 万人和 2337 万人。

2014 年我国不同省市居民用气人口见表 3-11。

表 3-11 2014 年我国不同省市居民用气人口表

地区	省市区	用户数（万户）	用气人口（万人）	地区	省市区	用户数（万户）	用气人口（万人）
环渤海	北京	568	1425	西南	重庆	471	1277
	天津	338	775		四川	1014	2337
	河北	392	1373		贵州	49	155
	山东	926	2780		云南	19	140

续表

地区	省市区	用户数（万户）	用气人口（万人）	地区	省市区	用户数（万户）	用气人口（万人）
东南	广东	513	1638	东北	辽宁	400	1069
	广西	82	280		吉林	201	574
	福建	119	404		黑龙江	286	743
	海南	42	131	中西部	山西	295	1071
长三角	上海	614	1554		内蒙古	167	607
	江苏	871	2345		陕西	401	1032
	浙江	321	1018		宁夏	99	216
中南	安徽	452	1320	西北	新疆	352	888
	河南	496	1675		甘肃	122	324
	湖北	398	1347		青海	74	151
	湖南	295	920		西藏	3	8
	江西	170	562				
合计		10551	30137				

2）天然气居民用户数量

不同类型城市，天然气供应条件、天然气市场发展阶段等都不同，天然气居民用户数量变化规律不一样。居民用户增长主要受气源保障程度、基础设施完善程度、现有老用户改造速度、城市城镇化进程、房地产市场发展情况和每年新竣工建筑面积等因素影响。

对于新开发市场，居民用户数量增长主要取决于前期市场培育程度。通常，一个城市具有一定的用气基础和相对完善的管网系统，往往天然气居民用户能够实现跨越式增长。如果前期条件较差，则需要3~5年左右的时间去培育市场和进行基础设施建设，然后才会出现大幅增长。一个城市，往往需要经过5~10年左右的时间发展，居民气化进入平稳增长期。

从不同类型城市天然气居民用户实际发展情况来看，具有一定的规律性。在市场发展期，特大城市、超大城市居民用气年均新增用气人口数量在30万人以上；大城市居民用气年均新增用气人口10~20万人，中等城市年均新增用气人口2~5万人，小城市年均新增用气人口基本在2万人以内。成熟市场增长更加稳定，如成都市居民气化率达到91.4%，每年基本保持稳定增加，主要依赖于城镇化和新建楼盘开户。

第三章 天然气用户选择与用气特性

典型城市天然气居民用气人口数量变化情况见表3-12。

表3-12 典型城市天然气居民用气人口数量表　　　单位：万人

城市名称	城市类型	人口											年均增长人数
		2014年	2005年	2006年	2007年	2008年	2009年	2010年	2011年	2012年	2013年	2014年	
北京	超大城市	2152	880	957	1001	1068	1143	1292	1334	1367	1399	1425	60.5
天津		1008	412	478	596	588	570	574	598	637	651	775	40.0
南京	特大城市	609	132	166	182	211	232	253	309	346	374	410	30.9
成都		501	378	326	341	364	375	389	406	421	437	458	8.9
乌鲁木齐	大城市	308	138	170	181	202	216	251	265	275	285	288	16.7
长沙		320	23	68	90	91	165	178	139	214	220	248	25.0
南昌		250	0.4	5.5	1.6	6.3	10.3	23.3	76.0	97.8	159.2	164.7	18.3
衡阳		111		11.0	16.3	19.9	23.6	57.0	58.0	60.0	75.0	80.0	8.9
湘潭	中等城市	82	10.0	18.0	21.8	27.8	32.7	42.8	47.1	51.2	54.3	58.2	5.4
盘锦		71	18.0	19.8	20.0	22.0	26.1	30.0	36.0	39.2	41.5	51.7	3.7
九江		63	4.0	4.2	4.0	6.5	9.8	13.1	17.7	21.0	25.0	29.6	2.8
内江		64	27.8	28.5	30.0	30.2	30.8	34.7	36.5	39.9	41.0	52.0	2.7
宜兴		48	7.3	7.3	11.3	14.0	17.0	20.0	22.0	26.0	26.5	32.8	2.8
昌吉		35	22.0	20.9	22.3	23.0	28.5	28.7	29.0	29.0	30.7	31.0	1.0
奎屯	小城市	17	0.3	2.6	4.2	6.0	7.5	10.3	12.5	15.0	15.2	15.4	1.7
鹰潭		23						0.9	1.1	1.2	1.4	3.3	0.4
潜江		36	15.0	16.0	16.7	18.4	18.4	21.0	23.9	29.9	30.5	31.0	1.8

注：北京、天津为市区人口，其余城市为城区人口。

远期规划天然气居民用户数量确定：可参考各城市的城市总体规划、城镇体系规划确定远期人口总规模，结合实际气化情况和发展规律，选取合理居民气化率，测算得到天然气用气人口。

2. 公服用户数量

公服用户数量是指使用天然气的公服用户数量。公服用户数量受到用户类型、基础设施建设、天然气与替代能源价格、安装费用等因素影响。用户数量数据主要通过政府主管部门统计资料、燃气运营商运营信息获取，对于

有多个燃气运营商的城市需累加。

1）实际公服用户数量

公服用户种类较多，可以按不同类型统计用户数量和使用天然气用户数量。用户总量数据可以参照统计年鉴或行业统计数据，天然气用户数量则可采用燃气公司实际统计数据。

从调研情况来看，不同规模、类型的城市，公共服务网络发展程度不一，公服用户数量差异较大，天然气公服用户数量受到天然气基础设施建设、替代能源价格、初装费用等因素影响。总体来看，城市规模越大，服务业越发达，公服用户数量越多；利用天然气时间越长，拥有较为完善的城市配气系统的城市，天然气利用水平越高，使用天然气的公服用户数量越多。

典型城市天然气公服用户数量见表 3-13。

表 3-13　典型城市天然气公服用户数量表　　　单位：户

城市类型		2005年	2006年	2007年	2008年	2009年	2010年	2011年	2012年	2013年	年新增用户数
省会	省会A	304	1023	1399	2035	2214	2640	3819	4565	5606	663
	省会B	1447	1607	1786	1984	2205	2450	2722	3488	4058	326
	省会C	392	590	1264	1696	2003	2146	2796	3008	3113	340
	省会D			1901	2485	3372	3985	4844	5764	6589	781
	省会E		2607	3857	4893	6839	7283	7854	8329		954
地级城市	地市A	124	194	213	233	277	299	378	450		47
	地市B		117	153	190	266	295	367	456		57
	地市C			409	541	658	856	1171	1486	1881	245
	地市D	860	3119	3204	3310	3420	3500	3579	3799	4026	396
	地市E			100	150	200	300	400	500	670	95
县级城市	县市A		50	80	150	215	372	467	478		71
	县市B		691	768	857	929	1245	1302	1377	1459	110
	县市C		73	94	125	169	181	202	216	185	16

第三章 天然气用户选择与用气特性

2）远期公服用户数量

对于远期规划的公服用户数量，参考国家相关规划、规范测算远期数据或采用城市总体规划、行业规划数据确定。

医疗机构配置根据国家《医疗机构设置规划指导原则（2009版）》，设置以每千人床位数等主要指标为依据，具体指标值由各省、自治区、直辖市根据当地实际情况确定。以郑州市为例：市内综合医院按照8.8床/千人的标准配建；区级医院宜配建800床或以上规模的大型综合医院；10万人左右的县则应设一所300～400床医院；其他5～10万人左右的城镇应设一所200～300床医院。

社会福利设施数量依据GB 50442—2008《城市公共设施规划规范》，参考各城市相关配建标准确定。以郑州市为例：养老院设置规模为200～300床，3～5万人配置一处。

教育设施数量依据GB 50442—2008《城市公共设施规划规范》，参考各城市相关配建标准确定。以郑州市为例：高中3～5万人/处，初中2～4万人/处，小学1～3万人/处，幼儿园0.5～1万人/处。

宾馆、餐饮等商业用户数量，与城市经济发展状况、第三产业发展程度息息相关，参考历史数据和相关规划确定。

根据确定后的公服用户数量，结合天然气市场实际发展情况，确定合理气化比例。

3. 采暖面积

采暖面积是指使用天然气采暖的建筑面积。目前，北方地区以集中供暖为主，南方部分地区以分户采暖为主。天然气采暖面积受到政府政策、不同采暖方式经济性、气源保障等因素影响。天然气采暖面积数据主要通过政府主管部门统计资料、燃气运营商和供暖经营企业运营信息获取，对于有多个燃气运营商和供暖经营企业的城市需累加。

城市采暖面积，一是受城市规模大小影响，城市规模决定了城市建筑面积，制约采暖建筑面积的增长；二是与城市采暖规划中用能结构密切相关，从部分城市采暖趋势看，一种是天然气占主导地位，通常天然气采暖占总采暖面积的比例超过60%，如乌鲁木齐、兰州、西宁、北京、太原等城市，另一种是天然气作为补充，通常天然气采暖占总采暖面积的比例低于50%，如天津、石家庄等城市。

4. 天然气汽车（含船舶）保有量

天然气汽车保有量是指使用天然气作为燃料的汽车数量。天然气汽车有多种车型，城市内主要包括公交车、出租车、环卫车、教练车、私家车等，城际或区间天然气汽车主要是指公路营运的载客汽车、载货汽车等。天然气汽车保有量总数等于各类型用气车辆数量的累加。

天然气汽车保有量主要取决于政府政策、油气价格比、改装或购置费用、便利性等因素。天然气汽车保有量主要通过政府部门统计资料、车用天然气运营商运营信息、汽车改装厂改装情况等获取。

1）实际天然气汽车（含船舶）保有量

天然气汽车保有量现状数据主要通过城市统计部门、交管局或者天然气运营商、汽车改装厂等渠道获取，车辆保有量现状通过城市统计部门、现场调研等方式获取。2014年全国天然气汽车保有量超过400万辆，其中私家车约290万辆、出租车68万辆、公交车18万辆、载客（载货）汽车19.5万辆。船舶保有量现状数据主要通过统计年鉴、交通运输部门、海事局和相关行业研究报告等渠道获取，目前天然气船舶数量不超过百艘。

天然气汽车保有量多少与地方政府支持政策、合理的油气价差等因素有密切关系，经过多年的发展，山东、新疆、四川成为我国天然气汽车大省，2014年，天然气汽车保有量分别达到89.3万辆、82.6万辆和44.2万辆。

2014年全国各省市天然气汽车保有量如图3-3所示。

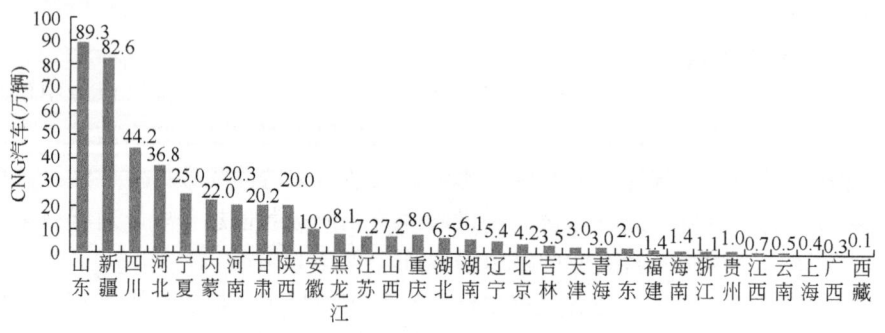

图3-3　2014年全国各省市天然气汽车保有量图

2）远期天然气汽车（含船舶）保有量

远期天然气汽车保有量的测算，应先预测各类型可利用天然气的车辆保有量，分类型车辆选取不同气化率，分别测算天然气汽车保有量。可利用天然气的车辆保有量，可参考相关行业指标测算或采用城市总体规划、行业规划等规划数据。气化率选取应综合考虑天然气汽车发展现状、加气设施完善

第三章 天然气用户选择与用气特性

程度、新能源汽车、油气价格比等多方面因素。

一个城市内的公交车和出租车保有量可按照万人车辆拥有量测算。具体计算公式为：

$$\text{全市公共交通车辆标台数} = \text{每万人拥有公共交通车辆（标台）} \times \text{城市人口数（万人）} \quad (3\text{-}1)$$

$$\text{出租汽车辆数} = \text{每万人拥有出租汽车辆（辆）} \times \text{城市人口数（万人）} \quad (3\text{-}2)$$

其中，公交车辆标台数是指不同类型的运营车辆按统一的标准当量折合成的运营车数，计算公式为：

$$\text{标准运营车数} = \Sigma（\text{每类型车辆数} \times \text{相应换算系数}） \quad (3\text{-}3)$$

公共汽车标台换算系数见表3-14。

表3-14 公共汽车标台换算系数表

级别	1	2	3	4	5	6	7
车长范围（m）	>5～7	>7～10	>10～13	>13～16	>16～18	>18	双层
换算系数	0.7	1	1.3	1.7	2	2.5	1.9

注：每类车长的上限值均含在本级中。

万人车辆拥有量数据可根据GB 50220—1995《城市道路交通规划设计规范》选取。对于城市公交车规划数量，大城市以每800～1000人一辆标准车计，中、小城市以每1200～1500人一辆标准车计；对于城市出租车规划数量根据实际情况确定，大城市每千人不宜少于0.5辆；中等城市可在每千人0～0.5间取值。

公共汽车万人拥有量也可参考交通运输部等主管部门发布的最新《交通运输发展规划》中提出的发展目标，规划目标为：300万人口以上的城市、100～300万人口的城市以及100万人口以下的城市，万人公交车拥有数量分别达到15、12和10标台以上。

从典型城市实际情况来看，各城市之间公交车、出租车保有量和每万人拥有量差异较大，测算过程中应结合车辆保有现状情况，选取适合的规划指标，测算汽车保有量。

截至2014年底，全国公共汽（电）车运营车辆总数为52.9万辆（折合59.8万标台），万人公共汽（电）车保有量7.6标台/万人。

典型城市公交车保有量、万人拥有量和出租车保有量见表3-15。

表 3-15　典型城市 2014 年公交车、出租车保有量表　　单位：辆

地区	城市	公交车 保有量	公交车 每万人拥有量	出租车保有量	地区	城市	公交车 保有量	公交车 每万人拥有量	出租车保有量
环渤海	北京	23667	18.76	67546	东南沿海	广州	13610	19.58	21320
	天津	11164	13.41	29900		深圳	31349	94.37	16275
	石家庄	4764	11.68	10513		潮州	316	1.93	862
	济南	5099	14.13	9551		南宁	2866	10.08	6270
	青岛	6515	17.58	9720		桂林	766	9.87	1932
东北	沈阳	5573	10.55	17844		福州	3686	18.67	6345
	抚顺	1188	8.33	5275		厦门	4345	21.36	5209
	盘锦	568	8.83	3231		莆田	756	3.31	995
	葫芦岛	670	6.77	4368	西南	重庆	9641	4.46	14691
	长春	4750	12.98	16967		成都	11447	19.68	18506
	哈尔滨	6270	13.23	16518		内江	597	4.17	700
	大庆	1406	10.38	7950		资阳	250	2.26	235
长三角	上海	16155	11.78	50738		贵阳	2855	12.37	7534
	南京	8134	12.54	12178		昆明	5462	19.73	8095
	无锡	3017	12.28	4040	西北	兰州	2769	11.51	7591
	镇江	1175	11.36	1473		西宁	1915	20.36	5666
	杭州	8656	16.49	11913		乌鲁木齐	4567	17.52	12338
	宁波	4516	19.67	4627		克拉玛依	503	12.9	1524
中南	合肥	4251	17.32	9402		拉萨	338	16.29	1360
	芜湖	2160	14.9	3525	中西部	西安	7769	13.23	14159
	南昌	3219	13.99	5453		铜川	323	4.32	1041
	郑州	6297	11.81	10608		银川	1616	15.19	5364
	洛阳	2004	10.25	4267		太原	3071	10.68	8719
	武汉	7767	15.08	16597		大同	838	4.72	4958
	长沙	5517	18.18	7957		呼和浩特	2643	20.68	5568
	衡阳	1100	11.72	1400		包头	1304	8.87	5827

第三章 天然气用户选择与用气特性

其他车辆保有量测算。环卫车、教练车等车型保有量需结合城市实际保有量、城市总体规划等条件测算,公路营运载客汽车和载货汽车根据历史增长规律测算或者采用相关行业规划数据,私家车根据历史增长规律测算。使用天然气汽车保有量,取决于天然气气化率选取。

船舶保有量测算。船舶保有量数据可根据运输需求、历史数据趋势分析预测,或采用行业研究报告数据。结合船舶的船型、船龄、吨级、航段和加注设施、经济性等多种因素,合理选取气化率,测算使用天然气船舶保有量。

(三)气化率

1. 居民气化率

居民气化率是指城市中使用天然气的常住人口与常住人口总数之比。气化率水平受到城市类型、人口分布(乡镇)、气源保障、基础设施建设、用气时间等因素影响。

城市气化发展历程一般可分为三个阶段:培育期、快速发展期、成熟期。通常情况下,在培育期基础薄弱,发展难度大,气化率低;在快速发展期设施逐步完善,发展较快,气化率大幅提高;成熟期,气化水平保持相对稳定。

1)我国居民气化率

随着天然气的不断普及,我国居民气化率水平稳步提升。2000—2004年,城镇居民气化率年均增加1.3%,2005—2014年气化率年均增加2.9%。2014年,我国城镇人口气化率达到40.2%,同比增长2.8%。

2000—2014年我国城镇居民气化率见表3-16。

表3-16 2000—2014年我国城镇居民气化率表

年份/指标	2000	2001	2002	2003	2004	2005	2006	2007
气化率(%)	6.1	7.1	8.0	8.9	11.2	13.6	15.6	18.4
年份/指标	2008	2009	2010	2011	2012	2013	2014	
气化率(%)	21.3	24.7	28.2	31.0	33.9	37.4	40.2	

2)不同城市居民气化率

通过对不同城市的燃气公司用气现状调查分析,居民气化率水平主要受天然气基础设施完善程度、天然气利用时间、天然气气源保障程度、燃气初装费、天然气终端销售价格等因素影响,不同的城市气化率差距较大。但是同类型城市之间,居民气化率的变化存在一定的相似性。实际居民气化率应

根据城市用气的实际数据确定，居民用户总数可从统计年鉴中获得，实际用气户数可从城市燃气公司或统计年鉴获取，如一个城市有多家燃气企业共同经营，需将各家燃气公司数据累加。新开发和处于培育期的市场，居民气化率的变化可以参照相似城市数据选取，也可参考推荐值进行合理选取。

在天然气稳定供应的情况下，不同市场发展阶段居民气化率水平也不一样。在市场培育和快速发展阶段，前期有利用基础的城市，配气管网基本成型，仅需进行天然气置换工作，市场起点高，居民气化率往往提升较快，3~5年提升到较高水平，然后保持稳定增长；完全空白的新建市场，则取决于城市配气管网建设的速度，往往需要经过5~10年的发展，进入平稳增长期。成熟阶段市场的居民气化率会保持相对稳定，省会及以上城市，市区（不包括所辖的县、自治县、旗等）的城镇居民气化率可达到90%以上；地级城市的城镇居民气化率可达到70%~80%，受城市辖区城镇人口分布影响；县级及以下城市的城镇居民气化率一般可达到50%~70%，城区或县城气化率较高，主要受所辖建制镇分布影响。

不同城市的城镇居民气化率范围参考值见表3-17。

表3-17 通常情况下不同城市的城镇居民最大气化率范围参考值

城市类型	气化率范围（%）	适用范围
省会及以上	>90	适用一般城市，个别城市需结合实际情况调整数值
地级城市	70~80	
县级及以下	50~60	

2. 公服用户气化率

公服用户气化率是指使用天然气的公服用户与城市中公服用户总数之比。从实际调研情况来看，已使用天然气的公服用户数量和用气量可由负责经营的燃气公司提供，城市内公服用户的总数量可参照城市主管行政部门统计信息或者城市经济年鉴数据。由于像餐饮、宾馆等商业用户变化比较快，往往难以统计准确的气化率水平。在难以获取准确数据时，通常测算公服气化率参照居民的气化率水平进行合理取值。

通过对不同城市的燃气公司用气现状调查分析，公服用户气化率水平主要受天然气基础设施完善程度、燃气初装费、用户流动性、与替代能源竞争力等四方面因素影响，不同城市气化率差别较大。气化率水平高的可以超过90%，低的仅有百分之十几。从气化率变化规律来看，在一个城市天然气市场开发初期，公服用户气化率增速较快；当天然气发展进入成熟阶段后，公服用户气化率增速放缓。

典型城市不同燃气公司的公服用户气化率见表3-18。

表3-18　典型城市不同燃气公司的公服用户气化率表

公司名称	2006年	2007年	2008年	2009年	2010年	2011年	2012年
燃气公司A			74.4%	76.8%	79.1%	83.6%	88.7%
燃气公司B		18.6%	17.1%	16.9%	27.5%	38.1%	39.5%
燃气公司C	12.0%	15.7%	19.5%	27.4%	30.3%	37.8%	46.9%

3. 天然气采暖气化率

天然气采暖气化率是指使用天然气采暖的建筑面积与城市建筑面积总数之比。集中采暖的地区，气化率水平受到政府政策、不同采暖方式经济性、气源保障等因素影响。天然气采暖与煤炭采暖相比，供暖成本要高出许多，往往要求政府进行补贴。天然气分户式采暖的地区，气化率水平受到居民生活水平、不同采暖方式经济性、天然气价格、气源保障等因素影响。

不同城市之间，天然气采暖气化率相差较大，高的城市如乌鲁木齐可达到95%以上，低的城市气化率在个位数，应结合城市具体情况分析，合理确定。

4. 天然气汽车（含船舶）气化率

天然气汽车气化率是指某一城市中使用天然气汽车保有量与同类用途汽车保有量总数之比。

通过对不同城市的燃气公司用气现状调查分析，天然气汽车（含船舶）气化率水平主要受政府政策、基础设施完善程度、与替代能源价格竞争力、改装费用（购置费用）、新能源汽车等五方面因素影响。

不同城市之间气化水平差别较大，公交车、出租车气化率水平较高的城市可以超过90%，甚至达到100%，如乌鲁木齐、西安、银川、太原、成都、兰州等；对于北京、上海、广州、深圳等特大城市来说，受加气站选址的制约，天然气汽车发展较慢，2014年公交车气化率分别仅为26.2%、0、18.8%、4.5%。同时，受新能源汽车发展影响，未来天然气汽车增长受到一定抑制。

不同车型气化率不同：出租车、公交车、环卫车等总量相对较小，通过集中改造、成批置换等方式，可以快速实现气化，往往气化率水平较高，有些地区可以实现100%的气化率；载客汽车、载货卡车由于总量相对较大，

且经营主体多元化，往往需要通过试点示范、逐步推广发展的过程，气化率水平相对较低。船舶发展尚处于试点阶段，气化率水平极低。2014年，我国公交车天然气气化率30.2%；出租车天然气气化率49.6%，载客、载货汽车天然气气化率1.3%。

从气化率变化来看，大城市公交车、出租车车辆保有量较大，天然气汽车的引进常常是随着车辆批量更新、置换进行，那么天然气汽车置换往往需要5~10年，才能达到较高水平的气化率；中小城市人口规模小，配套的公交车、出租车等车辆保有量较小，往往在短期内通过几次置换或者更新，就可以实现较高的气化水平。

因此，在气量预测中，不同规模、不同类型城市汽车气化率选取需结合城市特点和地区特点。今后，对于中等以上城市，考虑国家在新能源汽车等领域的政策影响，公交车、出租车气化率不宜超过80%；对于小城市，车辆保有量较小，在3~5年内可以达到100%。

重庆市天然气公交车气化率变化见表3-19。

表3-19 重庆市天然气公交车气化率变化表

项目	2006年	2007年	2008年	2009年	2010年	2011年	2012年	2013年
公交车（辆）	8499	9019	9347	8077	7552	7822	7982	12088
天然气公交车（辆）	7381	7752	8159	7152	7164	7629	7396	9557
气化率（%）	87	86	87	89	95	98	93	79

注：（1）数据来源：2007—2014年重庆市统计年鉴。
（2）2012年及以前营运客车指主城公交车。
（3）2013年车辆数包括重庆市范围内所有的公交车。

天然气私家车发展以改装车为主，主要受制于政府汽车"油改气"的政策，在目前出台政策允许和支持发展的内蒙古、四川、新疆、山东、河北等地，天然气私家车发展较快。2014年，我国天然气私家车约290万辆，气化率约2.4%。私家车气化率应密切结合汽车"油改气"政策变化和油气价格比情况，合理选取气化率，不宜过高。

载客汽车和载货汽车是未来天然气汽车的主要增长点。天然气载客汽车主要以大、中型为主，2014年我国天然气载客汽车约5万辆，占我国大、中型载客汽车的2%左右。天然气载货汽车以重型、中型为主，2014年，天然气载货汽车约14.5万辆，占我国载货汽车的2%左右。目前，天然气载客汽车、载货汽车发展仍以点对点为主，主要集中在新疆、山西、内蒙古、山东等地。天然气载客汽车、载货汽车占比较小，仍处于"以点带线，以线带面"推动市场发展的推广阶段，气化率选取应重点结合市场开发、基础设施建设、车辆更新等情况，合理选取气化率。

LNG船舶处于试点示范阶段，仅在少数水域开展试航工作，短期内难以大规模发展，气化率选取应基于对目标水域市场运力总体需求、现有船舶更新改造需求、新增船舶需求等深入分析的基础上，分析天然气可替代船舶的潜力，充分考虑船舶改造、新建工程量，合理选取气化率。

（四）不均匀性

城市燃气中各类用户的用气量是不均匀的，是随月、日、时而变化。用气不均性是城市燃气用户的一个显著特性。

各类用户的用气不均匀性受到多种因素的影响，包括气候条件、居民生活水平及生活习惯、机关作息制度、建筑物内用气设备情况等，这些因素对不均匀性的影响，从理论上难以推算出来，只有通过大量地积累资料，并加以科学地分析，才能取得不均匀性的可靠数据。

城市燃气用户总用气不均匀性与各类燃气用户的不均匀性及各类用户在总用气量中所占比例有关。

1. 不均性性定义

用气不均匀性分为三种：月不均匀性（或季节不均匀性）、日不均匀性和小时不均匀性。在此重点论述月不均匀性，月不均匀系数测算见公式(3-1)。

1) 月不均匀性

影响居民用户用气月不均匀性的主要因素是气候条件和生活习惯。冬季气温低，水温也低，使用热水较多，故制备食品和热水的用气量增多。反之，夏季用气量则较少。

公服用户用气月不均匀性与各类用户的性质有关，主要影响因素是气候条件和节假日。

天然气采暖（含空调）用户用气月不均匀性与城市所在地区的气候变化、建筑围护结构的保温性能等因素有关。

天然气汽车（含船舶）用气月不均匀性主要与气候条件有关。冬季气温低时需要供暖，夏季气温高时需要制冷，用气量会增多。

分析月不均匀性时，以月不均匀系数表示。月不均匀系数的定义为：计算月的平均日用气量与全年的平均日用气量之比值。月不均匀系数 K_m 值按下式计算：

$$K_m = \frac{该月平均日用气量}{全年平均日用气量} \tag{3-4}$$

一年十二个月中，平均日用气量最大的月，也即月不均匀系数最大的月，称为计算月，并将最大月不均匀系数 $K_{m,max}$ 称为月高峰系数。

2）日不均匀性

影响城市燃气用户一月中或一周中日不均匀性的主要因素是居民生活习惯、单位工作和休息制度、室外气温变化、节假日等。

居民、公服用户日不均匀性主要与居民生活习惯、节假日等因素有关。根据实测资料，我国一些城市，在一周中从星期一到星期五用气量变化较少，而星期六、星期日用气量有所增长。大多数城市，节日前和节假日用气量较大，但北京、上海等城市在节日期间受到人口的外流，用气量变少。

采暖期间，采暖用气的日不均匀性主要与气温变化有关。

天然气汽车用气日不均匀性取决于汽车日行驶里程，平日与节假日规律略有不同，通常节假日用气量略大。

分析日不均匀性时以日不均匀系数表示。日不均匀系数的定义为：一个月中的某日用气量与该月的平均日用气量的比值。日不均匀系数 K_d 值按下式计算：

$$K_d = \frac{该月中某日用气量}{该月平均日用气量} \tag{3-5}$$

该月中最大日不均匀系数 $K_{d,max}$ 称为该月的日高峰系数，该日称为计算日。

3）小时不均匀性

城市燃气用户小时不均匀性主要是由居民生活用气及公服用气不均匀性引起的。

居民用户小时不均匀性与居民生活习惯、气化住宅的数量以及居民职业类别等因素有关。每日有早、午、晚三个用气高峰。由于生活习惯和工作作息制度不同等情况，有的城市晚高峰低于午高峰，有的城市则相反。星期六、星期日小时不均匀性与一周中其他各日又不相同，一般仅有午、晚两个高峰。

采暖期间采暖用户为连续采暖时，其小时用气量相对稳定，波动小，可按小时均匀供气考虑。若为非连续采暖，也应该考虑其小时不均匀性。

天然气汽车用气，由于大部分汽车用气采用加气母站、加气站的供气方式，一般不参与城市燃气管网运行，小时不均匀性主要受汽车选择的加气时间有关,这与汽车运行班次、交接班时间等相关。

分析小时不均匀性时以小时不均匀系数表示。小时不均匀系数的定义为:一日中的某小时用气量与该日的平均小时用气量的比值。小时不均匀系数 K_h 值按下式计算:

$$K_h = \frac{该日中某小时用气量}{该日平均小时用气量} \quad (3-6)$$

该日最大小时不均匀系数 $K_{h,max}$ 称为该日的小时高峰系数。

2. 居民用气和公服用气月不均匀性

居民用气月不均匀性的主要影响因素是气候条件和生活习惯,用气量具有明显的季节性。一般用气高峰主要集中在气温较低的 1 月、2 月、3 月和 11 月、12 月,气温较高的季节用气较少。不同地域之间差异也较为明显,用气波动性北方地区高于南方地区。

居民用气高峰系数应根据城市用气的实际统计资料确定。当缺乏实际统计资料时,或者属于新开发市场,没有用气历史,可以结合当地的具体情况,参照相似城市的系数值选取,$K_{m,max}=1.10\sim1.30$。

随着社会经济的快速发展,人们对生活质量提出更高要求,在西南、中南、长三角等非传统采暖区,大量居民用户开始采用分户式采暖。天然气供应条件的改善,极大的促进了壁挂炉等分户采暖方式的应用,在上海、南京、武汉、长沙等城市,都有 10 万户以上的居民采用天然气壁挂炉供暖。在进行气量统计时,往往难以准确地获得生活用气与采暖用气的气量,在分析居民用气月不均匀性时,需统筹考虑。因此,如果居民用气中包括分户采暖用气,则 $K_{m,max}=1.40\sim1.70$。

具体取值取决于分户采暖用气与居民用气总规模的比例,比例越大取值越高。

公服用气月高峰系数可参考同地区居民月高峰系数确定,在非传统采暖区也存在采暖用气的问题,在选取月高峰系数时应充分考虑。

3. 采暖用气月不均匀性

1) 温度对采暖用气的影响

在 GB 50019—2015《采暖通风与空气调节设计规范》中,对建筑冬季采暖通风系统的围护结构的基本耗热量的计算公式为:

$$Q=aFK(T_n-T_{wn}) \quad (3-7)$$

式中 Q——围护结构的基本耗热量,W;

F——围护结构的面积，m^2；
K——围护结构的传热系数，$W/(m^2 \cdot ℃)$；
T_{wn}——采暖室外计算温度，℃；
a——围护结构温差修正系数；
T_n——冬季室内计算温度，℃。

可见，对于同一建筑，耗热量与室内外温差呈正比关系，因此，在燃气供暖的条件下，天然气采暖需求量与室内外温差也呈正比关系，室外温度变化对供暖期内的采暖不均匀性影响较大。

以乌鲁木齐市某热力公司为例，供暖面积 $328×10^4 m^3$，2012 年、2013 年采暖季，供暖用气分别为 $4604×10^4 m^3$、$4480×10^4 m^3$，用气高峰期主要分布在 12 月和 1 月，日均用气量在 $40×10^4 m^3/d$ 左右。从采暖用气与气温关系的分析看，该公司的 2012 年、2013 年采暖季的采暖用气量与温度呈逆向线性关系，室外温度每变化 1℃，日采暖用气量变化 $37.2～39.6 m^3/(10^4 m^2 \cdot d)$。

乌鲁木齐市某热力公司用气量与气温变化见表 3-20。

表 3-20 乌鲁木齐市某热力公司用气量与气温统计表

采暖季	年月	平均温度（℃）	日均用气量（$10^4 m^3/d$）	采暖季	年月	平均温度（℃）	日均用气量（$10^4 m^3/d$）
2012 年	2011.11	-5.5	28	2013 年	2012.10	10.3	11
	2011.12	-12.8	41		2012.11	1.3	23
	2012.1	-9.8	38		2012.12	-6.2	32
	2012.2	-9.1	35		2013.1	-10.3	37
	2012.3	6.6	16		2013.2	-13.4	35
	2012.4	9.2	9		2013.3	-2.3	17

2）采暖用气不均匀性

从全年的用气负荷看，采暖用气有显著的季节性特征。集中采暖用气的不均匀性与各城市的采暖时间密切相关，用气负荷主要集中在温度较低的年初 1～3 月和年末的 11～12 月。从兰州、涿州等城市看，2010—2012 年的集中采暖用气不均匀系数基本保持一致，2012 年的最大不均匀系数分别达到 3.6、3（图 3-4、图 3-5）。

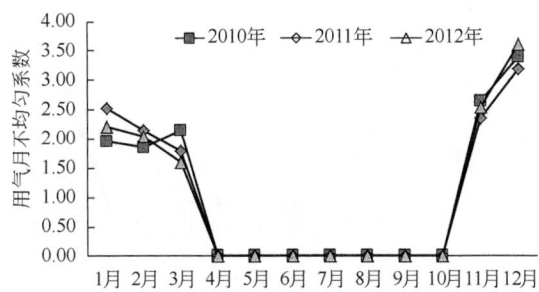

图 3-4　兰州市集中采暖用气不均系数图

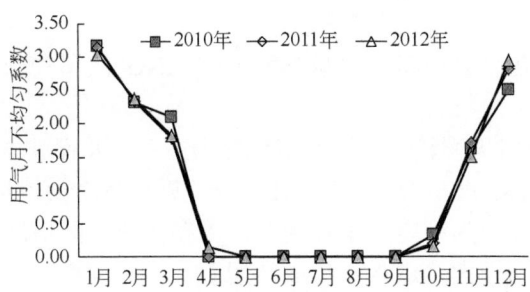

图 3-5　涿州市集中采暖用气不均系数

分户采暖虽不受城市采暖期限制,但采暖用气也主要集中在温度较低的年初 1~3 月和年末的 11~12 月。从兰州、霸州等城市看,2010—2012 年的集中采暖用气不均匀系数基本保持一致,2012 年的最大不均匀系数分别达到 2.8、2.9(图 3-6、图 3-7)。

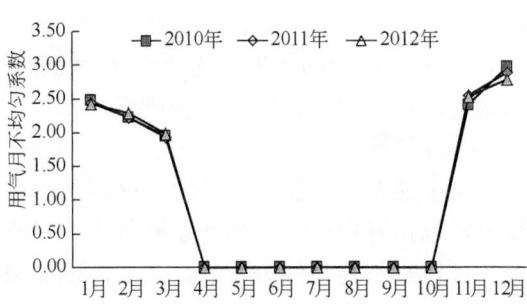

图 3-6　兰州市分户采暖用气不均系数图

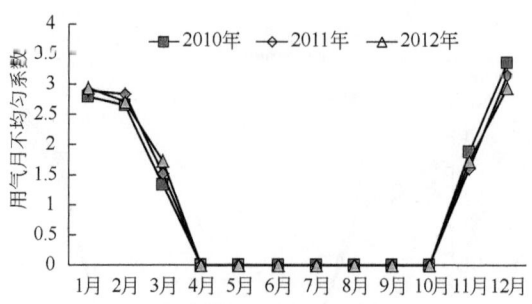

图 3-7 霸州市分户采暖用气不均系数图

4. 天然气汽车（含船舶）用气月不均匀性

1）天然气汽车

天然气汽车包括公交车、出租车为主的 CNG 汽车和载客、载货汽车为主的 LNG 汽车。

CNG 汽车续航里程较短，以城市运行为主，每天行驶里程比较稳定，用气波动性较小。LNG 汽车由于续航里程较长，以城际之间或远距离运输为主，车辆本身行驶里程较为稳定，车辆用气需求存在跨地区情况，在市场快速发展阶段，气量波动较大。进入市场成熟期后，用户群相对稳定，用气波动性较小。

汽车运行时，冬、夏季需要空调供暖和制冷，用气量略高，春、秋季用气量略低，会产生不均匀用气。月高峰系数应根据城市用气的实际统计资料确定。当缺乏实际统计资料时，或者属于新开发市场，没有用气历史，可以结合当地的具体情况，参照相似城市的系数值选取，也可按下列推荐值选取：$K_{m,max}$=1.05～1.15。

2）LNG 船舶

LNG 船舶，目前实际运行船舶较少，没有可参考经验，需结合船舶实际的类型、吨级、水域条件、航段等情况，合理确定。

5. 综合用气月不均匀性

一个城市燃气公司中通常包含居民、公服、采暖、汽车、工业等各类用户，部分大型燃气公司包括发电用气，如北京燃气集团负责向四大热电中心供气。对各行业用气进行月不均匀性分析时，需要准确获取各行业分月用气数据。从实际调研情况来看，许多燃气公司难以做到统计细分行业的气量数据。因此，分析中也可将燃气公司所有用户作为一个整体，分析不同燃气公司的综合月不均匀系数。综合月不均匀系数的主要影响因素是用气结构的变

第三章 天然气用户选择与用气特性

化。通常，一个城市燃气公司中用气稳定的工业用气比例越大，波动越小；采暖用气比例越大，冬、夏季波动越明显。

不同的市场发展阶段，用气不均匀性的影响因素不一样。在市场发展的起步阶段和快速发展期，主要受新用户投产、用气结构变化等因素影响，不均匀系数会大范围波动；尤其是在有天然气发电、大型工业等大用户投产情况下，气量大幅变化，不均匀系数也会发生较大变化。在市场发展的成熟阶段，用气结构较为稳定，不均匀系数变化较小，主要影响因素变成气候条件、资源供应等方面。

所处地区不同，综合用气不均匀系数差别较大。北方地区月高峰系数普遍高于南方地区，大多数城市，用气高峰基本在12月或1月。北方地区天然气采暖用气比例对月高峰系数影响较大，如北京、乌鲁木齐、兰州、西宁，天然气采暖用气比例超过60%，月高峰系数在2.0以上，东北三省、河北省天然气采暖用气比例较小，月高峰系数基本保持在1.40～1.70之间。

南方的中南、长三角地区，没有或仅有少量采暖用气的城市，月高峰系数在1.15～1.30，如武汉、衡阳、宜兴、镇江；有一定比例采暖用气或居民、公服用气超过60%的城市，则月高峰系数可达到1.50～1.70，如长沙、南京；郑州地理位置基本处于南方的最北端，且有一定比例的采暖用气，月高峰系数在1.75～2.0之间；西南地区月高峰系数基本保持在1.30～1.50之间。

在市场发展的初期和快速发展阶段，不断有新用户投产，不均匀系数呈现前低后高，月高峰系数较高，如沈阳、洛阳、广州等城市。

2011—2014年典型城市燃气公司月高峰系数见表3-21。

表3-21 2011—2014年典型城市燃气公司月高峰系数表

地区	城市名称	2011年	2012年	2013年	2014年	2015年
环渤海	北京	2.47	2.40	2.26	2.47	2.02
	天津	1.54	1.67	1.57	1.47	2.20
	河北	1.39	1.4	1.43	1.35	1.74
西北	乌鲁木齐	1.76	4.27	2.50	2.51	2.39
	兰州	1.79	1.94	2.40	2.09	2.22
	西宁	1.78	1.79	1.95	2.00	2.01
东北	哈尔滨	1.49	1.47	1.40	1.46	1.33
	长春	1.94	1.45	1.70	1.56	
	沈阳	2.35	1.71	1.34	1.39	1.52

续表

地区	城市名称	2011年	2012年	2013年	2014年	2015年
中南	郑州	1.75	1.78	1.80	1.98	1.98
	洛阳		1.65	1.30	1.14	1.19
	武汉	1.33	1.3	1.38	1.26	1.42
	长沙	1.69	1.57	1.64	1.55	1.61
	衡阳	1.21	1.29	1.23	1.29	1.27
长三角	南京	1.47	1.43	1.50	1.53	1.55
	宜兴	1.16	1.17	1.16	1.14	1.17
	镇江	1.2	1.11	1.13	1.11	1.22
西南	成都	1.37	1.38	1.60	1.54	1.48
	重庆	1.52	1.2	1.33	1.42	1.28
东南	广州		1.58	1.54	1.38	1.30

月高峰系数的确定应以不同行业用户用气的实际波动情况为基础，结合未来用气结构变化情况测算得到。在新市场开发中，对于没有用气经验的地区可以借鉴周边类似的已用气城市燃气的数据，或者结合用户具体情况，尤其是采暖用气比例，在推荐的参考值范围内选取合理参数。

不同地区燃气公司月高峰系数范围参考值见表3-22。

表3-22　不同地区月高峰系数范围参考值

地区			月高峰系数推荐值范围
北方	采暖用气比例40%以上		2.00～2.30
	采暖用气比例10%以下		1.40～1.70
南方	中南、长三角	采暖5%以下	1.15～1.30
		采暖比例10%	1.50～1.70
		河南北部	1.75～2.0
	西南地区		1.30～1.50

三、城市燃气用户气价承受能力分析方法

天然气从用途来讲分为原料和燃料，作为原料使用将生产可供销售的产品，如合成氨、尿素、甲醇等；作为燃料使用将生产可供销售的产品，如陶瓷、玻璃等；作为燃料直接使用没有生产可供销售的产品，如民用、车用等压缩天然气（CNG）。

本书根据终端用户的用途不同，针对单一用户以及用户生产单一产品的情况，选择替代成本法、净回值法、支出限额法作为分析天然气可承受气价的基本方法。

天然气的"替代成本"是指"在使用天然气没有产出可供销售产品的用途中，使用天然气替代物和使用天然气产出相同效果时，使用天然气替代物需付出的成本"。天然气在某用途中的"替代价值"是指该用途所有替代物的替代成本中，最低的替代成本。一般来讲，最简单的理解就是"等热值等价"，但在实际分析过程中为了解决不同能源用于同一用途时存在的热效率差异，需考虑不同能源的热效率，因此采用"等有效热值等价"的算法，但该算法也只是解决了替代物本身的成本差异，为了进一步度量替代成本，还要考虑不同替代物使用于同一用途达到相同效果时的替代设备投资、运行成本及污染物排放治理等的差异。

"净回值法"是根据均衡价值理论和边际贡献原理，通过天然气使用产出最终产品的价格和投入的生产成本等来倒算天然气使用经济价值。例如，参考某个时间范围内尿素企业平均收益率进行取值，根据尿素出厂价格来反推天然气市场价值。

"支出限额算法"是指在获得的效果或实现的功能只能主观判断且没有其他替代物实现的情况下，根据经验数据，推导人们的支付意愿表示天然气用户可承受价格。例如，居民生活用气的可承受价格分析，可根据经验数据，设定居民燃气支出不超过人均可支配收入的一定比例来测算使用天然气的可承受价格。

（一）城市燃气用户气价承受能力分析

在城市燃气领域，天然气主要与电、LPG（液化石油气）、煤炭、汽柴油等能源存在竞争且可互相替代，一般采用"替代成本法"，而天然气作为居民用气使用，没有最终产出可销售的商品，需考虑城市居民用户使用天然气愿

意支付的最高天然气到户价格，因此，对于居民生活用气也可采用"支出限额计算法"。

1. 居民用气

居民用天然气主要用于替代电、LPG（液化石油气）、煤炭（蜂窝煤）、人工煤气等，从能效和技术上来看，天然气和LPG、人工煤气基本相当，明显高于煤炭，但远低于电。随着天然气气化率的不断提高，人工煤气逐渐退出市场，从经济角度讲，天然气与煤炭无法竞争。因此，本书对居民用户的气价承受能力分析仅考虑替代LPG和电。

1）替代成本法

（1）天然气替代LPG

在测算居民用户的可承受气价时，在"等有效热值等价"的基础上，需要考虑天然气开户费用、天然气灶具和LPG灶具的成本差异等。对于天然气开户费，大部分地方捆绑在建筑费中的公共设施费用中，通常为200元/m²，有的地方每户一次性单独收取2000元左右。目前大多数地方已取消开户费，改为收取"改造费"，对于未通气的存量住宅（房屋建设时未实施燃气设施配套并未缴纳预埋费的住宅），改造费一般为1500元左右；其他已有燃气设施配套并未缴纳预埋费的住宅，改造费约500元。按每户年使用天然气200m³左右，使用期50年，则开户费分摊到每年相当于增加成本0.15元/m³左右，基本可以忽略。另外，天然气和LPG灶具成本差异小，也可以忽略。

因此，替代LPG时居民用户的天然气可承受价格P_g的计算公式为：

$$P_g = \frac{P_d \times H_g \times E_g}{H_d \times E_d} \tag{3-8}$$

式中　P_d——居民用LPG价格，元/kg；

　　　H_g——天然气热值，kJ/m³；

　　　E_g——天然气灶具效率，%；

　　　H_d——LPG热值，kJ/kg；

　　　E_d——LPG灶具效率，%。

2014年6月9日，国家标准化管理委员会发布了GB 30720—2014《家用燃气灶具能效限定值及能效等级标准》，自2015年4月1日开始实施。该标准对中国家用燃气灶根据热效率高低进行了等级划分，划分时并未对燃气灶的燃料种类区分考虑，即不管是天然气燃气灶，还是液化石油气燃气灶和

第三章 天然气用户选择与用气特性

人工煤气燃气灶,其能效等级要求均一致,最低均为53%,最高为68%。家用燃气灶具能效等级见表3-23。

表3-23 家用燃气灶具能效等级

类型		热效率(%)		
		1级	2级	3级
大气式灶	台式	66	62	58
	嵌入式	63	59	55
	集成灶	59	56	53
红外线灶	台式	68	64	60
	嵌入式	65	61	57
	集成灶	61	58	55

以北京市为例,按2015年6月份价格进行测算,天然气有效热价值较LPG有效热价值低0.141元/MJ,对应LPG价格为7.2元/kg时,居民生活可承受气价为4.98元/m^3,当LPG价格每增加1元/kg,可承受气价提高0.692元/m^3。可见在居民生活领域,天然气与LPG相比具有一定的价格优势。北京市居民生活领域天然气和LPG有效热值比较见表3-24。

表3-24 北京市居民生活领域天然气和LPG有效热值比较

燃料种类	热值	效率	价格	有效热价值
天然气	34.7MJ/m^3	61%	2.28元/m^3	0.119元/MJ
LPG	50.18 MJ/kg	61%	7.2元/kg	0.261元/MJ

注:LPG热值数据取自能源统计年鉴,天然气取低热值;价格数据来自燃气在线2015年6月23日公布数据。

(2)天然气替代电

居民用天然气替代电测算可承受气价,方法同替代LPG基本相同,仅将式(3-11)中居民用LPG价格、LPG热值和效率分别替换为居民用电价格、电力热值和电力灶具效率。

2014年4月28日,国家标准化管理委员会发布GB 21456—2014《家用电磁灶能效限定值及能效等级》,规定自2015年1月1日起实施。单纯从能效上说,电磁灶要明显高于燃气灶,家用电磁灶的最低能耗限定值为84%,而燃气灶的热效率仅为53%。家用电磁灶能效等级划分见表3-25。

表 3-25　家用电磁灶能效等级划分

类型	能源效率等级	热效率（%）	待机状态功率（W）
额定功率大于1200W的加热单元	1	90	1
	2	88	1
	3	86	2
额定功率不大于1200W的加热单元	1	88	1
	2	86	1
	3	84	2

以北京市为例，按 2015 年 6 月价格进行测算，天然气有效热价值较电有效热价值低 0.019～0.057 元/MJ，对应居民用电价格 0.4733 元/（kW·h），居民可承受气价为 2.69～3.70 元/m³。居民电价每增加 0.01 元/（kW·h），根据热效率的不同，可承受气价可增加 0.057～0.078 元/m³。可见在居民生活领域，天然气与电相比也具有一定的价格优势。北京市居民生活领域天然气和电的有效热值比较见表 3-26。

表 3-26　北京市居民生活领域天然气和电的有效热值比较

燃料种类	热值	效率	价格	有效热价值
天然气	34.7MJ/m³	53%～68%	2.28 元/m³	0.097～0.124 元/MJ
电	3.596MJ/（kW·h）	84%～90%	0.4733 元/（kW·h）	0.146～0.157 元/MJ

注：热值数据取自能源统计年鉴，居民用电价格为 2015 年 6 月北京市不满 1000V 电压的城镇合表用户电价标准。

2）支出限额计算法

"支出限额计算法"是指按城镇居民人均燃料支出费占城镇用户人均可支配收入的比例与居民人均用气量来测算居民可接受的天然气价格。

根据中国建设部所做的《全国城市燃气天然气利用规划》，在中国家庭燃料费的支出一般不应超过年可支配收入的3%。

居民生活可承受气价 P_g 计算公式如下：

$$P_g = \frac{I_t \times R}{A_g} \tag{3-9}$$

式中　I_t——城镇居民中低收入人群人均可支配收入，元；

R——城镇居民人均燃气费等支出占城镇居民人均可支配收入的比

例，%；

A_g——城镇居民人均年用气量，m³。

中国城镇居民可以根据可支配收入水平分为高收入、中高收入、中收入、中低收入、低收入等几档。通常情况下，可支配收入水平越高，燃料费支出（LPG、电力、天然气等）在可支配收入中的占比越低。另外，随着生活水平的不断提高，家庭能源消耗增长的速度加速增加，但能源消耗的速度远低于居民收入增加的速度，因此，燃料消费在居民可支配收入中的占比呈现下降的趋势。根据上海统计年鉴数据，2000 年、2013 年城市居民人均电费和燃料费支出合计分别占城市居民人均可支配收入的 3.5%和 1.8%。根据福建省统计年鉴，2000 年、2013 年城镇居民人均电费和燃料费支出合计分别占城市居民人均可支配收入的 4.1%和 2.2%。

为了提高居民生活质量，使得大部分城镇居民用户能够承受天然气价格，通常可选择中低收入人群作为基点，考虑燃料支出占比的下降趋势等，按燃料费支出不超过城镇居民中低收入人群人均可支配收入的 2.5%进行测算。

2015 年，中国城镇居民人均可支配收入为 31195 元，其中中低可支配收入为 12231 元，居民人均年用气按 60m³，那么居民生活可承受气价为 5.1 元/m³。可支配收入每增加 1000 元，居民生活用可承受气价将增加 0.417 元/m³。

2. 公服用气

非赢利性的公服用户用气的费用往往由事业性拨款负担，是天然气价格的被动接受者，并不能作为市场的主体。非赢利性的公服用户用气主要替代 LPG 和电力，与居民生活用气类似，也可采用"替代成本法"。

宾馆、饭店等赢利性公服用户用气主要考虑替代 LPG，可承受气价测算同居民生活用气类似，也采用"替代成本法"，即在忽略等价替代物使用设施成本差异的前提下，只根据单位有效热值价格相等来近似地分析其价格承受能力。

3. 集中采暖用气

集中供热锅炉房燃料包括燃煤、燃油、燃气。目前，我国大多数城市以燃煤为主，天然气用于集中供暖主要替代燃煤锅炉。

燃煤、燃气锅炉的技术都已经相当成熟，但燃气锅炉效率高于燃煤锅炉高约十个百分点。目前燃气锅炉的热效率一般可达 86%~90%，锅壳式蒸汽锅炉的热效率已高达 92%~93%，有的甚至达到 95%以上。而燃煤锅炉的热效率则明显低于燃气锅炉，单台锅炉容量在 14MW 以上的燃煤锅炉效率一般约 75%左右。2012 年版 DB11-891-2012《北京市居住建筑节能设计标准》要求燃煤锅炉房的单台容量不宜小于 14MW，14MW 以上燃煤锅炉热效率的限定值为 82%，目标值为 88%～90%。

对集中采暖锅炉用气也采用"替代成本计算法"，测算用天然气与煤炭采暖达到相同供热温度时所对应的天然气价格，具体需考虑燃煤和燃气采暖的建设投资水平、消耗水平以及其他经营成本等。可承受气价计算公式如下：

$$P_g = \frac{P_d \times Q_d + F_d + C_d - F_g - C_g}{Q_g} \quad (3\text{-}10)$$

式中 P_d——燃煤价格，元/t；

Q_d——同等替代情况下一年需要消耗的燃煤量，t；

F_d——同等替代情况下使用燃煤时的使用设施一年需要分摊的固定资产折旧费，元；

C_d——同等替代情况下使用燃煤作为替代物时的使用设施运行一年需要发生的除折旧和购入燃煤费用以外其他完全成本（营业费、管理费、财务费等），元；

F_g——同等替代情况下使用天然气的设施一年需要分摊的固定资产折旧费，元；

C_g——同等替代情况下使用天然气的设施运行一年需要发生的除折旧和购入天然气费用以外的其他完全成本（营业费、财务费、管理费等），元；

Q_g——同等替代情况下一年需要消耗的天然气量，m^3。

以西北地区某市某住宅区集中供热项目为例，供热面积为 $18 \times 10^4 m^2$，采暖天数为 156d，现有 2 台 10t 燃煤热水锅炉，设备投资为 150 万元（包含所有设备费及安装等所有费用），室外供热管网投资 150 万元，人员为 12 人，耗电量按 $2kW \cdot h/m^2$，2014 年冬季燃煤单价约 450 元/t，燃煤量 $30kg/m^2$，煤炭热值取 18.9MJ/kg。同小区利用燃气集中采暖，需新建 3 台燃气锅炉（含泵类），设备投资 135 万元，室外管网投资 150 万元，人员仅 8 人即可，耗电量为 $100kW \cdot h$，节能居住建筑耗热量指标 $21W/m^2$，燃气炉热效率 90%。燃煤锅炉效率 75%，燃气锅炉热效率 90%，室外管网供热燃料损失均按 10%考虑，电费单价 0.5 元/(kW·h)，锅炉折旧按 10 年，管网折旧按 15 年考虑进

第三章 天然气用户选择与用气特性

行测算，节能居住建筑的燃煤锅炉单位面积供热成本为 22.72 元/m²（若为非节能建筑，每平米需增加 30%），天然气可承受气价为 2.25 元/m³，2015 年该市采暖用气价格为 2.1 元/m³。集中采暖领域中天然气替代煤炭可承受价格测算见表 3-27。

表 3-27 集中采暖领域中天然气替代煤炭可承受价格测算表

序号	项目	单位	煤煤
1	P_d：燃煤价格	元/t	450
2	Q_d：一年需要消耗的燃煤量	10^4t	0.8
3	F_d：燃煤设施一年需要分摊的固定资产折旧费	万元	25
4	C_d：燃煤时除折旧及燃煤费以外的其他完全成本	万元	24
4.1	电费	万元	18
4.2	人工费	万元	6
5	F_g：燃气设施一年需要分摊的固定资产折旧费	万元	23.5
6	C_g：燃气时除折旧及燃煤费以外的其他完全成本	万元	22.7
6.1	电费	万元	18.7
6.2	人工费	万元	4
7	Q_g：一年需要消耗的天然气量	10^4m³	161.6
8	公式：$P_g = \dfrac{P_d \times Q_d + F_d + C_d - F_g - C_g}{Q_g}$		
9	P_g：天然气替代煤炭用于集中采暖时可承受气价	元/m³	2.25

4. 分户冷暖用气

家用分户采暖与其有竞争关系的是冷暖空调，因此，用户是否购买燃气锅炉的最直接的判断方法，是用天然气价格和电价做比较，也采用"替代成本法"。

仅从终端利用角度出发，电器效率要远高于燃气灶具的效率，也更环保，使得消费者也愿意以更高的价格选择使用电器。终端利用的电器和天然气灶具效率见表 3-28。

表 3-28　终端利用的电器和天然气燃具效率

用具		供暖效率（%）	水加热效率（%）
电器	常规的	98	83
	高效的	170	不适用
燃具	常规的	65	51
	高效的	88	不适用
常规燃气与电器效率比		66	61

分户冷暖用气的可承受气价 P_g 的计算公式同式（3-8），式中 H_g 与 H_d 分别代表天然气和电力热值，而 P_d 指采暖用电价格，E_g 和 E_d 分别代表天然气和电器的燃具供暖效率或水加热效率。

以北京市为例，取电价 0.4733 元/（kW·h），天然气热值按 34.7MJ/m³，电力热值按 3.596MJ/（kW·h），常规电器供暖效率取 98%，常规燃气设施供暖效率取 65%，则分户采暖可承受气价为 3.02 元/m³，若电器和燃具分别按供暖高效率 170% 和 88%，则可承受气价为 2.36 元/m³。

5. 车船用气

车船用气仍可采用"替代成本法"，即在一定的使用年限内，燃气车船较燃油车船增加的购置/改造费、维护成本等与节约的燃料成本等相等。公式为改造费用（新增投资）/摊销年限=年耗油量×燃油价格-年耗气量×燃气价格。

虽然车船使用天然气较燃油相比具有环保、健康等诸多社会效益，但这些效益目前尚不能直接给天然气车船营运者从财务上产生直接经济效益，在以上效益尚未被量化前，当计算可承受气价时，暂不考虑使用天然气车船增加的环保效益等。

即，天然气车船可承受气价 P_g 的通用计算公式如下：

$$P_g = \frac{P_a \times Q_a + F_a + C_a - F_g - C_g}{Q_g} \quad (3\text{-}11)$$

式中　P_a——CNG 或 LNG 替代的汽（柴）油价格，元/L；

Q_a——获得与 CNG 汽车或 LNG 车船相同使用效果前提下，一年需要的汽（柴）油量，L；

F_a——获得与 CNG 或 LNG 相同使用效果前提下，汽（柴）油的车船一年需要分摊的固定资产折旧费，元；

C_a——获得与CNG或LNG相同使用效果前提下，汽（柴）油的车船一年需要发生的除折旧和汽（柴）油费用以外的其他要素完全成本，元；

F_g——同等替代情况下CNG汽车或LNG车船一年需要分摊的固定资产折旧费，元；

C_g——同等替代情况下CNG汽车或LNG车船一年需要发生的除折旧和天然气费用以外的其他要素完全成本，元；

Q_g——同等替代情况下CNG汽车或LNG车船行驶一年需要消耗的天然气量，m^3。

对于"油改气"车辆，上式中F_a与C_g中因购买汽车产生的折旧费因相等可互相抵消，只剩下F_g中因改装需要的改装费或购置增加产生的折旧f_g。对于C_a与C_g，由于它们相差不大，也可互相抵消。因此上式可变为：

$$P_g = \frac{P_a \times Q_a - f_g}{Q_g} \quad (3-12)$$

式中，P_a——汽油价格，元/L；

Q_a——在获得与CNG汽车相同使用效果前提下，一年需要的汽油量，L；

f_g——原使用汽油的车辆改装为使用CNG汽车时需要的改装费产生的折旧费用，元/年；目前在原使用汽油的出租汽车上改装CNG汽车包括专用配件、阀件、天然气贮气瓶、油气转换装置等改装费用，一般大约在5000元左右。城市出租汽车的经济寿命期一般为5a，则一般出租汽车的f_g为1000元/a。

Q_g——汽车只使用CNG并与使用汽油在一年行驶相同距离时，需要消耗的天然气量，m^3。

以北京市汽油出租车改CNG出租车为例，2015年6月92号汽油价格为6.58元/L，百公里耗油8L，百公里耗气约$8m^3$，年行驶10万km，改造费用5000元，假设改造费用1年内可收回，则出租车可承受天然气价格为5.96元/m^3。

以重型卡车为例，2015年6月，北京市0号柴油价格为6.24元/L，百公里消耗柴油46L、天然气$60m^3$，年行驶10万km，LNG重型卡车购置费用较国Ⅲ柴油重型卡车高出8~10万元，若增加的投资在2年内可收回，则新增投资按2年摊销，则每年增加投资4~5万元，年运行10万km的维护保

养费 LNG 重型卡车较柴油重型卡车高出 1500 元，则 LNG 重型卡车可承受的天然气价格为 3.92～4.09 元/m³，按 1t LNG 相当于 1400m³ 天然气，那么 LNG 价格折合为 5.5～5.7 元/kg。

第二节　工业用户用气技术经济特征

一、工业用气行业特点

（一）用气区域性

天然气工业用气区域性非常明显。川渝地区是中国最早利用天然气的地区，用户门类齐全，已建成以玻璃、陶瓷、钢铁、有色金属等行业在内的天然气利用产业集群，是全国最大的天然气消费区域之一。珠三角地区的天然气利用方向多以天然气发电为主，之后随着西气东输二线进入珠三角地区，相应发展汽车、电子、陶瓷等用气行业。长三角地区的工业用气除大型石化项目外，还包括钢铁等行业。华北地区是重化工行业分布集中的地区，以石化、钢铁、玻璃等行业为主。东北地区工业用气行业相对集中，天然气工业用气集中在石化行业。中部地区工业用气行业包括汽车、陶瓷、机械等行业，用气相对分散。

（二）行业集聚性

经过多年的发展，中国天然气在工业燃料利用方面已经具有非常大的规模，工业用气行业的集聚性也不断增强。

根据对工业用气行业的统计，主要用气行业集中在建材类的玻璃、陶瓷，冶金类的钢铁、有色金属及石化类。这些行业在全国范围内分布广泛，一般生产规模大，且连续生产，成为工业用气主流行业。

（三）用气波动性

工业用气设备一般为加热炉、窑炉、装置等，除去必要的检修期外，这些设备大多数需要连续生产，因此，总体看，相对于波动性较大的城市燃气，工业用气波动性小。但工业用气也受到市场、节假日、维检修、气温等因素而出现用气波动。具体而言：

市场需求影响工业用气需求主要表现在因市场需求波动引起天然气需求波动。例如，在产品销售淡、旺季期间，天然气需求出现波动，或者因为交货期需要加班，也会导致天然气需求的波动。

春节、五一、国庆等节假日属于国家强制性休假时间，在此期间，工业企业往往减少生产负荷甚至部分停产，导致天然气需求减少，引起天然气需求波动。

检维修是工业用户在生产安排中的重要环节，一般而言，有根据设备生产情况进行定期的检维修，也有因配合天然气供气而进行的检维修。在检维修期间，部分生产设备或装置的停产，导致天然气需求的波动。

气温对工业用气的影响主要体现在两个方面，一是因为气温变化本身引起需求变化，如玻璃、陶瓷等窑炉在冬季，因为气温下降，达到同样的加热温度需要使用更多的天然气，使得天然气需求产生波动。另外，部分产品的市场需求与季节相关，相应影响用气需要，如啤酒，产品市场需求主要集中在夏季，夏天的用气量显著超过冬天。

二、工业用气分类与特征

（一）陶瓷行业用户用气特征

1. 行业概述

陶瓷是陶器、炻器和瓷器的总称。根据统计局的范围界定，陶瓷行业包括4个细分行业，具体为：卫生陶瓷制品制造、特种陶瓷制品制造、日用陶瓷制品制造、园林、陈设艺术及其他陶瓷制品制造。

根据中国建筑卫生陶瓷协会对全国 2634 家规模以上的建筑陶瓷和卫生洁具企业的统计，2013 年主营业务收入 5873 亿元，增长 17.31%，其中，1435 家建筑陶瓷企业 3831 亿元，增长 17.43%；275 家卫生陶瓷企业 491 亿元，增长 20.45%；924 家五金卫浴企业 1551 亿元，增长 16.07%；主要产品产量均有不同程度增长，陶瓷砖产量 $96.9 \times 10^8 m^2$，增长 7.8%；卫生陶瓷产量超过 2.1 亿件，增长约 3.3%。全行业各类建筑陶瓷与卫生洁具产品出口总额达到 178.7 亿美元，比上年增长 22.82%。

陶瓷行业按照用户用气方向类别划分为建筑陶瓷、卫生陶瓷、艺术陶瓷、骨质瓷、电瓷、特种陶瓷等。陶瓷行业用气主要集中于陶瓷窑炉加热环节中。

陶瓷行业生产所用的替代能源主要有压缩天然气（CNG）、液化天然气（LNG）、液化石油气（LPG）。陶瓷产品的一般工艺流程，总体分为原料制模成型—烧制—冷却上釉—再烧制等工艺流程。陶瓷行业天然气主要用于窑炉加热，天然气用气规模大，天然气价格承受能力差别大。陶瓷产品对品质有一定的要求，尤其是高档陶瓷产品，要求供应的天然气纯净、无杂质，陶瓷产品生产对压力有明确的要求。气压要求介于 0.02～0.15MPa 之间。以卫生洁具用户 WXHO 为例，其生产工艺流程如图 3-8 所示。

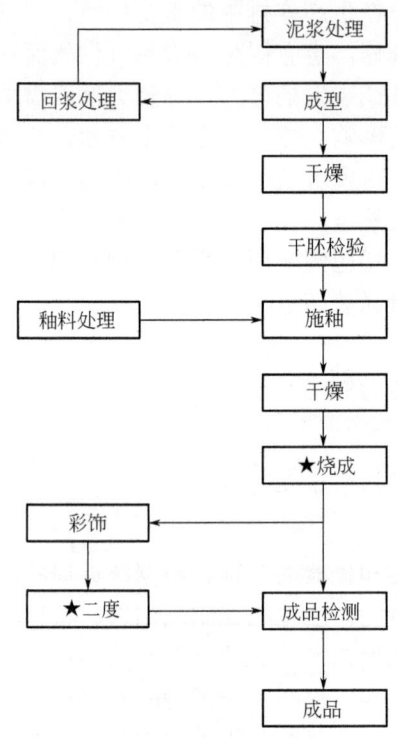

图 3-8　WXHO 生产流程简图

★表示主要生产工艺

2. 用气负荷特征

陶瓷的用气负荷特征：大多数陶瓷的生产具有相似的工艺，且多用于陶瓷窑炉加热，但由于产品类别、加热时间、加热温度、用气设备不同而出现用气负荷的差异性。在产品类别相同情况下，加热温度越高，加热设备越多，加热时间越长，用气负荷越高。

第三章 天然气用户选择与用气特性

陶瓷用气负荷总体稳定，波动性小，主要受到市场、气温、节假日、检维修的影响如下：

市场对陶瓷企业天然气负荷影响主要表现在：陶瓷产品中的建筑陶瓷、卫生陶瓷、电瓷等产品受房地产行业或电力投资影响较大，具有一定的周期性。当市场处于繁荣期时，天然气需求高，负荷大；反之，当产品处于衰退期时，天然气需求减少，负荷降低。此外，一年中的产品市场淡、旺季也对天然气负荷产生一定的影响。

气温对陶瓷企业天然气负荷影响体现在：一般地，由于冬天气温降低，加热同等规模的陶瓷产品需要消耗更多的天然气。根据对陶瓷企业的调研，通常冬天的天然气负荷比夏天高5%左右。

节假日对陶瓷企业天然气负荷影响体现在：由于春节、五一、国庆等节假期放假，使得企业的生产负荷降低，甚至设备停产，导致天然气负荷降低；由于陶瓷窑炉一般连续生产，因为停产时间少，检维修一般在假节日进行，造成天然气负荷减少。

建筑陶瓷用户中，以YXY陶瓷企业为例，月天然气耗气量与月不均系数见表3-29。

表3-29 2009—2011年YXY陶瓷企业各月天然气消耗量与月不均匀系数

月份	1月	2月	3月	4月	5月	6月	7月	8月	9月	10月	11月	12月
2009月用气量（$10^4 m^3$）	0.3	3.9	65.3	129.5	171.6	180.3	130.3	105.6	118.1	116.2	112.9	43.5
2009月不均匀系数	0.00	0.04	0.65	1.34	1.72	1.86	1.30	1.06	1.22	1.16	1.17	0.43
2010月用气量（$10^4 m^3$）	38.5	8.3	48.3	84.4	101.8	113.7	92.3	57.9	67.8	63.5	59.9	66.7
2010月不均匀系数	0.56	0.13	0.71	1.28	1.49	1.72	1.35	0.85	1.03	0.93	0.91	0.98
2011月用气量（$10^4 m^3$）	36.2	14.8	37	60.3	71.8	86.9	79.9	83.2	82.3	76.3	60.4	29.4
2011月不均匀系数	0.59	0.27	0.61	1.02	1.18	1.47	1.31	1.36	1.39	1.25	1.02	0.48

2009年、2010年和2011年三年YXY陶瓷企业的月用气量的波动性是基本一致的。4月至11月的不均匀系数均较大，1月、2月、3月、12月用

气量均较小。6月份月不均匀系数最高，2009年的不均匀系数高达1.86，2010年的不均匀系数为1.72，2011年的不均匀系数为1.47。2月份的不均匀系数最小（不包括2009年1月份的数据），2009年的不均匀系数为0.04，2010年为0.13，2011年为0.27。2009年和2010年的月用气量波动较大，2011年的波动较小。

YXY陶瓷企业用气量之所以会有如此大的波动，与其所接的订单量是密不可分的。一般瓷砖的销售旺季是在4月至11月，淡季是在当年12月至次年3月。这也就是YXY陶瓷企业用气量可以明显地分为两个阶段的原因。另外，一般YXY陶瓷12月停烧一条窑炉，这更加使得12月、1月和2月用气量较小。

3. 用气定额与规模

从用气定额看，陶瓷行业用户用气定额与产品类别、生产工艺、加工的热效率、温度控制、烧制时间有关。不同类别的陶瓷，用气定额不同，例如，骨质瓷用气定额为886~1590m^3/t，建筑陶瓷用气定额为2.52~4.36m^3/m^2，电瓷用气定额为4.4lm^3/件，卫生洁具用气定额为0.083×$10^4 m^3$/t。

从用气规模上看，建筑陶瓷、卫生洁具、骨质瓷、电瓷用气规模总体上处于用气规模中等水平（日用气量1×$10^4 m^3$~10×$10^4 m^3$），年用气量(200×$10^4 m^3$~1000×$10^4 m^3$)不等。其中，卫生洁具、骨质瓷的年用气规模较小，大多在200×$10^4 m^3$左右；电瓷企业用户年用气规模较大，可达到1000×$10^4 m^3$左右。

4. 用气经济性

从天然气占产品成本比例看，陶瓷行业用户的天然气占产品成本比例在10%左右。从产品类别上看，低端的建筑陶瓷价格承受能力低，高端的艺术陶瓷、骨质瓷天然气价格承受能力高。

价格承受能力应用较为广泛的是替代价值法。本书中天然气工业用户用气特征中的经济性测算也采用"等有效热值等价"。"等有效热值等价"是根据单位有效热值等价的原则，利用替代能源的价格来计算用户对天然气的价格承受能力。要使得消费者i选择天然气，那么天然气的价格就不能高于消费者i购买其他等量热量的能源j时的最低价格，而该价格就是消费者i选择天然气的最高承受价格。

计算模型用公式来表示，就是：

$$P_i \leqslant \min\{P_{ij}\}, \quad i=1, 2, L, m; \quad j=1, 2, L, n \qquad (3-13)$$

第三章 天然气用户选择与用气特性

$$P_{ij} = \frac{H_天}{H_替} \times P'_{ij} \tag{3-14}$$

式中 P_i——第 i（i=1，2，L，m）类天然气用户的最高承受价格；

P_{ij}——第 i（i=1，2，L，m）类天然气用户，为了得到与一单位（1m³）天然气相等的热量，使用第 j（j=1，2，L，n）类能源时必须支付的价格；

$H_天$——天然气单位热值，通常取每立方米天然气的热值；

$H_替$——替代能源的单位热值；

P'_{ij}——第 i 类天然气用户使用一单位的第 j 类能源时支付的价格。

式（3-13）表示，第 i 类天然气用户在使用其他第 j 类替代能源时支付的价格为 P_{ij}，在 P_{ij} 中的最小值就是第 i 类天然气用户的最高承受价格。

研究价格承受能力理论的目的是将理论应用于经济性特征研究中，根据调研数据，利用用气价格测算方法测算用户天然气价格承受能力，识别用户价格承受能力的差异，在深入掌握用户经济性特征的基础上，有效开发和管理用户。

只有全面掌握用户的用气规模、用气成本占生产成本比例，最高气价承受能力等经济性特征，并应用价格承受能力理论于经济性特征研究中，建立用户用气特征数据库，在开发类似的行业用户时，才能通过数据库中类似用户进行比较和借鉴，对不同价格承受能力的用户采取有差异化的市场开发战略。做到市场开发上定量决策，有的放矢，使市场开发效益得到保障。

以夹江陶瓷为例，夹江陶瓷行业可替代的燃料主要是煤炭、水煤气等。水煤气是陶瓷行业主要替代的燃料，可以与天然气互换使用。随着水煤气技术的不断改革，水煤气技术已相当成熟，不仅危险系数大幅度降低，而且实现了清洁制气。2013 年，夹江地区有双段式水煤气发生装置 50 余座，水煤气总产量折合天然气能力已超过 $100 \times 10^4 m^3/d$。

根据夹江水煤气装置加工 2014 年相关费用测算，天然气热值为 8500kcal/m³，水煤气热值为 2500 kcal/ m³，水煤气价格为 0.60 元/ m³，水煤气折合成等热值天然气价格为 2.10 元/ m³，比目前的夹江工业用天然价格 2.65 元/ m³ 少 0.5 元/ m³，但水煤气的热利用率比天然气低，且存在较大的安全隐患，也不利于保障产品品质，在目前价位上，陶瓷用户仍然愿意选择天然气作燃料（表 3-30）。

表 3-30 四川夹江陶瓷天然气与替代能源优势比较

能源名称	单位热值 （kcal/m³）	单位价格 （元/m³）	可承受气价 （元/m³）
天然气	8500	2.6	2.6
水煤气	2500	0.6	2.1

（二）玻璃行业用户用气特征

1. 行业概述

玻璃主要分为平板玻璃和特种玻璃。平板玻璃按生产工艺分为三种，即引上法平板玻璃、平拉法平板玻璃和浮法玻璃。由于浮法玻璃厚度均匀、上下表面平整平行，再加上劳动生产率高及利于管理等因素影响，浮法玻璃已成为平板玻璃制造方式的主流。

平板玻璃分为普通平板玻璃和浮法玻璃两种。普通玻璃是用石英砂岩粉、硅砂、钾化石、纯碱、芒硝等原料按一定比例配制、经熔窑高温熔融，通过垂直引上法或平拉法、压延法生产出来的透明无色的平板玻璃。普通平板玻璃按外观质量分为特选品、一等品、二等品三类，按厚度分为 2mm、3mm、4mm、5mm、6mm 五种。浮法玻璃生产的成型过程是在通入保护气体（N_2 及 H_2）的锡槽中完成，以石英砂、纯碱、白云石、石灰石等为原料，按一定比例配制，经熔窑高温熔融，熔融玻璃从池窑中连续流入并漂浮在相对密度大的锡液表面上，在重力和表面张力的作用下，玻璃液在锡液面上摊平、抛光形成上下表面平整、硬化、冷却后被引上过度辊台。辊台的棍子转动，把玻璃带拉出锡槽进入退火窑，经退火、切割形成不同客户需求的平板玻璃产品。浮法玻璃按外观质量分为优等品、一级品、合格品三类，按厚度分为 2mm、3mm、4mm、5mm、6mm、8mm、10mm、12mm 及 12mm 以上超厚系列产品。2013 年平板玻璃产量 7.8 亿重量箱，增长 11.2%，玻璃制造业产销率 96.6%，同比提高 1.1 个百分点，重点平板玻璃企业均价 63.6 元/重量箱，同比上涨 4.7%。平板玻璃制造业利润率 6.0%，同比提高 5.4 个百分点。平板玻璃制造业实现利润 45.2 亿元。玻璃作为国民经济建设中的基本建材，应用广泛，但由于运输距离影响，生产与销售存在一定的地域性。

玻璃行业按照用户用气方向划分为浮法玻璃与玻璃瓶等。平板玻璃属于中国淘汰产品，玻璃瓶主要用于生产玻璃酒瓶，包括白酒酒瓶与葡萄酒酒瓶。

玻璃行业使用的燃料按照形态不同大致可分为：气体燃料（天然气、发

第三章　天然气用户选择与用气特性

生炉煤气、焦炉煤气）、液态燃料（重油、煤焦油）以及固态燃料（石油焦）等三大类。

浮法玻璃一般生产流程：原料—熔化—成型—退火—切裁—装箱—入库—销售。天然气主要用在熔化环节。以 GLS 为例，生产玻璃瓶罐工艺如图 3-9 所示。

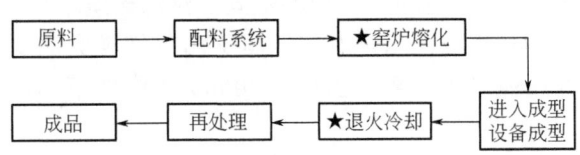

图 3-9　玻璃瓶罐生产流程简图
注：★处表示主要耗气工艺
窑炉熔化：通过高温，将固态原料熔化为液体
退火冷却：使高温产品缓慢降温

2. 用气负荷特征

玻璃企业用气负荷与生产工艺、加工温度、生产产品种类密切相关。产品生产工艺要求越复杂，需要使用的天然气量越多。加工温度越高，天然气负荷越大，此外由于产品种类不同，同等情况下，对产品质量要求越高，如高端玻璃，能源替代性越小，天然气负荷也越高。

玻璃用气负荷总体稳定，波动性小。主要受到市场、气温、节假日、检维修的影响如下：

市场对玻璃天然气负荷影响主要表现在：玻璃产品中的浮法玻璃等产品受房地产行业影响较大，具有一定的周期性。当市场处于繁荣期时，天然气需求高，负荷大；反之，当产品处于衰退期时，天然气需求减少，负荷降低。此外，由于玻璃产品生产往往根据订单安排生产，受国家基本建设计划影响较大。玻璃酒瓶生产的天然气负荷则与白酒、葡萄酒行业的市场走势密切相关。

气温对天然气负荷影响体现在：一般地，由于冬天气温降低，加热同等的玻璃产品需要消耗更多的天然气，根据对玻璃企业的调研，冬、夏季用气波动较小，冬天的天然气负荷比夏天高 1% 左右。

节假日对玻璃企业天然气负荷影响体现在：由于春节、五一、国庆等节假期放假，使得企业的生产负荷降低，甚至设备停产，导致天然气负荷降低；由于玻璃窑炉一般连续生产，10a 为一个冷修期，因此停产时间少，检维修

一般在假节日进行，造成天然气负荷减少。

3. 用气定额与规模

根据对玻璃用户的调研结果：大多数浮法玻璃用户用气定额集中在每重量箱的 $10\sim12m^3$；部分高端玻璃因为工艺与质量要求更高，使得用气定额较一般玻璃产品高20%左右；玻璃瓶产品用气定额一般为 $0.072\sim0.1125m^3$/只。

从用气规模上看，根据生产规模的不同，浮法玻璃项目一般年用气规模可以达到（$3000\sim9000$）×10^4 m^3 不等，属于用气规模大的用气行业。玻璃酒瓶一般年用气规模可以达到（$2000\sim3000$）×10^4m^4 不等，属于中等规模的用气行业。

4. 用气经济性

天然气在玻璃产品生产中的成本较高，一般为40%左右，因此，浮法玻璃用户对天然气敏感性较高。玻璃酒瓶生产中的天然气成本较浮法玻璃低，一般为20%左右，用气敏感性弱于浮法玻璃。

以 JBBL 公司为例，玻璃行业各种燃料热值及占成本比例见表 3-31。

表 3-31　JBBL 公司各种燃料热值及占成本比例

燃料类型	天然气	焦炉煤气	重油	煤焦油	石油焦
平均热值 [$kcal/m^3$（kg）]	8500	4200	9600	9000	8500
平均价格 [元/m^3（kg）]	2.44	1.15	3.80	2.70	2.00
平均用量 [m^3(kg)/重量箱]	12.0	24.3	10.6	11.3	12.0
平均成本 （元/重量箱）	29.28	27.93	40.38	30.60	24.00
占总成本比例（%）	41.8	39.9	57.7	43.7	34.3

注：总成本均以 70 元/重量箱测算。

从表 3-31 可以看出，燃料成本占总成本比重从 34.3%～57.7%不等，燃料成本占总成本的比重较大，属于对燃料成本高度敏感行业。基于玻璃原料的熔化原理及企业成本考虑，玻璃行业企业在采用燃料方面一般具有"高热值、低价位、货源足"等特点，同时要兼顾地方环保要求。天然气在燃料选择中价格较焦炉煤气、石油焦偏高，但天然气用于玻璃行业除了具有清洁环保、安全可靠等特点外，还可以提高产品的质量，给企业带来附加的经济效

第三章　天然气用户选择与用气特性

益，因此在有供应保证的前提下，天然气仍具有较强的不可替代性。

YHBL 公司使用的燃料按照形态不同大致可分为：气体燃料（天然气、发生炉煤气、焦炉煤气）、液态燃料（重油、煤焦油）以及固态燃料（石油焦）等三大类。YHBL 公司各种燃料热值及占成本比例见表 3-32。

表 3-32　YHBL 公司各种燃料热值及占成本比例

燃料类型	天然气	发生炉煤气	焦炉煤气	重油	煤焦油	石油焦
平均热值 [kcal/m³（kg）]	8500	3000	4200	9600	9000	8500
平均价格 [元/m³（kg）]	2.80	1.00	1.15	3.80	2.70	2.00
平均用量 [m³（kg）/重量箱]	11.00	31.17	22.26	9.75	10.39	11.00
平均成本 （元/重量箱）	30.80	31.17	25.60	37.05	28.05	22.00
占总成本比例（%）	44.00	44.53	36.57	52.93	40.07	31.43

注：总成本均以 70 元/重量箱测算。

从表 3-32 对比中可以看出，燃料成本占总成本比重从 31.43%～52.93% 不等，燃料成本占总成本比重较大，属于对燃料成本高度敏感行业。基于玻璃原料的熔化原理及企业成本考虑，玻璃行业企业在采用燃料方面一般具有"高热值、低价位、货源足"等特点，同时要兼顾地方环保要求。天然气在燃料选择中价格较焦炉煤气、煤焦油、石油焦偏高，但具有清洁环保、经济实惠、安全可靠等特点，因此在有供应保证的前提下，天然气仍具有较强的不可替代性。

JJKJ 公司替代能源为焦炉煤气，价格为 1.3 元/m³，热值按 17.64MJ/m³ 计算，每重量箱按照平均用气量 21.26m³，每重量箱天然气成本 21.26 m³×1.3 元/m³=27.64 元，总成本均以 70 元/重量箱测算，则天然气成本占总成本的比例为 39.48%。焦炉煤气相对于天然气有相对的经济性，但天然气比较稳定，企业倾向于利用天然气。玻璃行业燃料成本占总成本比重较大，属于对燃料成本高度敏感行业。基于玻璃原料的熔化原理及企业成本考虑，玻璃行业企业在采用燃料方面一般具有"高热值、低价位、货源足"等特点，同时要兼顾地方环保要求。但具有清洁环保、经济实惠、安全可靠等特点，因此在有供应保证的前提下，天然气仍具有较强的不可替代性。

(三) 有色金属行业用户用气特征

1. 行业概述

有色金属通常是指除去铁(有时也除去锰和铬)和铁基合金以外的所有金属。有色金属可分为重金属(如铜、铅、锌)、轻金属(如铝、镁)、贵金属(如金、银、铂)及稀有金属(如钨、钼、锗、锂、镧、铀)。狭义的有色金属又称非铁金属,是铁、锰、铬以外的所有金属的统称。广义的有色金属还包括有色合金,是以一种有色金属为基体(通常大于50%),加入一种或几种其他元素而构成的合金。

2013年,有色金属产业生产平稳增长,10种有色金属产量为$4029×10^4$t,同比增长9.9%。其中,铜、铝、铅、锌产量分别为$684×10^4$t、$2205×10^4$t、$448×10^4$t、$530×10^4$t,同比增长13.6%、9.7%、5%、11.1%。铜材、铝材产量$1499×10^4$t、$3962×10^4$t,同比增长25.2%、24%,氧化铝产量$4438×10^4$t,同比增长14.6%。规模以上有色金属工业企业实现主营业务收入48170亿元,同比增长12.7%;实现利润1713亿元,同比增长2.3%。但有色金属行业销售收入利润率仅3.56%,同比下降0.36个百分点。近年来,国内外市场主要有色金属价格持续下跌,对行业经营压力较大。

按照有色金属行业用气方向分类,可分为铝、镁、铅锌、钨、铜的加工。

主要用气工艺包括焙烧—锻造—成型。以NSLY为例,生产过程中主要用气环节为氧化铝焙烧工序(图3-10)。

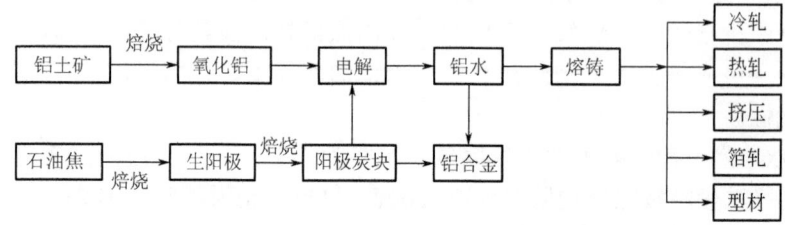

图3-10 NSLY生产工艺

有色金属行业使用的燃料主要为燃料油、焦炉煤气、天然气和煤炭。

有色金属行业是工业用户中的重要行业,属于国民经济中的基础材料产业,对地方经济发展影响重大,同时具有突出的生产规模性与用气规模性,掌握好有色金属的用气特征,有利于更好地服务地方经济,也可为开发类似的行业用户及管理现有用户提供借鉴。

第三章 天然气用户选择与用气特性

2. 用气负荷特征

有色金属企业用气负荷与生产工艺、加工温度、生产产品种类密切相关。产品生产工艺要求越复杂，需要使用的天然气量越多。加工温度越高，天然气负荷越大，此外由于产品种类不同，同等情况下，对产品质量要求越高，如铜、镍等贵金属，能源替代性越小，天然气负荷也越高。

有色金属用气负荷总体稳定，波动性小。市场、气温、节假日、检维修对用气负荷的影响如下：

市场对有色金属天然气负荷影响主要表现在：有色金属行业属于典型的周期性行业，其天然气需求与宏观经济形势密切相关，当市场处于繁荣期时，天然气需求高，负荷大，反之，当产品处于衰退期时，天然气需求减少，负荷降低。

气温对天然气负荷影响体现在：一般地，由于冬天气温降低，加热同等的有色金属产品需要消耗更多的天然气，根据对有色金属企业的调研，冬夏季用气波动轻微，冬天的天然气负荷比夏天高10%左右。

节假日对有色金属企业天然气负荷影响体现在：由于春节、五一、国庆等节假期放假，使得企业的生产负荷降低，甚至设备停产，导致天然气负荷降低。

检维修对有色金属企业天然气负荷影响体现在：由于焙烧与煅烧设备一般连续生产，因此停产时间少，检维修一般在淡季进行，造成天然气负荷减少。

以YHJ企业为例，计算其用气月不均匀系数。属于24h连续不间断生产企业，在满负荷生产条件下，需要持续、稳定用气，全天各时段用气量相对均匀，不会有明显的峰谷差。但在实际生产运行过程中，该企业月用气波动性非常大，YHJ企业2011年不同月分用气量及不均匀性系数见表3-33。

表3-33 YHJ企业2011年月度用气量与不均匀系数

月份	1月	2月	3月	4月	5月	6月	7月	8月	9月	10月	11月	12月
用气量（10^4 m^3）	55.3	46.7	33.0	20.6	12.3	11.3	28.4	40.9	30.6	17.8	14.4	28.5
月不均匀系数	1.95	1.65	1.17	0.73	0.43	0.4	1.00	1.45	1.08	0.63	0.50	1.01

从月用气量看，由于市场因素的变化，产品产量会随之波动，导致用气量有较大波动，出现1、2、8月用气量陡增，月不均匀系数最高达到1.96；5、6、10、11月用气迅速下降，6月不均匀系数最高达到0.4。全年最高用气

量为最低月用气量的 4.94 倍。

3. 用气定额与规模

根据对有色金属用户的调研结果，每吨氧化铝生产用气定额为 89～120 m^3/t，每吨铝型材加工用气定额为 100～150 m^3/t，每吨镁冶炼用气定额为 3050 m^3/t，锌铅产品的平均用气定额为 25 m^3/t；每吨镍铁合金的天然气用气定额约为 461 m^3/t，每吨铜冶炼用气定额为 36 m^3/t。

从用气规模上看，有色金属行业中的氧化铝、铝加工、镁冶炼行业大规模生产的特点决定了用气的规模，随着生产规模的不同，一般年用气规模可以达到$(2～4) \times 10^8 m^3$ 不等，属于大规模用气行业。电解铝、铅锌、钨、铜冶炼一般年用气规模可以达到$(100～1500) \times 10^4 m^3$ 不等，属于小规模的用气行业。

4. 用气经济性

有色金属行业中的用户用气经济性差距大。一般的铝冶炼与铝加工能耗电耗大，天然气在产品生产成本中占比为 5%～10%，但市场竞争激烈，价格敏感性相对较高，对天然气价格承受能力为 2.7～3.5 元/m^3。而锌、钨、铜、镍等贵金属由于资源稀有，产品价值高，产品销售价格高，使得其天然气价格敏感性低，天然气价格承受能力可达到 3.5～4.0 元/m^3。

氧化铝行业使用的燃料主要为燃料油、焦炉煤气、天然气和煤炭。对 SXLY 公司天然气与替代能源进行经济性比较，各种燃料热值及占成本的比例见表 3-34。

表 3-34 SXLY 公司天然气与替代能源经济性比较

参数	天然气	焦炉煤气	燃料油	煤炭
平均热值 [kcal/m^3（kg）]	8500	4300	9600	7000
平均价格 [元/m^3（kg）]	2.75	0.9	3.8	0.9
平均用量 [m^3（kg）/t]	89	176	79	108
平均成本（元/t）	245	158	299	97
占总成本比例	9.4%	6.1%	11.5%	3.7%

注：氧化铝总成本按 2600 元/t 进行测算。

从表 3-34 对比中可以看出，燃料成本占总成本比重从 3.7%～11.5%不等。天然气与煤炭、焦炉煤气对比，其燃料成本所占总成本的比例较高，但天然气用于氧化铝行业除了具有清洁环保、安全可靠等特点外，还可以提高产品的质量，给企业带来附加的经济效益，因此在有供应保证的前提下，天然气仍具有较强的不可替代性；与燃料油比较，天然气具有一定的竞争力。

（四）石化行业用户用气特征

1. 石化行业发展概况

石化产业是以石油和天然气为原料，一部分用来生产发动机用燃料和润滑材料，另一部分用来生产各种有机合成原料、合成树脂、合成纤维、合成橡胶以及合成氨等产品的多门类的工业行业。该行业技术密集、资金密集、产业关联度高、经济带动作用强。

2014 年我国石化行业生产情况为：原油产量 2.1×10^8t，同比增长 0.6%；原油加工量 5.03×10^8t，增长 5.3%；汽油产量 1.1×10^8t，增长 12.3%；柴油产量 1.76×10^8t，增长 2.4%；天然气产量 $1234.1 \times 10^8 m^3$，增长 6.9%。乙烯产量 1704.4×10^4t，增长 7.6%；对二甲苯（PX）产量 877×10^4t，增长 14%；合成橡胶产量 532.4×10^4t，增长 10.1%；合成纤维单体产量 2283×10^4t，增长 6%；合成树脂产量 6950.7×10^4t，增长 10.3%。

2. 石化企业使用的原材料

早期的石油化工原料，主要是石油炼厂副产的炼厂气。如美国新泽西标准油公司 1920 年建立的第一个石油化工厂，由丙烯合成异丙醇进一步脱氢生产丙酮的装置，就是用炼油厂副产气体作原料的。中国 50 年代建设的兰州化学工业公司合成橡胶厂最初也是以兰州炼油厂副产的气体为原料，进而生产合成酒精、合成橡胶和聚苯乙烯（塑料）。那时，炼油厂与石油化工厂之间仅是部分原料的供应协作关系。

随着生产的发展和技术的进步，对石油化工产品的需求逐步增加，炼油厂副产气体的供应已不能满足石油化工的要求，出现了以炼油厂的馏分油和天然气凝析液为原料、采用烃类裂解技术生产乙烯的大型石油化工厂。到 60 年代，石油化工进入了发展的黄金时代，乙烯生产厂的规模从 50 年代的年产 10kt 级一跃为 100~300kt 级。在石油化工中产生了数量很大、品种很多的副产品。为了综合利用并进行深度加工，要求多厂协调、均衡生产。这些厂相互依存，有着复杂而严密的原材料和副产品供需关系，从而逐步形成了石油化工联合企业。

70 年代，随着两次世界石油涨价，炼油和石油化工行业的利润相应下降，迫使企业精打细算，提高加工深度，充分利用资源。同时，产品向高档、精细方向发展。此时油品和化学品的市场形势，以及企业内部各厂之间的供求

关系，都直接影响企业的命运。例如，1979年在西欧，约有40Mt石脑油用于化学品生产。石油化工成为炼油工业的巨大市场，这促使石油化工和炼油形成了更大规模的联合、合并，炼油厂内也加强了其副产品的化工利用。

3. 石化行业用户用气特征

1）用气负荷特征

天然气在石化行业中用于天然气制氢（天然气作原料）和乙烯（天然气作燃料），主要用气设备为转化炉与预热锅炉、焚烧炉，对天然气气质气压有特别要求。由于石化企业本身都采取全年不间断的连续性生产，工艺和产品特点决定生产用气量相对稳定。但是受到上、下游相关产品的生产与销售情况变化的影响而发生一定程度的波动。此外，冬季和夏季等气温变化也会对加热锅炉用气量有轻微的影响。

2）用气定额与规模

用气定额的大小主要取决于生产工艺流程。

以天然气制氢为例：目前世界上大型天然气制氢装置的基本工艺流程大致相同，整个工艺流程是由原料气处理、蒸汽转化（水蒸气—甲烷重整）、一氧化碳（CO）变换和氢气提纯四大单元组成。因此天然气制氢用气定额大小的影响因素主要是工艺设备的新旧程度、工艺技术的改进性（影响较小）。通常，制氢装置的天然气设计单耗是生产氢气需耗费 $0.32m^3/m^3$ 天然气。在满负荷的优化运行状态下，每套制氢装置中原料用气占60%，天然气用作燃料占30%~40%。

其他石化产品生产装置天然气用气定额取决于设备的工艺路线、设备处理能力等。

3）用气经济性

基于实地调研和相关分析，在石化行业中，天然气用气成本一般占年销售收入的3%左右，价格承受能力强，与替代能源比较，有较强的价格竞争优势。

（五）钢铁行业用户用气特征

1. 钢铁行业发展概况

当前，中国经济已进入由高速增长向中高速增长转换的新常态，钢铁行业也随之发生新变化。2014年，钢铁行业化解产能过剩初见成效，企业效益有所好转，节能减排取得新进展。同时，由于下游需求减弱，钢材价格大幅下跌，企业资金紧张凸显等，全行业仍处于转型升级的"阵痛期"，企业面临的生产经营形势依然严峻。2014年，全国粗钢产量8.2×10^{8}t，同比增长0.9%，增幅同比下降6.6个百分点。钢材（含重复材）产量11.3×10^{8}t，同比增长4.5%，增幅同比下降6.9个百分点。中国粗钢产量占全球比重为49.4%，同比提高0.9个百分点。2014年，铁矿石、煤炭等大宗原材料价格降幅大于钢材价格，钢铁企业总体经济效益有所起色。重点统计钢铁企业2014年实现利税1091亿元，增长12.2%；盈亏相抵后实现利润304亿元，增长40.4%。但行业销售利润率只有0.9%，仍处于工业行业最低水平。

2. 用气工艺特征

1）生产工艺流程

不同钢铁企业在产业链环节不同，生产的产品不同，其工艺也不完全相同。钢铁生产工艺环节一般都有焙烧、熔铸、压延、热处理、切割、退火、酸洗、干燥等。天然气作为加热炉、保温炉、表面处理炉、退火炉、蒸汽锅炉等的燃料使用。

如无缝钢管生产核心工艺环节包括：圆钢加工、入环形加热炉加热、出炉穿孔、降温等。无缝钢管是用钢锭或实心管坯经穿孔制成毛管，然后经热轧、冷轧或冷拨制成。

无缝钢管分热轧和冷轧（拨）无缝钢管两类：热轧无缝钢管分一般钢管、低（中）压锅炉钢管、高压锅炉钢管、合金钢管、不锈钢管、石油裂化管、地质钢管和其他钢管等。冷轧（拨）无缝钢管除分一般钢管、低（中）压锅炉钢管、高压锅炉钢管、合金钢管、不锈钢管、石油裂化管、其他钢管外，还包括碳素薄壁钢管、合金薄壁钢管、不锈薄壁钢管、异型钢管。天然气作为燃料被用于钢管生产过程中的加热设备以及退火设备，无缝钢管生产加工中的加热、冷拨、穿孔、退火等加工程序都会用到大量的天然气。

热轧无缝管外径一般大于32mm，壁厚2.5～75mm。冷轧无缝钢管外径可以达6mm，壁厚可达0.25mm，薄壁管外径可到5mm、壁厚小于0.25mm。无缝钢管的制造工艺流程为：

热轧（挤压无缝钢管）的生产工艺：圆管坯→加热→穿孔→三辊斜轧、连轧或挤压→脱管→定径（或减径）→冷却→矫直→水压试验（或探伤）→标记→入库。

冷拨（轧）无缝钢管的生产工艺：圆管坯→加热→穿孔→打头→退火→酸洗→涂油（镀铜）→多道次冷拨（冷轧）→坯管→热处理→矫直→水压试验（探伤）→标记→入库。

2）生产工艺对天然气的基本要求

由于钢铁生产工艺特点和最低生产规模要求,所有钢铁生产企业都必须采取全年连续不间断生产工艺,天然气主要用于各类热加工环节（少量用于蒸汽加热环节）,在线生产量都是几万、几十万吨容量产品。一旦天然气出现中断供应情况,在事先没有准备足够替代能源的情况下,炉内钢产品将全部报废,甚至熔炉也将报废,损失将十分巨大。

特殊钢生产对天然气气质气压要求高。一些高端不锈钢（合金）等生产企业,如 XNBX 公司、CQGT 等公司,其产品的生产使用专用的加热装置加热,这些专用用气设备大多数对天然气气质、气压、气量有一定的特殊要求。

如果天然气不纯净,气压低于设计要求,不仅会对生产设备效率造成影响,增大天然气耗气量,而且会降低或破坏产品品质,对产品售价和企业经济效益造成较大影响。

3. 用户用气特征

1）用气负荷特征

天然气作为燃料用于钢管生产过程中的加热设备以及退火设备,无缝钢生产加工中的加热、冷拔、穿孔、退火等加工程序都会用到大量的天然气,在加工过程中,天然气主要用来做炉窑燃料;特殊钢生产对天然气气质、气压要求高。

钢铁行业用户用气波动主要受钢铁产品市场需求变化、温度变化影响。从市场需求变化看,钢铁行业属周期性行业,受经济景气的波动影响,进而影响天然气需求;从温度变化影响看,冬天比夏天需要多消耗 3%～5%的天然气。

2）用气定额与规模

钢铁行业用户用气定额从 55～283m^3/t 不等,用气定额的差异主要与产品生产工艺、种类相关。如不锈钢、特殊钢等产品的天然气定额高于普通钢产品。

3）用气经济性

基于实地调研和相关分析,钢铁企业天然气成本占总成本都比较低,为 1%～6%,属于对天然气成本不敏感企业,天然气价格承受能力相对较高。然而,由于在钢铁行业天然气主要是替代煤炭,天然气缺乏成本优势,除特殊钢考虑产品品质使用天然气外,普通钢冶炼企业使用煤炭更有利于降低成本。

三、工业用户气价承受能力分析方法

天然气用于工业燃料领域，主要用于替代煤炭、油（重油、LPG 等）、煤气等，工业用户气价承受能力测算一般采用"替代成本法"，即：将天然气作为燃料的企业为满足能源需求和提高经济效益而愿意支付的最高天然气到厂价格。选取陶瓷、工业锅炉作为样本测算承受气价。目前，陶瓷生产过程中以水煤气、天然气和燃油为燃料，其中水煤气所占比例较大。天然气作为燃料用于陶瓷与水煤气相比，具有燃烧温度高、热效率高、清洁等优点，可以提高产品的成品率、优质品率等，从而给企业带来附加经济效益。

（一）陶瓷用户气价承受能力分析

1. 替代水煤气

天然气替代水煤气作为陶瓷燃料时，不需要增加资产投资和运行成本，仅计算煤炭转换成水煤气时增加的固定投资折旧及其他成本费用，同时也要考虑天然气用于陶瓷生产用途中会相应提高产品的成品率及优质品率对经济性的影响。因此，天然气替代水煤气作为陶瓷燃料时可承受气价 P_g 的计算公式如下：

$$P_g = (P_m \times Q_m + F_m + C_m) \times R + \frac{A_g}{Q_g} \tag{3-15}$$

式中　P_m——煤炭价格，元/kg；

Q_m——生产单位水煤气需要消耗的煤炭量，千克/m³；

F_m——生产单位水煤气需要分摊的固定资产折旧，元/m³；

C_m——生产单位水煤气分摊的除折旧和煤炭费用以外的其他完全成本（其中还包括人工费、维修费、水电消耗费、副产品回收费用等营业、管理、财务费用），元/m³；

R——单位天然气热值与单位水煤气热值的比例，可以实际测试，如果没有实测，在忽略热利用效率差异的情况下，若水煤气的低位热值为 5.25MJ/m³，天然气低位热值按 34.7MJ/m³ 折算，此时 R 为 6.6，无量纲。

A_g——天然气作为燃料时可提高陶瓷产品的成品率、优质品率，而优质品与普通产品存在一定的差价，可综合测算天然气提高玻璃的单位产品附加效益，A_g=产品价格×（成品率提高＋优质品率提高×价差率），元/m³；

以作为卫生陶瓷燃料投产运行的一座日产 15×10⁴m³ 的水煤气装置为例：

设备折旧：水煤气生产装置投资总额为 210 万元，固定资产折旧期限按 6 年，每年按 330d 计算，每立方米水煤气的折旧费为 0.0071 元。

燃料费：每天耗煤 46t，到厂煤均价为 850 元/t，每天产水煤气 15×10⁴m³，即平均每立方米水煤气需 0.3067kg 煤，每立方米水煤气的原料费为 0.2606 元，建筑陶瓷每平方米消耗天然气约 4m³，按 800mm×800mm 浅色全抛釉测算，则每片消耗天然气 2.56m³，骨质瓷每吨消耗天然气按 1200m³ 计算。

其他成本：生产设备每年需维修两次，每次维修费用为 5 万元，折算为每立方米水煤气 0.002 元；日耗电量 2880kW·h，电价为 0.5863 元/（kW·h），折算为每立方米水煤气 0.0112 元；需 20 名操作工，年人工费用为 72 万元，每立方米水煤气的人工费为 0.0145 元；水煤气生产过程中的副产品是煤焦油，每吨煤能产出 50kg 煤焦油，2015 年 6 月，四川煤焦油价格约 2000 元/t，则需扣除生产单位水煤气可得副产品收入 0.0307 元/m³。另外，由于陶瓷厂自产自用，故不存在营业费用，同时忽略财务费用和管理费用。综合测算其他成本费用为每立方米 0.003 元。

将以上参数代入式（3-15）中，可得出陶瓷生产中天然气替代水煤气时的价格承受能力为 1.76 元/m³。其他参数不变，当煤炭价格每提高 100 元/t，可承受气价提高 0.2 元/m³。

根据相关测算，不考虑环保效益，仅考虑使用天然气后较煤气提高的成品率 2%、优质品率提高 5%、差价率 50%，若 800mm×800mm 浅色全抛釉的价格为 24 元/片，则以天然气为燃料可以提高陶瓷的附加经济效益 1.08 元/件，相当于可承受气价提高 0.42 元/m³，则上述计算中，800mm×800mm 浅色全抛釉砖的可承受气价可提高至 2.18 元/m³。若骨质瓷每套（56 件，12kg）价格为 400 元，则以天然气为燃料可提高陶瓷的附加经济效益 1.5 元/kg，相当于可承受气价提高 1.25 元/m³，则骨质瓷的可承受气价可提高至 3.01 元/m³。

2. 替代重油

同样，天然气替代重油时，对提高产品质量等具有一定优势，采用"替代成本法"测算天然气替代重油的经济性，则天然气用于陶瓷生产领域的可承受气价 P_g 的计算公式如下：

$$P_g = \frac{P_z \times Q_z + A_g}{Q_g} \qquad (3\text{-}16)$$

第三章 天然气用户选择与用气特性

式中 P_z——企业购入重油的价格，元/kg；

Q_z——企业生产单位产品的重油消耗量，kg/重箱；

A_g——天然气替代重油时附加的经济效益，计算方法同上。

Q_g——企业生产单位产品的天然气消耗量，m³/重箱。

（二）工业锅炉的蒸汽生产领域

目前，我国工业锅炉以燃煤为主，约占锅炉总容量的90%左右，燃油燃气的锅炉占比不到10%。燃煤锅炉燃烧方式落后，多为层燃式，燃烧效率低。根据 TSG G0002—2010《锅炉技能技术监督管理规程》给出的层状燃煤锅炉热效率的限定值最低为60%，最高为85%（随煤种和锅炉热效率的不同而不同），而重油锅炉的热效率限定值为86%~88%，燃气锅炉的热效率限定值为88%~90%。而目标值层状燃煤锅炉为66%~88%，重油锅炉为90%~92%，燃气锅炉为92%~94%。

在工业锅炉的蒸汽生产领域，天然气与煤炭、重油等存在竞争。对于替代重油，因改造成本较低，基本可以忽略，可采用"替代成本法"进行测算，即"在忽略等价替代物使用设施成本差异的前提下，只根据生产1t蒸汽产生的单位有效热值价格相等"来近似地分析其价格承受能力。而煤炭燃料燃烧时与天然气燃烧时的产出差异较大，与煤炭相比，天然气燃烧可减排 CO_2 约57%，减排 SO_2 接近100%，减排烟尘60%以上，煤炭燃烧造成的环境污染严重，需考虑煤炭燃烧排放产生的外部环境成本费用。根据国际环保机构自然资源保护协会（NRDC）在北京发布的由清华大学、环保部环境规划院、国家气候战略中心、中国水利水电科学院、北大医学部、社科院、煤科院等多家单位共同完成的"中国煤控项目"的研究成果《2012 煤炭真实成本》，以当年价格水平计，煤炭产生的外部环境成本费用约 260 元/t。

天然气用于工业中的蒸汽生产替代重油时，天然气可承受价格 P_g 的计算公式为：

$$P_g = \frac{P_d \times H_g \times E_g}{H_d \times E_d} \tag{3-17}$$

式中 P_d——企业购入煤炭或重油的价格，元/kg；

H_g——天然气热值，kJ/m³；

E_g——天然气锅炉效率，%；

H_d——煤炭或重油热值，kJ/kg；

E_d——燃煤或重油锅炉效率，%。

替代煤炭时，上述公式中的 P_d 为企业购入煤炭的价格和使用煤炭产生的外部环境成本之和。

第三节　发电用户用气技术经济特征

发电是天然气利用的重要方向。过去几十年，世界天然气发电快速发展，发展至今，天然气发电在总发电量中所占份额已增长到20%以上，发电用气占天然气消费总量的比重上升至30%以上。据IEA预测，2013—2040年发电用气增量将占用气增量的40%。2004年以来，随着中国天然气市场的快速发展，天然气发电装机不断增加。截止到2015年底，中国天然气发电装机容量6637×10^4kW，占中国发电总装机的4%，发电量占中国总发电量的3%左右。但中国天然气发电在发电总量中的占比仍远低于国外水平，还没有充分体现出天然气发电在技术、经济、环保等方面的优势。

天然气发电用户用气的技术经济特征包括用气负荷、用气量、对天然气价格的承受能力及天然气发电的环境价值等特征。它们是供气方制定天然气发电用户天然气产品策略、价格策略、输供气设施能力和分析天然气发电市场天然气有效需求的重要依据。

一、天然气发电用户分类

为分析天然气发电用户用气的技术经济特征，这里将天然气发电用户分别按它们的发电技术和产出产品进行分类。

（一）基于技术的天然气发电分类

按照天然气发电用户的发电技术，天然气发电可分为两种类型：一是单纯的天然气燃气轮机发电；二是天然气燃气-蒸汽联合循环发电。

单纯的天然气燃气轮机发电厂是以天然气为燃料，通过燃气轮机首先将天然气的化学能转变为热能，再将部分热能转变为机械能，然后带动发电机将部分机械能转变为电能。单纯天然气燃气轮机发电厂的主要设备是燃气轮机发电机组。单纯的天然气燃气轮机发电机组，由于发电后排入大气自然放热的烟气中还含有大量热能未能利用，因而热能利用效率较低，很难达到40%。

第三章 天然气用户选择与用气特性

天然气燃气-蒸汽联合循环发电厂是在单纯燃气轮机发电的基础上,将燃气轮机排出的高温烟气送入余热锅炉,在余热锅炉中产生蒸汽,再驱动蒸汽轮机来带动发电机发电。这种发电技术在单纯燃气轮机的基础上提高了热能利用程度,热效率可达到50%~60%。天然气燃气-蒸汽联合循环发电厂的基本设备包括燃气轮机发电机组、余热锅炉、蒸汽轮机发电机组。

（二）基于产品的天然气发电分类

按天然气发电用户的产品划分,天然气发电厂可分为三种类型：一是单纯发电的天然气发电厂；二是热、电联产的天然气发电厂；三是冷、热、电三联产的分布式能源发电厂。不论是单纯的天然气燃气轮机发电厂,还是天然气燃气-蒸汽联合循环发电厂,它们都可以只生产电能,也可以热、电联产,还可以冷、热、电三联产。

1. 单纯发电的天然气发电厂

单纯发电的天然气发电厂是指产品只有电能的天然气发电厂。

按照天然气发电用户发电的负荷特征,单纯发电的天然气发电用户又分为三种基本类型,即：基荷电厂、腰荷电厂和调峰电厂。

调峰电厂是为满足电网峰荷需求而发电的电厂。由于要适应电网尖峰功率变化的需要,调峰电厂不得不时开时停,连续运行时间短,一年中运行时间通常在1500h左右；基荷电厂是为满足基荷要求而发电的电厂。一般情况下,年运行时间在5000h以上；腰荷电厂是为满足最小负荷与平均负荷之间的电力需求而发电的电厂。

2. 热、电联产的天然气发电厂

热、电联产的天然气发电厂是指其产出不仅有电,而且还有热能（热水或蒸汽）。

在单纯的燃气轮机发电厂配上余热锅炉,将燃气轮机原排出大气自行放热的烟气引入余热锅炉,就可利用这些原来的"废热"生产出蒸汽、热水。

在单纯发电的天然气燃气-蒸汽联合循环发电厂中,利用蒸汽轮机发电后的低压蒸汽,即利用原来只生产电能时余下的"余热"来供热,也可以实现热、电联产。

3. 冷、热、电三联产的天然气分布式能源发电厂（以下简称天然气分布式能源）

目前我国天然气分布式能源还是一个方兴未艾的新事物。要了解天然气分布式能源,就要先了解什么是分布式能源。分布式能源的兴起起源于热源

驱动的吸收式制冷技术的出现。

吸收式制冷是利用某些具有特殊性质的工作介质对，通过一种物质对另一种物质的吸收和释放，产生物质的状态变化，从而利用伴随的吸热和放热过程来实现制冷。吸收式制冷技术可以利用单纯燃气轮机发电排出的烟气中含有的热能来制冷，也可以利用燃气-蒸汽联合循环发电中蒸汽轮机发电后未能利用的低压蒸汽含有的余热来制冷。而这些热能在吸收式制冷技术未出现前，多是作为"废热"被浪费掉。

分布式能源的燃料主要有煤炭、燃油和天然气等。天然气分布式能源是以天然气为燃料，在负荷中心就近实现冷、热、电三联供的能源利用技术。它实现了能源的梯级利用，综合能源利用效率可高达70%以上。目前，天然气分布式能源中，常用的工作介质对是水（或氨）和溴化锂，其中水、氨是制冷剂，溴化锂是吸收剂。

天然气分布式能源的制冷驱动能源可从两个渠道获得：一种是在天然气燃气-蒸汽联合循环发电厂中，从余热锅炉或蒸汽轮机中抽取蒸汽作为驱动能源；另一种是在单纯的燃气轮机发电装置中，直接用天然气燃气轮机发电后排出的烟气作为驱动能源。因此，天然气分布式能源的制冷就有两种基本工艺：一是在燃气-蒸汽联合循环发电的基础上，利用蒸汽轮机做功后余下的低压蒸汽，或从余热锅炉中抽取蒸汽，通过蒸汽型溴冷机来制冷；另一种是在单纯燃气轮机发电的基础上直接利用燃气轮机发电排出的高温烟气，通过烟气型溴冷机来制冷，或是装上余热锅炉生产蒸汽，通过蒸汽型溴冷机来制冷。具体工艺要根据冷、热、电负荷的需求情况而定。

在天然气燃气-蒸汽联合循环发电基础上的分布式能源发电厂中，其主要设备包括天然气燃气轮机、余热锅炉、蒸汽轮机发电机组和吸收式制冷机。在单纯的天然气燃气轮机发电基础上的分布式能源发电厂中，主要设备有天然气燃气轮机、余热锅炉和蒸汽型吸热式制冷机（或天然气燃气轮机和烟气型吸热式制冷机）。

二、天然气发电用户用气负荷特征

天然气发电用户用气负荷是由天然气发电用户所产出产品的生产对天然气的需求所决定的，它包括天然气发电用户的负荷量变化幅度、负荷变化频率等用气特征。这些特征是天然气供应商制定天然气产品策略和确定输、供气能力的重要依据。

第三章 天然气用户选择与用气特性

下面按单纯发电的天然气发电厂及热、电联产发电厂和分布式能源发电厂分类来分别分析它们的用气负荷特征。

（一）单纯发电的天然气发电厂用气负荷特征

分别对天然气基荷电厂、调峰电厂和腰荷电厂的用气负荷特征进行分析。

1. 天然气基荷电厂的用气负荷特征

天然气基荷电厂是在高负荷条件下运行，运行小时数通常较高，一般在 5000h 以上，连续运行时间也较长。基荷电厂年运行时间长和高负荷情况下连续运行时间长的特征决定了同等规模情况下，它们的年平均日用气量高于峰荷电厂和腰荷电厂，因此年运行负荷系数大于峰荷电厂和腰荷电厂，负荷变化频率也小于峰荷电厂和腰荷电厂。

基荷电厂要求对天然气的供应是长时间连续、稳定的。因此天然气基荷电厂用气负荷的基本特征是：一是在运行期内用气连续、不间断；二是用气负荷变化频率小；三是用气量变化幅度不大，负荷率大于峰荷电厂和腰荷电厂，运行期内的负荷率接近于 1。这意味着天然气供应商为天然气基荷电厂所提供的输、供气配套设施的有效利用程度高于峰荷电厂和腰荷电厂。

例如，一个年运行 5500h 的天然气发电厂，理想的负荷情况是运行期内的负荷率为 1，年运行负荷率为 0.634。

2. 天然气调峰电厂的用气负荷特征

天然气调峰电厂由于要适应电网尖峰功率变化的需要，不得不时开时停，连续运行时间短，负荷量变化幅度大，运行期内负荷量频繁发生变化。担负日调峰时，有时一天内也需要停车几次。天然气调峰电厂特征决定了年平均日用气量低于同等规模的基荷电厂和腰荷电厂，年运行负荷率小于基荷电厂和腰荷电厂，而负荷变化频率高于基荷电厂和腰荷电厂。

因此，一般情况下，天然气调峰电厂用气负荷的基本特征是：一是运行期内用气断断续续；二是用气负荷变化频率高；三是用气量变化幅度大，负荷率小于基荷电厂和腰荷电厂。这意味着天然气供应商为天然气调峰电厂所提供的输、供气综合配套设施的有效利用程度小于基荷电厂和腰荷电厂。

这里要注意的是，尽管天然气调峰电厂在运行期内用气断断续续，但为了适应电力峰荷需求的不确定性，天然气调峰电厂必须保持随时启动的状态，因此它们对天然气的需求也需要保持连续供应的状态，即天然气供应商要保持即时供气的能力。表 3-35 是某单纯的天然气燃气轮机调峰电厂的用气负荷情况。

表 3-35 某天然气燃气轮机调峰电厂 2010—2013 年用气量及负荷率

月份		1月	2月	3月	4月	5月	6月	7月	8月	9月	10月	11月	12月
2010年	用气量（$10^4 m^3$）	152	299	124	0	121	64	110	245	58	9	214	55
	负荷率	0.17	0.34	0.14	0	0.14	0.07	0.12	0.28	0.07	0.01	0.24	0.06
2011年	用气量（$10^4 m^3$）	30	400	168	526	78	89	404	244	325	7	105	0
	负荷率	0.03	0.45	0.19	0.59	0.09	0.10	0.45	0.27	0.37	0.01	0.12	0
2012年	用气量（$10^4 m^3$）	214	0	0	0	0	189	321	0	0	0	0	0
	负荷率	0.24	0	0	0	0	0.21	0.36	0	0	0	0	0
2013年	用气量（$10^4 m^3$）	58	710	888	858	284	102	612	704	417	0	68	0
	负荷率	0.07	0.80	1	0.97	0.32	0.11	0.69	0.79	0.47	0	0.08	0

从上表可以看出，该调峰电厂具有两个用气负荷特征：一是全年季节性负荷不均衡性主要体现在迎峰度夏和迎峰度冬两个阶段，迎峰度夏一般在 6～9 月，迎峰度冬一般在 11～2 月；二是调峰电厂负荷量变化幅度大、负荷调整频繁、负荷率小。4 年中仅有 1 个月达到满负荷运行（2013 年 3 月）。除停产检修的月份外，在运行的月份里，月用气量最高的达到 $888 \times 10^4 m^3$，最低的仅有 $7 \times 10^4 m^3$。4 年中年负荷率最高的 2013 年也仅有 0.44，最低为 0.07，4 年期间的负荷率仅为 0.22。在运行负荷率最高的 2013 年里，其运行的 10 个月中，月负荷率最高的为 1，最低的仅为 0.07。

3. 天然气腰荷电厂的用气负荷特征

由于腰荷电厂是为满足最小负荷与平均负荷之间的电力需求，因此也要时开时停，但开、停车没有调峰电厂频繁。连续运行时间比基荷电厂短，但比调峰电厂长。一年中运行时间通常在 1500～3500h 之间。运行期间负荷变化频率高于基荷电厂，低于调峰电厂。负荷变化幅度比基荷电厂大，但低于调峰电厂。

因此一般情况下，天然气腰荷电厂用气负荷的基本特征是：一是跟调峰电厂一样，运行期内用气也是断断续续；二是用气负荷变化频率高于基荷电厂，但低于调峰电厂；三是用气量变化幅度大于基荷电厂，但低于调峰电厂（即负荷率小于基荷电厂但高于调峰电厂）。

第三章 天然气用户选择与用气特性

天然气腰荷电厂的用气特征意味着供气方为天然气腰荷电厂所提供的输、供气综合配套设施的有效利用程度高于调峰电厂，低于基荷电厂。尽管天然气腰荷电厂在运行期内用气也是断断续续，但为了适应电力腰荷需求的不确定性，天然气腰荷电厂也必须保持随时启动的需要，因此它们对天然气的需求也需要保持连续供应的状态，即供气方要保持即时供气的能力。

（二）天然气热、电联产发电厂用气负荷特征

热、电联产可分为两种情况：一种是以电定热，该类型热、电联产发电厂生产的热能仅满足电能生产前提下的副产品；另一种是以热定电，该类型热、电联产发电厂的生产是在满足热能生产的前提下来设计电能生产。因此，下面分别对以电定热的热、电联产发电厂和以热定电的热、电联产发电厂的用气负荷特征进行分析。

1. 以电定热的热、电联产发电厂用气负荷特征

在天然气燃气-蒸汽联合循环热、电联产发电厂中，如果以电定热，则热、电联产所产出热能（蒸汽、热水）的能源来源于蒸汽轮机发电过程中不能利用的低压蒸汽，即以电定热情况下，天然气燃气-蒸汽联合循环发电厂提供热能是不需要另外消耗天然气的，它们的热能产品只是利用发电余热来生产的产品。

在单纯的天然气燃气轮机热、电联产发电厂中，如果以电定热，其热、电联产所产出热能的能源，来源于燃气轮机发电不能做功的高温烟气。这些高温烟气在单纯发电的燃气轮机发电过程中也是未能利用的，它们的热能产品也是利用发电余热来生产的产品，其生产也不需要额外消耗天然气。

因此，以电定热的热、电联产发电厂的热能生产没有增加天然气消耗，它们的用气负荷特征只与它们的发电负荷对天然气的需求特征相关。即以电定热的热、电联产发电厂的用气负荷特征与单纯的天然气发电厂的用气负荷特征类似。

2. 以热定电的热、电联产发电厂用气负荷特征

当以电定热的热、电联产所生产的热能不能满足市场对热能的需求时，就必须将余热锅炉设计成带有补燃功能的补燃型余热锅炉，通过补充燃烧天然气生产蒸汽来满足热能的需要。以热定电的热、电联产发电厂遵循"以热定电"原则，以供热为主、发电为辅。为提高经济效益，此时热、电联产机组选型是首先满足热负荷需求大小，然后考虑电负荷需求来选择匹配机型。因此，以热定电的天然气热、电联产发电厂用气负荷特征除受到热能需求的

影响外，还受到电力负荷类型的影响。

天然气热、电联产发电厂用气负荷特征中因发电负荷类型产生的用气负荷特征与单纯的天然气发电厂的用气负荷特征类似，具体情况要视发电负荷类型而定。天然气热、电联产发电厂用气负荷特征中因供热而产生的用气负荷特征相对复杂一些，它要根据热能负荷的类型来决定。热能负荷可分为民用、商用（写字楼、商场、机场等）和工业用三种基本类型。

民用供热所需天然气集中在冬季，如我国北方每年的 1、2、3、11、12 月。在这些时间段里，一日中白天、夜晚的用气量变化也较大，通常夜晚的用气量大于白天。商用供热所需天然气也集中在冬季，但一日中是白天用气多，晚上少用甚至不用。工业供热对天然气的需求取决于各工业对热能的需求特征，有的需要连续供热，有的只要间断供热，具体用气特征要根据具体情况而定。因此，以热定电的热、电联产发电厂用气负荷特征是由发电负荷与热负荷两方面所产生特征叠加的结果。具体特征要根据热、电需求情况而定。

以江苏省某热、电联产电厂为例，该电厂是工业园区唯一集中供热商，并处在江苏电网苏南负荷中心，在夏季社会用电量高峰时，天然气需求量增大，负荷率较大。冬季除了给全年相对稳定的使用蒸汽的工业用户供热外，商业采暖用户的取暖用气量也较大，从而使得冬季成为全年用气高峰。

（三）天然气分布式能源发电厂用气负荷特征

分布式能源有冷、热、电三种产品，热又包括蒸汽和热水。其能源利用率高于单纯发电的天然气发电厂和热、电联产发电厂，在供能时除满足电、热的需求外，还必须满足冷的需求。而冷的生产一般都是利用发电后的余热，不再需要增加天然气消耗。冷与热一样，其有效输送距离较短，因此它的目标市场只能在冷、热能源需求相对集中且同时存在电需求（如果所发电量当地不能全部使用，能上电网外输也是一种需求）的特定区域。

不论是办公大楼、医院、宾馆、大型商场、机场等公共场所，还是需要冷、热、电的工业企业，它们对冷、热、电的需求，特别是冷、热的需求都受到环境温度变化的影响。这就导致它们一年中对天然气的需求是随环境温度变化的。因此，天然气分布式能源的用气特征是由它们的目标市场对冷、热、电的需求特征决定的。一般情况下，向工业用户提供能源的天然气分布式能源发电厂用气量相对稳定一些，用气负荷量变化幅度小于供办公大楼、医院、宾馆、大型商场、机场等公共场所的天然气分布式能源发电厂，用气负荷变化频率也低于供办公大楼、医院、宾馆、大型商场、机场等公共场所的天然气分布式能源发电厂，年用气负荷率一般是前者高于后者。

三、天然气发电用户用气量

由于以电定热的天然气热、电联产发电厂用气量计算方法与单纯发电的天然气发电厂相同，所以将它们归为一类来计算用气量。同理，以热定电的天然气热、电联产发电厂用气量计算方法与分布式能源发电厂相同，因此也将它们归为一类来分析。

（一）以电定热的天然气热、电联产发电厂和单纯发电的天然气发电厂用气量

它们的用气量是由其发电的天然气单耗和发电量决定的。天然气发电的天然气单耗是指生产每千瓦小时电所需要消耗的天然气量，是由电的热值、天然气发电设施的发电热效率和天然气热值确定的。它们的发电量是由电厂设施的功率和发电小时数决定的。1kW·h（度）电的热值为 3600kJ。一般情况下，1m³ 天然气的高热值在 36000kJ 左右。按 36000kJ 计算，在发电热效率为 60% 的电厂（大型天然气燃气-蒸汽双循环发电机组热效率能达到 60%），1m³ 天然气可发 6kW·h 电，即发 1kW·h 电消耗 0.167m³ 天然气。

根据以上分析，此种类型的天然气发电厂用气量计算公式如下：

$$Q = \frac{3600W \times N}{Rr} \tag{3-18}$$

式中　Q——年用气量，m³；

W——发电装置的发电功率，kW；

N——年发电时间，h；

R——以电定热的天然气热、电联产发电厂或单纯发电的天然气发电厂发电的热效率，无量纲；

r——单位天然气的热值，kJ/m³。

例如，一个装机容量为 $30×10^4$kW 的天然气发电厂，年发电时间为 5000h，发电厂发电的热效率为 60%，使用天然气的高热值为 36000kJ/m³。

将相关参数代入式（3-18）可得出该发电厂 1 年的天然气用量为 $2.5×10^8$m³。

（二）以热定电的天然气热、电联产发电厂和分布式能源发电厂的用气量

以热定电的天然气热、电联产发电厂的产出有热和电，天然气分布式能源发电厂的产品除热和电外，还有冷。热又包括蒸汽和热水。从热值角度看，它们都是热值产品，都可以换算为热能，它们的用气量是由它提供的冷、热、电量及其发电厂的热利用效率决定的。此种类型的天然气发电厂用气量的计算方法相同，可以通过下式来计算：

$$Q = \frac{3600(P_1 + P_2 + P_3 + P_4)}{Rr} \tag{3-19}$$

式中　Q——年用气量，m³；

　　　P_1——年输出的电量，kW·h；

　　　P_2——年输出蒸汽折算的热值换算为等热值的电量，kW·h；

　　　P_3——年输出热水折算的热值换算为等热值的电量，kW·h；

　　　P_4——年输出冷量折算的热值换算为等热值的电量，kW·h；

　　　R——以热定电的天然气热、电联产发电厂或分布式能源发电厂的综合热利用效率，无量纲；

　　　r——单位天然气热值，单位为 kJ/m³。

例如，某一向啤酒厂提供电、热、冷以及富裕的电上网外输的分布式能源发电厂。该厂采用 1 台 6MW 级燃气轮机+1 台 25t/h 补燃式余热锅炉+2 台 20t/h 燃气锅炉+1 台 1MW 级热水型溴化锂制冷机组。项目年运行小时数为 5495h，年生产电 $4300×10^4$kW·h，供蒸汽 $15×10^4$t（热值相当于 $11154×10^4$kW·h 电的热值），供冷水 $28×10^4$t（热值相当于 $695×10^4$kW·h 电的热值），该厂综合热利用效率为 82.3%，天然气高热值为 36000kJ/m³。

将上述参数代入式(3-19)，可求出该厂一年的天然气用量为 $1962.21×10^4$m³。

四、天然气发电用户气价承受能力

天然气发电用户的气价承受能力是天然气发电用户使用天然气时，在经济上所能承受的天然气价格上限。天然气发电用户对天然气价格的承受能力，是判断天然气发电市场天然气有效需求的关键依据，是天然气发电市场开发调研的重要内容之一。它可为制订天然气价格方案提供参考依据。

第三章 天然气用户选择与用气特性

分析天然气发电用户天然气价格承受能力的基本方法有净回值法、替代成本法和上网电价反算法三种。下面对这三种方法分别介绍。

（一）净回值法

计算天然气发电用户天然气价格承受能力的净回值法就是通过发电厂上网电价和成本要素构成关系来倒算天然气价格上限的计算方法。采用该方法的前提是其发电成本能够单独核算，因此该方法一般只适用于单纯发电的天然气发电厂。

1. 计算公式

净回值法的计算公式如下：

$$P_\mathrm{g} = \frac{[P_\mathrm{e} - F - C_\mathrm{a} \times (M+1)] \times r \times R}{3600(M+1)} \qquad (3\text{-}20)$$

式中　P_g——天然气发电用户使用天然气的价格承受能力，元/m³；

　　　P_e——平均 1kW·h 电的销售价格（含税），元/(kW·h)；

　　　F——平均销售 1kW·h 电的营业税金（包括增值税、城市维护建设税和教育费附加等），元/(kW·h)；

　　　C_a——扣除天然气燃料费后的其他发电成本，元/(kW·h)；

　　　M——工业生产社会平均成本利润率，无量纲；

　　　r——单位天然气的热值，kJ/m³；

　　　R——天然气发电厂的天然气热利用效率，无量纲。

从上式可见，天然气发电用户对天然气价格的承受能力是由电的销售价格、营业税金、扣除天然气燃料费后的其他发电成本、工业生产社会平均成本利润率、单位天然气的热值和发电厂发电的天然气热效率决定的。

2. 案例

某单纯发电的天然气发电厂装机能力为 2 套 35×10⁴kW 的燃气-蒸汽联合循环机组，年运行 4500h，总投资 22 亿元，天然气热利用效率 57%。一般在目前技术经济条件下，在该规模等级的发电成本中，扣除天然气燃料费后的其他成本为 0.07 元/(kW·h) 左右，电价为 0.8 元/(kW·h) 时，平均销售 1kW·h 电的相关税金为 0.15232 元（增值税率 17%，城市维护建设税率 7%，教育费附加率 5%），设项目所在地区工业生产社会平均销售成本利润率为 18%，天然气的热值为 36000kJ/m³。将这些参数带入式（3-20），则可求出该用户对天然气价格的承受能力为 2.73 元/m³（含税）。

（二）替代成本法

替代成本法是通过计算天然气替代煤炭、燃油、LPG等发电时的替代成本来分析其天然气价格承受能力的计算方法。天然气发电的替代成本，就是假设用天然气去替代天然气替代物（煤炭、燃油、LPG等）来发电，在产出结果相同前提下，用天然气来替代天然气替代物时的成本。

该"替代成本"要考虑两方面的成本：一是"产出效果相同"时替代物的成本；二是替代物使用于同一用途达到"产出效果相同"时的替代设备投资、经营成本及污染物排放治理等的成本。

用户使用天然气的成本是天然气供气方的价格。因此，用该方法计算出的天然气替代成本就是其用户对天然气价格的承受能力。如果实际天然气销售价格高于其替代成本法得出的替代成本，则天然气在该厂就没有替代价值。反之，则具有替代价值。

替代成本的计算有两种方法：一种是以一年期内的成本为替代对象来分析替代成本（以下简称"一年期替代成本"）；另一种是以项目经济评价期内的成本为替代对象来分析替代成本（以下简称"经济评价期替代成本"）。下面分别对它们进行分析：

1. 一年期替代成本

一年期替代成本的核算对象是项目一年生产期内发生的成本。一年期替代成本法适用于使用天然气替代物的单纯发电的发电厂。

1）计算公式

根据《天然气使用经济价值计算方法研究》，在不考虑发电排放污染物治理成本差异的情况下，天然气发电的一年期替代成本计算公式为：

$$P_g = \frac{P_d \times \dfrac{P \times H_d \times H_t}{H_{dr} \times H_{tx}} + F_d + C_d - F_g - C_g}{\dfrac{P \times H_d \times H_t}{H_g \times H_x}} \qquad (3-21)$$

式中 P_g——天然气替代天然气替代物发电时的替代成本，元/m³；

P_d——发电用天然气替代物（煤炭、燃油或LPG）的价格，元/kg；

P——发电装置的功率，kW；

H_d——电的热值，MJ/（kW·h）；

H_t——发电装置年运行小时数，h；

H_{dy}——替代物（煤炭、燃油或LPG等）的热值，MJ/kg；

第三章 天然气用户选择与用气特性

H_{tx}——替代物发电装置发电的热利用效率，无量纲；

H_g——天然气的热值，MJ/m^3；

H_x——天然气发电装置发电的热利用效率，无量纲；

F_d——同等替代情况下使用天然气替代物的发电厂一年需要分摊的固定资产折旧费（要根据使用具体天然气替代物的发电装置，在最终产出与天然气发电装置同等规模情况下的固定资产投资需要量和折旧年限而定），元；

C_d——同等替代情况下使用天然气替代物的发电厂一年需要发生的除折旧和替代燃料费用以外的其他成本（其中还包括营业费用、管理费用和财务费用），元；

F_g——同等替代情况下使用天然气的发电厂一年需要分摊的固定资产折旧费。要根据使用天然气的发电装置，在最终产出与使用天然气替代物的发电厂相同情况下的固定投资需要量和折旧年限而定，元。（天然气发电厂的主要投资包括设备、土地、基础建设及安装工程等。同等机型、规模情况下的投资差异主要由设备运费、场地平整、土地费用及水、气供应设施、上网输电设施差异引起。目前 300MW 的燃气、蒸汽联合循环天然气发电装置，造价一般在 3300～4600 元/kW 之间。按电力行业相关规定，天然气发电装置的折旧年限按 15a 计算，残值按 5% 考虑，按此估算，目前 300MW 燃气、蒸汽联合循环天然气发电装置的年折旧费在 0.66～0.92 亿元之间）；

C_g——同等替代情况下使用天然气的发电厂一年需要耗费的除折旧和天然气费用以外的其他成本，元（在目前技术经济条件下，这部分成本一般约为折旧与摊销费之和的 5% 左右）。

2）案例

某燃煤调峰电厂发电规模为 $30×10^4 kW$，该厂年发电时间为 3000h，电能热值为 $3.596MJ/(kW·h)$，燃煤发电装置造价为 6000 元/kW，折旧年限按 15a 计算，燃煤发电装置年折旧费为 1.2 亿元，一年中扣除折旧和煤炭费用后的其他成本为 0.77 亿元，煤炭价格 650 元/t，煤炭热值为 20.91MJ/kg，煤炭发电厂热利用效率为 35%。燃气发电装置造价为 3500 元/kW，年折旧费 0.7 亿元，一年中扣除折旧和天然气费后的其他成本为 0.36 亿元，天然气热值为 $34.7MJ/m^3$，燃气发电厂天然气发电热利用效率为 50%。

将以上参数代入式（3-21），则可求出天然气用于该厂替代煤炭发电时的

天然气替代成本为 2.02 元/m³。换言之，天然气用于该厂替代煤炭发电时的天然气价格承受能力为 2.02 元/m³。

2. 经济评价期替代成本

经济评价期替代成本的核算对象是整个经济评价期内发生的成本，下面进一步按适用范围划分为两种情况来分析：一种适用于使用天然气替代物的单纯发电的电厂；另一种适用于使用天然气替代物的热、电联产和冷、热、电联产的电厂。

1）使用天然气替代物的单纯发电的电厂的经济评价期替代成本

（1）计算公式。

使用天然气替代物的单纯发电的电厂的经济评价期替代成本计算方法，就是将天然气发电的天然气价格作为未知数，将天然气替代物发电项目通过经济评价得出的财务内部收益率作为天然气发电建设项目的财务基准收益率，将天然气替代物发电项目的现金流入作为天然气发电建设项目的现金流入，将同等发电规模前提下的天然气发电项目需要投入的投资、经营成本及税费等现金流出相关数据代入天然气发电建设项目财务内部收益率计算公式，就可以计算出用天然气来替代天然气替代物发电时经济评价期内的替代成本。

其天然气替代物发电建设项目的财务内部收益率计算公为：

$$\sum_{t=1}^{n}\left\{P\times H_t\times\left[(1-H_d)\times P_{dw}-(P_{dt}\div R_{dt}+C_{df})\right]+C_{dx}-C_d-C_{dy}-C_{dw}-C_{dr}\right\}_t(1+R)^{-t}=0 \quad (3-22)$$

式中　P——发电装置的功率，kW；

　　　H_t——发电装置年运行小时数，h；

　　　H_d——天然气替代物发电厂自用电率，即天然气替代物发电厂自用电占生产电量比例；

　　　P_{dw}——发电厂上网电价，元/（kW·h）；

　　　C_{dx}——期末回收流动资金，元。

　　　C_d——天然气替代物发电厂建设投资，元；

　　　C_{dy}——流动资金，元；

　　　P——发电装置的功率，kW；

　　　H_t——发电装置年运行小时数，h；

　　　R_{dt}——天然气替代物发电厂发电效率，kW·h/t；

　　　P_{dt}——天然气替代物到厂价格，元/t；

　　　C_{df}——天然气替代物发电项目经营成本扣除替代物燃料费后的成本

第三章 天然气用户选择与用气特性

费用，元/（kW·h）；

C_{dw}——天然气替代物发电项目营业税金（包括增值税、城市维护建设税和教育费附加等），元；

C_{dr}——天然气替代物发电项目企业所得税，元；

t——项目经济评价期内某年，t 的取值范围为从 1 到 n，n 为经济评价期的年限。

天然气发电建设项目的财务内部收益率计算公为：

$$\sum_{r=1}^{n} \left\{ P \times H_t \times \left[(1-H_\sigma) \times P_{\sigma w} - (P_{\sigma t} \div R_{\sigma t} + C_{\sigma f}) \right] + C_{gx} - C_g - C_{gy} - C_{gw} - C_{gr} \right\}_t (1+R)^{-t} = 0 \quad (3\text{-}23)$$

式中 P——发电装置的功率，kW；

H_t——发电装置年运行小时数，h；

H_g——天然气发电厂自用电率，即天然气发电厂自用电占生产电量的比例，无量纲；

P_{gw}——上网电价，元/（kW·h）；

C_{gx}——期末回收流动资金，元；

C_g——天然气发电项目建设投资，元；

C_{gy}——流动资金，元；

P——发电装置的功率，kW；

H_t——发电装置年运行小时数，h；

R_{gt}——天然气发电的天然气发电效率，kW·h/m³；

P_{gt}——到厂天然气价格，元/m³；

C_{gf}——天然气发电项目经营成本扣除天然气燃料费后的成本费用，元/（kW·h）；

C_{gw}——天然气发电项目营业税金（增值税、城市维护建设税和教育费附加等），元；

C_{gr}——天然气发电建设项目企业所得税，元；

t——项目经济评价期内某年，t 的取值范围为从 1 到 n，n 为经济评价期的年限。

在天然气发电建设项目财务内部收益率计算公式中，将天然气发电的天然气价格作为未知数，将天然气替代物发电项目通过项目经济评价得出的财务内部收益率作为天然气发电建设项目的财务基准收益率，将天然气替代物发电项目的现金流入作为天然气发电建设项目的现金流入，并将同等发电规

模前提下的天然气发电需要投入的投资、经营成本及税费等现金流出相关数据代入公式,就可以计算出用天然气来替代天然气替代物发电时的替代成本。

(2)案例。

以 300MW 燃煤调峰电厂为例,该项目年利用小时 3000h,燃煤发电装置造价为 6000 元/kW,经营成本扣除煤炭燃料费后的成本费用为 0.085 元/(kW·h),发电煤耗为 0.35kg/kg/(kW·h),煤炭价格为 650 元/t,煤电上网电价为 0.69 元/(kW·h)的情况下,该项目的财务内部为收益率为 8%。如果在该项目用天然气来替代燃煤发电,燃气发电装置造价按 3000 元/kW,经营成本扣除天然气燃料费后的成本费用按 0.04 元/(kW·h),发电气耗按 $0.19 m^3$/(kW·h)计算时,在达到与燃煤相同的发电量和上网电价情况下,通过式(3-23)就可以计算得出对应的天然气替代成本为 2.31 元/m^3,即天然气在该项目替代煤炭来发电时的天然气价格承受能力为 2.31 元/m^3。

2)使用天然气替代物的热、电联产和冷、热、电联产的电厂的经济评价期替代成本。

使用天然气替代物的热、电联产和冷、热、电联产的发电厂的经济评价期替代成本计算方法,由于产品除电能外还有热和冷,因此计算要烦琐些,但基本原理相同。

对以电定热、冷的发电厂,可以将热、冷产品作为副产品。这时在项目现金流入中除销售电能的收入外,还要将热、冷产品收入作为副产品收入加在项目现金流入中,并将天然气替代物发电和天然气发电时各自与热、冷产品生产相关的投资、经营成本和税费分别加在各自的现金流出中,通过上述两个财务内部收益率计算公式就可以求出其替代成本。

对以热定电、冷的发电厂,则要将热作为主产品,而将电能和冷量作为副产品。这时在项目现金流入中除销售热能的收入外,还要将电能和冷量的收入作为副产品收入加在项目现金流入中,并将天然气替代物发电和天然气发电时各自与热、冷产品生产相关的投资、经营成本和税费分别加在各自的现金流出中,通过上述两个财务内部收益率计算公式就可以求出其替代成本。

(三)上网电价反算法

上网电价反算法是根据建设项目经济评价方法,在保证发电企业获得发电建设项目财务基准收益率的前提下,根据发电上网电价来反算气价格承受能力的方法。

第三章 天然气用户选择与用气特性

1. 计算公式

$$\sum_{r=1}^{n} \{P \times H_t \times [(1-H_\sigma) \times P_{\sigma w} - (P_{\sigma t} \div R_{\sigma t} + C_{\sigma f})] \\ + C_{gx} - C_g - C_{gy} - C_{gw} - C_{gr}\}_t (1+R)^{-t} = 0 \quad (3\text{-}24)$$

式中 P_{gw}——天然气发电上网电价，元/（kW·h）；

R——天然气发电建设项目财务基准收益率。其他参数含义与前述天然气发电建设项目财务内部收益率计算公式相同。

在式（3-24）中，把现金流出中计算燃料费的天然气价格作为未知数，用天然气发电建设项目财务基准收益率作为已知条件来替代公式中的财务内部收益率，将天然气发电的其他现金流相关数据代入上式就可以求出天然气用于该项目发电时可承受的天然气价格 P_g。

式（3-24）适用于单纯发电的发电厂。对于热、电联产和冷、热、电联产的发电厂，则要与经济评价期替代成本计算方法一样，在项目财务内部收益率计算公式中根据具体情况来分别计算。

2. 案例

参考中国石油规划总院陈进殿等在 2012 年编制的《中国石油天然气发电业务发展规划》，根据大量电厂经济评估结论，采用数学方法拟合，得出9F 机组调峰电厂可承受天然气的价格 P_g 与上网电价 P_{gw} 的关系公式如下：

$$P_g = (P_{gw} - 0.18) / 0.22 \quad (3\text{-}25)$$

式中 P_{gw}——天然气发电的上网电价，元/（kW·h）；

从上式可以得出，如果天然气发电上网电价为 0.7 元/（kW·h），则它对天然气价格的承受能力就是 2.36 元/m³。

在目前经济技术条件下，如果天然气发电厂发电规模、发电小时数和上网电价相同，则一般情况下，在单纯发电的天然气发电厂中，燃气-蒸汽联合循环发电厂的天然气价格承受能力高于单纯的天然气燃气轮机发电厂。同样情况下，热、电联产发电厂的天然气价格承受能力高于单纯发电厂的天然气价格承受能力，分布式能源发电厂的天然气价格承受能力又高于热、电联产发电厂的天然气价格承受能力。

例如，某一为城市近郊啤酒生产厂提供冷、热、电需求，富裕电能上网外输的分布式能源发电厂，包括发电、供热、制冷在内的全部总投资为8032 万元，项目采用 1 台 6MW 级燃气轮机+1 台 25t/h 补燃式余热锅炉+2 台 20t/h 燃气锅炉+1 台 1MW 级热水型溴化锂制冷机组。项目在年运行小时数

5495h，年生产电 $4300×10^4 kW·h$，供蒸汽 $15×10^4 t$，供冷水 28 万吨，天然气综合热利用效率为 82.3%，天然气价格 2.55 元立方米，啤酒厂用电价格 0.55 元/（$kW·h$），富余电上网情况下，项目运行经济效益情况很好，完全实现了财务内部收益率 10% 的预期。该分布式能源发电厂天然气价格承受能力高的主要原因就在于该厂的天然气热能利用效率高达 82.3%。

五、天然气发电的环境价值

天然气发电与燃煤发电相比，NO_x、CO_2 排放少得多，且无 SO_2 和粉尘排放物。与普通燃煤发电相比，燃气电厂的烟尘、SO_2、NO_x 排放分别减少了 80%、100% 及 60%；与实现"超低排放"燃煤机组相比，烟尘减少 14%，SO_2 减少 100%。另外，天然气发电在碳减排方面优势明显，燃气电厂 CO_2 排放量较燃煤电厂减少 55%。我国燃煤发电和燃气发电排放对比情况见表（3-36）。

表 3-36　燃煤发电和燃气发电排放对比

	单位	重点地区燃煤机组排放限值（特别）	普通燃煤机组	"超低排放"燃煤机组	燃气机组排放限值	燃气机组实际排放
烟尘	mg/M^3	20	14.9	3.6	5	3.1
SO_2	mg/M^3	50	84.7	16.8	35	0
NO_x	mg/M^3	100	80.6	31.8	50	32.2
CO_2	$g/(kW·h)$	—	750~1090	750~1090	—	416

NO_x、CO_2、SO_2 和粉尘排放物对生态环境负面影响极大。经济发达国家为保护生态环境质量，对这些排放物采取了有偿排放的方法，增加了排放厂家的生产成本。如果我们也对这些排放物收取排放费，则天然气发电与煤发电相比的经济竞争力将比不收取排放费高。

国际上估算环境污染物排放费标准的方法通常有两个：一是根据污染物对环境造成的破坏情况来估算。例如，美国加利福尼亚州在估算其南部海滨区域 NO_x 排放收费标准时，就考虑了 NO_x 对人的死亡率（Mortality）、患病、物资、能见度及农业的影响程度，然后根据影响程度将其货币化；二是避免费用法，它是根据控制处理污染的边际费用来估算排放费征收标准。

在目前中国社会经济水平情况下，在全国范围内对环境污染物收取排放费也是不可能的。但随着社会经济水平提高，人们对生态环境的要求提高，在人口密集的城市和城市周围对环境污染物收取排放费是完全可能的。

第四节 化工用户用气技术经济特征

中国天然气化工发展已有 50 多年的历史，建成了一批像云天化、榆天化、川维厂、重庆扬子乙酰公司等一批竞争力较强的综合型企业，形成了一定生产规模。目前，全国有十几个省市自治区发展了天然气化工，建有多套天然气化工装置。几乎所有主要的天然气化工产品中国均可生产，其中主导产品是合成氨、甲醇、氢气，其次为天然气制乙炔及衍生品、氢氰酸系列产品、二硫化碳、氯甲烷等系列产品。

中国非常重视天然气化工技术的发展，尤其在中西部地区的天然气化工起步较早，经过多年的探索与研究，已经形成了较为稳定的产业。但中国天然气化工技术与国外仍然存在不小的差距，主要表现在生产装置规模较小、能耗较高、工艺较落后、产品附加值较低等多个方面，产品大多数用于合成氨生产，导致中国天然气化工生产企业效益和产品的市场竞争力较低。

一、天然气化工工艺特征

天然气化工主导产品是氢气、合成氨、甲醇，本书主要介绍这三种产品。天然气在化工行业中主要作为原料，主要用气设备为化工产品的反应装置，由于天然气在化工产品生产中都在高压下进行，因此对天然气气质、气压均有特定要求。

（一）氢气

天然气制氢：天然气制氢由天然气蒸汽转化和变压吸附（PSA）提纯氢气（H_2）两部分组成，压缩并脱硫后天然气与水蒸汽混合，在镍催化剂的作用下于 750~850℃将天然气物质转化为氢气（H_2）、一氧化碳（CO）和二氧化碳（CO_2）的转化气，转化气可以通过变换将一氧化碳变换为氢气，成为变换气，然后，转化气或变换气通过变压吸附过程，得到高纯度的氢气。主要工艺流程如图 3-11 所示。

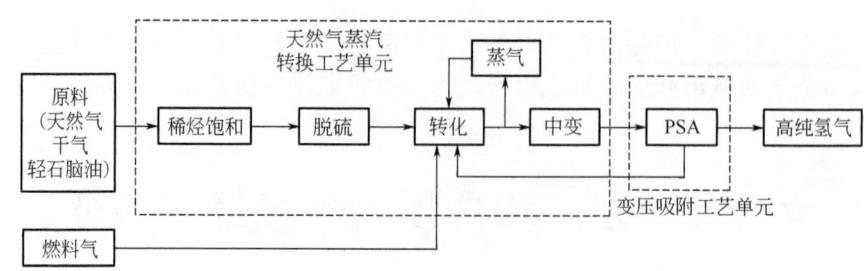

图 3-11 天然气制氢生产工艺流程

用气环节与设备包括:"天然气的蒸汽转化"环节的"转化炉",此环节一是天然气作原料与水蒸汽混合以便转化分离,二是在转化炉辐射段燃烧天然气提供热量,为"天然气的蒸汽转化"工艺过程吸热所需热量;次要用气是"中温变换"的"预热器转化炉",此环节中,燃烧天然气为预热器锅炉加热保温水蒸气。

(二) 合成氨

合成氨是由氮和氢在高温高压和催化剂存在下直接合成的氨,别名氨气。主要原料有天然气、石脑油、重质油和煤(或焦炭)等。天然气生产合成氨需先进行脱硫,然后通过二次转化,再分别经过一氧化碳变换、二氧化碳脱除等工序,得到的氮氢混合气,经甲烷化作用除去后,制得氢氮摩尔比为 3 的纯净气,经压缩机压缩后进入氨合成回路,制得产品氨(图 3-12)。

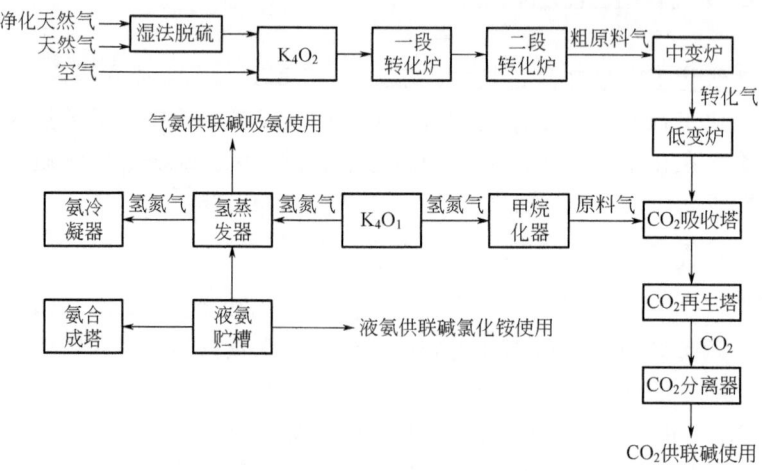

图 3-12 合成氨生产工艺

（三）甲醇

甲醇是结构最为简单的饱和一元醇，分子量32.04，又称"木醇"或"木精"，是无色有酒精气味易挥发的液体。主要用于制造甲醛和农药等，并用作有机物的萃取剂和酒精的变性剂等，通常由一氧化碳与氢气反应制得。

以天然气为原料制甲醇工艺装置主要由合成气制备（包括天然气压缩、加氢脱硫、烃类转化、蒸汽动力和废热回收）、甲醇合成（包括合成气压缩、甲醇合成、甲醇分离）和甲醇精馏三部分组成（图3-13）。

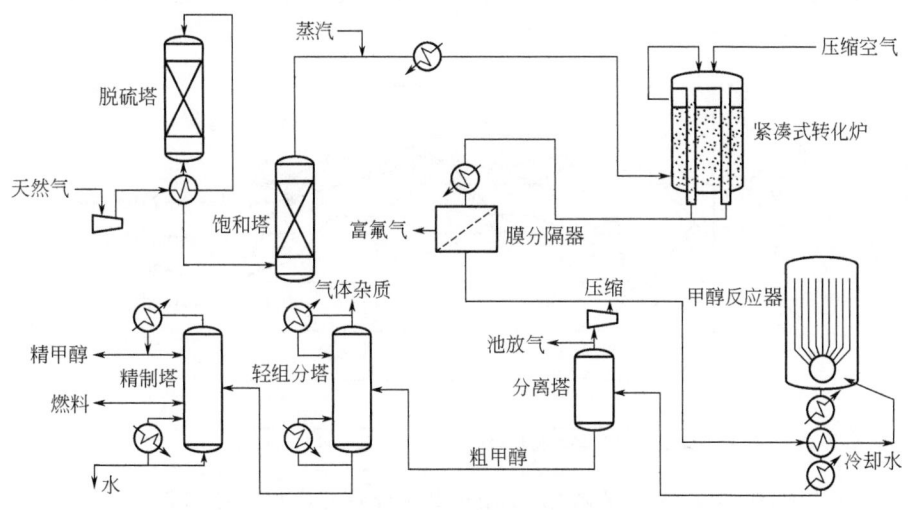

图3-13 甲醇制造工艺流程

二、天然气化工用气不均匀性特征

天然气化工企业本身基本上都是全年不间断的连续性生产，由于工艺和产品特点决定自身生产用气量相对较稳定。用气月不均匀性主要是受下游产品市场行情，以及装置运行状况、企业检修计划的影响，此外，冬季和夏季气温变化也引起波动性形成轻微的影响。

影响天然气化工用气不均匀性的因素包括：一是产品市场行情影响用气波动性，化肥、甲醇等产品受经济景气状况和国际国内市场行情影响较大，一旦出现经济不景气和市场销售不畅，企业只能减产或停产，导致天然气使用出现较大波动；二是装置运行频率、检维修安排影响用气波动性，企业检修计划主要根据天然气公司停供气情况而定,企业一般在冬、春季天然气公司停供气的时间内安排检修,时间一般2~3个月;三是夏季和冬季气温变化对用气波动有一定影响,由于化肥装置实行全年24h不间断连续,不同月份的用气量根据生产和设计要求不存在差异。但是,在夏季温度较高时因供气管网压力减小造成装置生产负荷不完全充足,从而导致用气量有微小的下降。

以四川某天然气化工厂为例,图3-14所示为该化工厂2010—2014年各月天然气用气量。

从图中可以看出,该化工厂夏季用气量较高,冬季由于配合调峰进行设备检维修用气量较低。

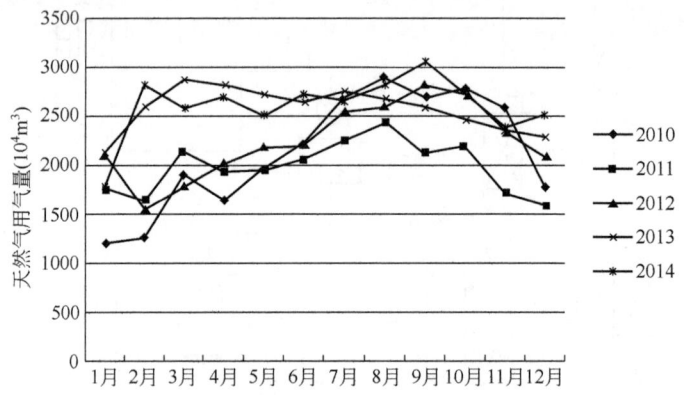

图3-14 四川某化工厂2010—2014年月度天然气用量曲线

三、天然气化工用气定额

不同化工企业用气定额差异十分明显,主要影响因素是不同企业采取的不同生产工艺以及产品在不同企业的生产环节多少。此外,因气源不同而造成的气质和气压不同也是用气定额形成差异的重要原因。

(一)氢气

影响天然气制氢用气定额大小的因素主要是工艺设备的新旧程度,工艺技术的先进程度。在满负荷的优化运行状态下,一般每套制氢装置中,原料用气占60%,燃料用气占30%~40%。每Nm^3氢气消耗的天然气量约$0.5~0.56Nm^3$。

（二）合成氨

影响合成氨用气定额大小的因素主要是生产工艺以及产品在不同企业的生产环节多少，此外，因气源不同而造成的气质和气压不同也是用气定额形成差异的重要原因。以新疆某化肥厂和四川某化肥厂 2011 年的数据为例，新疆化肥厂每吨合成氨的天然气消耗定额为 1150 Nm^3，四川化肥厂每吨合成氨消耗的天然气消耗定额为 833.6Nm^3。

（三）甲醇

影响甲醇用气定额大小的因素主要是不同企业采取的不同生产工艺产品在不同企业的生产环节多少。例如，兰州某生产甲醇的化工厂，每吨甲醇消耗的天然气量约为 980Nm^3。

四、天然气化工用户气价承受能力分析方法

（一）影响化工用户气价承受能力的主要因素

1. 工艺技术

一般来讲，工艺技术先进的天然气化工企业，其天然气消耗定额相对较低，进而影响其用气经济性。例如，兰州刘家峡化肥厂，天然气转化技术是目前国际上最为先进的天然气转化技术，其合成氨的天然气消耗定额为 813m^3/t，处于国内较低水平。

2. 综合能耗

一般来讲，综合能耗低的天然气化工企业，其用气经济性相对较高。例如，兰州刘家峡化肥厂，年产 30×10^4t 尿素装置采用国内先进的 CO_2 汽提法节能工艺技术，将原尿素合成压力由 19.6MPa 降低到了 15.0MPa，极大的节省了压缩功，热能利用合理，综合能耗低。

3. 天然气价格

一般来讲，天然气价格低的天然气化工企业，其用气经济性相对较高。例如，兰州刘家峡化肥厂，2012 年上半年，尿素制造成本 1353 元/t，其中原料天然气成本 530 元/t，约占制造成本的 40%，天然气价格决定着尿素制造成本。

4. 产品价格

一般来讲，产品价格高的天然气化工企业，其用气经济性相对较高。例

如，重庆和友碱胺公司，2011年纯碱生产成本1100元/t，市场价格1400元/t，自然具有经济性。

5. 替代能源

一般来讲，替代能源价格高的天然气化工企业，其用气经济性相对较高。

（二）气价承受能力

化工用气的气价承受价格是指天然气化工企业为实现一定的化工产品或获得期望的投资回报而愿意支付的最高天然气到厂价格。合成氨化肥产品涉及粮食生产，在中国国民经济和社会生活中具有极其重要的地位，目前，我国已解除了对化肥产品销售价格的控制，让其完全由市场竞争机制来确定，一般采用"替代成本法"和"净回值法"来测算气价承受能力。在制氢生产领域，天然气、煤炭、石脑油、炼厂干气等均可作为制氢原料，由于各原料特别是石脑油与天然气存在竞争，天然气制氢测算气价承受能力多采用"替代成本法"。

以尿素生产为例进行气价承受能力分析。

1. 净回值法

当尿素价格含税时，不考虑环保等因素，则天然气用于生产尿素时的可承受气价 P_g 的计算公式为：

$$P_g = \frac{\frac{P_p}{1+R_p} - C_f - C_a - C_n \times R_n}{Q_g} \quad (3-26)$$

式中　P_p——尿素含税价格，元/kg；

　　　R_p——尿素的增值税率，目前为13%；

　　　C_f——每千克尿素分摊的销售流转税及附加费，元/kg；平均每吨甲醇收入分摊的流转税及附加费按下式计算：$C_f=P_p×$主营业务收入税费，主营业务收入税费=主营业务税费/主营业务收入。

　　　C_a——除天然气购入成本外的其他完全成本，分别为其他直接材料、直接工资、制造费用、副产品收入和"期间费用"（包括营业费用、财务费用、管理费用），元/kg。其他直接材料：包括尿素生产所用合成氨、蒸汽费用扣除其天然气费用后的其他成本以及二氧化碳、循环冷却水、精制水、甲醛、电力、包装物、缝包线及其他消耗材料。天然气合成氨、尿素生产过程是一个高度自动化控制的过程，正常情况下需要的这些直接材料及产出产品数量、质量都是基本稳定的。在一定时期内这些材料的费用也是基本稳定的。

制造费用：尿素生产的制造费用由固定资产折旧费和装置变动制造费（运行维护费用）组成，一般情况下新装置的变动制造费用会低于老装置的变动制造费用。以某年产 30×10^4t 合成氨、52.6×10^4t 的化肥厂为例，总投资 20 万元，将合成氨和尿素装置合在一起核算，并按 20a 折旧年限分摊，则每吨尿素的固定资产折旧费用=200000/（20×52.6）=190 元。

直接工资：人员工资费。

副产品收入：尿素生产的副产品只有蒸汽冷凝液，该部分很少，对尿素成本的影响很小。

"期间费用"：包括营业费用、财务费用和管理费用。其中，营业费用是销售尿素产品过程中发生的费用，一般情况下为营业收入的 2%左右；财务费用是尿素生产经营过程中，因相关理财活动而发生的各种费用，如借款利息、债务利息等，理财方案不同则财务费用不同；管理费用是甲醇厂为管理和组织全厂生产经营所发生的管理部门职工工资、办公费、差旅费等。一般情况下，管理费用的绝大部分是相对固定的。单位甲醇产品分摊的"期间费用"=尿素价格×（"期间费用"总额/总收入）

C_n——除天然气购入成本外的其他生产成本，即在上述 C_a 中减去"期间费用"，元/kg；

R_n——未使用天然气企业的平均生产成本利润率，无量纲；

Q_g——生产单位尿素产品消耗的天然气量，m^3/kg。[Q_g 为生产单位尿素用氨消耗的天然气量和单位尿素用蒸汽消耗的天然气量之和。其中，尿素用氨消耗的天然气量（m^3/t）=生产单位合成氨产品消耗的天然气（m^3/t）×单位尿素产品消耗的液氨量（t/t），尿素用蒸汽消耗的天然气量（m^3/t）=单位尿素产品消耗的蒸汽（t/t）×尿素耗蒸汽来源于天然气辅助锅炉蒸汽的比例（%）×单位蒸汽产品耗天然气（单位蒸汽产品耗天然气=蒸汽热焓值/（锅炉热效率×天然气热值），m^3/t）]

若尿素价格不含税时，则 R_p=0，则式（3-26）将调整如下：

$$P_g = \frac{P_p - C_f - C_a - C_n \times R_n}{Q_g} \qquad (3\text{-}27)$$

式中，P_p、C_f、C_n、R_n、Q_g 与公式（3-26）相同。

以中国某天然气化肥厂年产 52×10^4t 尿素为例，尿素生产天然气的可承受价格计算见表 3-37。

表 3-37　中国某化肥厂尿素生产天然气的可承受价格计算表

序号	指标					单位	数据	注释
1	尿素价格					元/t	1650	P_p 此处为不含税价格
2	销售单位尿素缴纳的税费 C_f	主营业务收入				万元	200000	a
		主营业务税费				万元	811	b
		单位主营业务收入税费率				%	0.41%	$c=b/a$
		销售单位尿素缴纳的税费				元/t	6.69	$C_f=P_p\times c$
3	除天然气购入成本外的其他完全成本 C_a	除天然气购入成本外的其他生产成本 C_n	除天然气外的其他直接材料	尿素生产所用的氨、蒸汽费用扣除其天然气费用后的其他成本	尿素耗天然气 Q_g	合成氨耗天然气	m³/t	1000	①财务分析
						尿素用液氨	t/t	0.58	②财务分析
						尿素用氨耗天然气	m³/t	580	③=①×②
						尿素耗蒸汽	t/t	1.5	④财务分析
						尿素耗蒸汽来源于天然气辅助锅炉蒸汽的比例	%	100%	⑤假设
						蒸汽耗天然气	m³/t	91.8	⑥：蒸汽热焓值×（天然气热值×锅炉效率），0.8MPa 下热焓值取 661kcal/kg、锅炉热效率 90%、天然气热值取 8000kcal/m³
						尿素用蒸汽耗天然气	m³/t	138	⑦=④×⑤×⑥
						尿素耗天然气	m³/t	718	Q_g=③+⑦
					氨价格		元/t	1000	⑧假设
					蒸汽价格		元/t	200	⑨假设
					生产合成氨的天然气价格		元/m³	1.0	⑩假设
					尿素生产所用的氨、蒸汽费用扣除其天然气费用后的其他成本		元/t	162	d=②×⑧+④×⑨-⑩×Q_g

第三章 天然气用户选择与用气特性

续表

序号	指标			单位	数据	注释
3	除天然气购入成本外的其他完全成本 c_a	除天然气购入成本外的其他生产成本 C_n	除天然气外的其他直接材料	尿素生产所用的氨、蒸汽费用扣除其天然气费用后的其他成本	二氧化碳、精制水、甲醛、电力等其他消耗材料费	元/t	130	e
				扣除其天然气费用后的其他成本	元/t	292	f
			直接工资		元/t	40	g
			制造费用	固定制造费用	元/t	190	h=总投资/(分摊年限×尿素产能)
				变动制造费	元/t	30	i
				制造费用	元/t	220	j
			副产品回收		元/t	0.6	k
			除天然气购入成本外的其他生产成本 C_n		元/t	523	$C_n=f+g+h-i$
		生产单位尿素分摊的营业、财务、管理"期间费用"	总收入		万元	240000	s
			全部"期间费用"		万元	30000	m
			单位收入分摊的"期间费用"率		%	12.5	$n=m/s×100$
			生产单位尿素分摊的"期间费用"		元/t	206.25	$p=P_p×n/100$
		除天然气购入成本外的其他完全成本			元/t	729	$C_a=C_n+p$
4	未使用天然气企业平均生产成本利润率			%	5%	R_n
5	尿素耗天然气 Q_g			m³/t	718	Q_g=③+⑦
6	不含税时的计算公式为 $P_g = \dfrac{P_p - C_f - C_a - C_n \times R_n}{Q_g}$					
7	尿素生产的天然气可承受价格 P_g	含税		元/m³	1.55	
		不含税		元/m³	1.25	

2. 替代成本法

目前国内生产尿素的其他能源有煤和渣油。而使用煤与使用渣油相比，使用煤生产尿素的成本要相对低一些。根据"替代成本法"的原理，选用煤作为天然气生产尿素的替代物。

煤化肥厂生产尿素与天然气化肥厂生产尿素相比，其尿素生产装置完全相同。两者在工艺上的差别主要表现在合成氨的制气部分：前者是煤的气化，后者是天然气的转化，而煤的气化环保处理难度大。两者在技术经济上的主要差别是，与天然气化肥厂相比，煤化肥厂生产尿素的能耗高、投资大、运行成本高。

天然气替代煤炭用于尿素生产的可承受气价 P_g 计算公式为：

$$P_g = \frac{P_a \times Q_a + F_a + C_a - F_g - C_g}{Q_g} \quad (3\text{-}28)$$

式中　P_a——煤价格，元/t；

Q_a——煤化肥厂生产尿素的煤单耗，t/t；

F_a、F_g——分别为煤制化肥和天然气制化肥时，生产单位化肥产品应分摊的折旧费，元/t。

C_a、C_g——分别为煤制化肥装置和天然气制化肥装置扣除折旧及原料费用后的完全成本（其中还包括营业费用、财务费用和管理费用），主要表现在各自的电耗差异上，元/t；

Q_g——天然气化肥厂生产尿素的天然气单耗，m^3/t。

根据以上情况，目前煤替代天然气来生产尿素的可承受气价 P_g 计算公式可进一步简化为：

$$P_g = \frac{P_a \times Q_a + F_d \times (T_a - T_g) + F_a - F_g}{Q_g} \quad (3\text{-}29)$$

式中　F_d——尿素生产用电的单价，元/（kW·h）；

T_a——煤化肥厂生产尿素的耗电量，kW·h/t；

T_g——天然气化肥厂生产单位尿素的耗电量，kW·h/t。

P_a、Q_a、F_a、F_g、Q_g 与式（3-28）相同。

以 30×10^4t/a 合成氨、52×10^4t/a 尿素生产装置为主的某化肥厂为例，假设以煤为原料和天然气为原料的的化肥装置总投资分别为40亿元和25亿元，按20a折旧年限计算，折算到每吨尿素的差异 F_a-F_g=40/（20×52））-25/（20×52)=144元/t。煤炭价格 P_a 取 4000 元/t，每吨尿素产品耗煤量 Q_a 取 1.1t，天然气制化肥装置的耗电量 T_a 为 50kW·h/t，煤制化肥装置的耗电量 T_g 为 110kW·h/t，电价按 0.45 元/kW·h，则 $F_d\times(T_a-T_g)$=27 元/t，天然气化肥厂生产尿素的天然气单耗 Q_g 按表3-37中相关公式和数据进行测算，取718m^3/t，代入式(3-29)，则该化肥厂生产尿素的天然气可承受价格为 0.85 元/m^3。

第四章 天然气市场开发

第一节 天然气市场开发基本流程

一、天然气市场开发定义

从发展客户的角度来定义,市场一般是指现有和潜在客户的集合体,所谓市场开发(Market Development)是指发现潜在客户、开发潜在客户,将潜在客户变成现有客户的过程。依此类推,我们平时所提及的天然气市场开发是指不断发现潜在的天然气客户并进行有效开发,使潜在客户变成现有客户的过程。因此,从这种意义上来看,"市场开发"其实也可称为"客户开发",而天然气市场开发其实就是开发天然气客户。

客户是从市场开发的角度对已经或准备利用天然气用户的称呼,事实上,从天然气利用的角度来看,客户通常又被称作"用户"。因此,在本书中二者并无本质上的差异,仅是看待的角度有所不同。

二、天然气市场开发基本流程概述

在天然气市场开发过程中,最终的目的主要是使潜在天然气客户使用上天然气,从而实现天然气销售。借鉴一些天然气供应商和销售商的市场开发经验,通常天然气市场开发的工作流程包括天然气市场调研、签订天然气购销意向书、签订天然气购销合同、新增用户管理、推动新增用户同步投产等5个环节。各环节紧密相连、顺序推进,最终完成新用户的开发,实现新市场的开拓。其中,签订天然气购销意向书这一环节有时是可以省略的,在市场调研工作完成后,若条件成熟,可直接进入签订天然气购销合同环节。

另外，与上述 5 个环节的相关内容市场调研、市场需求预测、市场细分、目标市场选择、意向书及合同谈判、市场营销策略制定等，将在本章分别详细介绍。

（一）天然气市场调研

市场调研的英文翻译是"Marketing Research"，也常常被翻译为市场调查、营销调研、市场研究等。关于市场调研，很多学者从目的、过程、范围等角度给予了不同的表述和解释。美国市场营销学会给出的定义如下："市场调研是一种通过信息将消费者、公众和营销者联系在一起的职能，这些信息用于识别和确定营销机会及问题，产生、提炼和评估营销活动，监督营销绩效，改进人们对营销过程的理解。"该定义强调市场调研是一种职能手段和活动过程，认为市场调研应包括规定解决营销问题所需要的信息，设计收集信息的方法，管理并组织信息收集工作，分析信息收集的结果，最后对所发现的问题进行分析并得出研究结论。市场调研是天然气市场营销企业为了特定的市场营销决策，采用科学的方法对有关市场营销的各种信息进行系统的计划、收集、整理、分析和研究活动。一般包括以下三个要点：一是它是一种有明确目的的经济活动；二是它是一项复杂、系统的工作；三是必须采用科学的方法，包括信息收集的方法、数据处理的方法、统计分析的方法等。

为此，根据上述市场调研的定义和解释，可以推演出天然气市场调研的定义："天然气市场营销企业为了天然气市场营销决策，采用科学有效的方法对天然气市场上的各种信息进行系统的计划、收集、整理、分析和研究活动。"主要包括天然气市场环境调查、市场需求调查（工作重点）、竞争对手调查、天然气市场趋势预测等。

天然气市场调研是天然气市场开发工作的基础，做好这一基础工作才能更有针对性地去开发不同客户，保障后续市场开发工作有的放矢、事半功倍，促进天然气市场范围和规模的持续扩大。市场调研的方法很多，可以借助电话、信函、传真、网络等手段获取目标市场相关的有效信息。然而，在各种调研手段和方法中，最为古老却又最为实际、效果最佳的手段依旧是赴现场对客户开展实地调研，即现场调研。现场调研过程中通过与市场上的潜在客户开展直接、有效的面对面沟通，获取潜在客户的第一手资料，能够对天然气市场获得更为直观和准确的判断。

一般来说，现场调研的对象既包括天然气市场营销的目标市场客户的生产经营管理人员，也包括目标市场客户的行政管理部门的相关管理人员等。

第四章 天然气市场开发

若调研对象是城市燃气公司,那么还应进一步了解该客户下游最终用户的用气情况。市场调研的重要成果之一就是完成市场调研报告的编写,关于市场调研流程和调研报告编制相关要求,在本章第三节"天然气市场调研"中有专门论述,在此不再赘述。

(二)天然气购销意向书的签订

与潜在客户签订天然气购销意向书作为市场开发工作环节中的重要一环,标志着市场开发工作初见成效。销售商与潜在客户签订天然气购销意向书,一方面是市场开发的需要,另一方面作为新建管道项目的市场支撑条件,通常情况下,天然气购销意向书的签订是在新建管道项目可行性研究报告评审之前。

在选择签订购销意向书的客户时,销售商通常应从用气项目是否符合国家天然气利用政策、用气需求是否落实、气价承受能力是否强、地方政府是否支持、是否符合公司整体利益等多个角度进行综合分析,最终选择适合的客户签订天然气购销意向书。

对于天然气购销意向书的编制,并无固定的格式要求,通常遵循以下原则编制:

(1)向客户销售的气量应符合已落实的总体资源规划和安排,可以实现。

(2)客户对天然气价格具有一定承受能力,气价应能适应未来天然气价格改革的要求。

(3)开始供气时间应充分考虑管道工程所需的建设周期。

(4)应防范新建管道由于项目核准或其他原因导致推迟建成或最终无法建成的风险。

(5)应明确意向书的有效期限,以不超过一年为宜。

由于新建管道的新增客户通常较多,因此,在与管道沿线客户签订天然气购销意向书前,通常应考虑编制管道沿线客户总体的意向书签订方案,该方案主要包括各客户的天然气交付点、交付压力、开始交付时间、分年度供用气量等关键参数。

(三)天然气购销合同的签订

与潜在客户签订天然气购销合同作为市场开发工作环节中的最重要节点,对市场开发工作具有里程碑意义。通常可以认为,与客户签署天然气购销合同则意味着市场开发工作获得关键性成果。

通常,签订天然气购销合同的工作时间期限应与管道建设时间的长短结

合。对于新建管道,一般应在该条新建管道项目核准后的三个月内完成。与编制购销意向书类似,在与管道沿线客户签订天然气购销合同前,也应制定相应的管道沿线用户总体合同签订方案。该方案主要包括各客户的天然气交付点、交付压力、开始交付时间、分年度合同气量等关键参数。

天然气购销合同编制、审批以及谈判等在本书"合同"一节中另有详细论述。

(四)新增用户管理

对于新增用户,在签订购销合同后,除了按照合同要求开展市场营销工作外,新增用户与管线的衔接工作也相当重要。受到市场需求变化或其他原因影响,如果向新增用户供气需要在管道上新增开口或者变更供气设施设计方案时,应对新增用户制定供气调整方案。新增用户与管线的衔接工作所遵循的原则为:

(1)在不影响新建管道工程按期投产的情况下,在管道建设过程中实施。

(2)如影响新建管道工程按期投产,原则上应在管道建成投产后实施。

对于由于市场变化或其他原因导致新增用户将不再从已设计的分输站接气,销售商应及时通知管道公司,协商调整设计方案。

(五)推动客户接气工程同步投产

在与客户签订天然气购销意向书后,应与客户建立定期沟通机制,在跟踪客户下游市场需求变化的同时,还要重点关注客户接气工程和用气工程的前期工作进展情况,督促用户及早开展相关接气工程的建设工作。

在与客户签订天然气购销合同后,应推动客户接气工程和用气工程与新建管道工程同步建设,根据上游管道建设的进度及时督促用户接气工程建设,及时协调完成双方工程动火连头和投产供气的各项准备工作,推动客户接气工程与上游新建管道同步投产。

三、不同类型市场开发工作流程的特点

(一)天然气市场开发的分类

根据开发区域的不同,天然气市场开发一般可以分为管道沿线市场开发和油气田周边市场开发。从中国天然气市场发展历程来看,在天然气发展初期,管道基础设施相对薄弱,市场开发主要集中在油气田周边;随着管道设

第四章 天然气市场开发

施的不断完善,新增用户越来越集中在管道沿线地区,市场开发的任务重心由油气田周边转向管道沿线市场。对于管道沿线市场开发工作和油气田周边市场开发工作,从市场开发流程和开发理念来看,其实并无本质区别。因此,本书所述市场开发工作相关流程和管理理念无论对于管道沿线的市场开发,还是油气田周边的市场开发工作均适用。

一般来说,大规模的天然气市场开发工作(即开发大批量的天然气客户)通常是伴随新建管道而开展的,其开发流程和管理理念与现役管道或设施的市场开发工作略有不同,因此,市场开发工作还可分为新建管道的天然气市场开发工作和现役管道的市场开发工作两大类,这两类市场开发工作的工作特点各有不同。对于油气田周边的市场开发工作,可根据下载点管道设施是否建成,分别参照新建管道和在役管道的天然气市场开发流程开展相关工作。

(二)新建管道天然气市场开发特点及主要工作

新建管道的天然气市场,通常是从未开发过的新市场,营销人员面对的都是潜在客户,没有现有用户,有时也称作潜在市场。在潜在市场,市场开发工作基础相对薄弱,很多工作需要从头做起,因此,市场开发流程相对完整,管理范围相对较广,管理难度相对较大。

从规模上来看,新建管道市场的规模通常都比较大,营销人员面对的一般不是单独或少数几个客户,而是十几个或数十个客户(批量型客户)。因此新建管道天然气市场开发工作具有规模性、批量性等特点,市场开发工作需要批量操作。

新建管道的市场开发包括在建和规划建设管道的市场开发,主要目的是配合新建天然气管道开展前期工作和签订天然气购销合同。通过主动开展大规模的市场调研工作,确定新建管道配套下游市场和目标用户。新建管道的市场开发工作,一方面要积极配合管道开展可行性研究工作,为项目核准提供市场依据,为新建管道分输站场、分输阀室的设置以及主要工艺参数提供设计依据,为供气做好准备;另一方面要积极与客户谈判,商洽签订天然气购销合同,为下一步开展天然气销售工作奠定基础。

1. 新建管道天然气市场开发各层级主体职责

一般来说,天然气销售商不同层级的管理部门,对于新建管道市场开发的主要职责有所不同。天然气市场营销组织通常按照专业化进行设计,一个完整的天然气销售组织通常包括两个以上层级机构:一是销售组织的总部管理部门(以下简称"销售总部"),从管理层面开展市场开发工作;二是销售

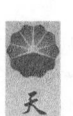

组织的地区分支机构（以下简称"销售分支机构"），从操作层面开展市场开发工作。

1）销售总部主要职责

销售总部通常需要履行以下职责：

（1）制定新建管道天然气市场开发的工作目标。

（2）组织对重点新建管道的《市场调研报告》进行评估。

（3）对重点新建管道的天然气购销意向书签订方案及购销合同签订方案进行审查。

（4）对天然气购销合同进行专业审查。

（5）协调解决销售分支机构在市场开发过程中出现的问题。

2）销售分支机构主要职责

天然气市场营销组织通常把销售分支机构作为新建管道天然气市场开发的责任主体，在销售总部的统一要求和指导下，具体负责新建管道沿线天然气市场开发工作，其主要职责包括：

（1）开展新建管道沿线天然气市场调研。

（2）与用户签订天然气购销意向书。

（3）与用户签订天然气购销合同。

（4）新增用户的管理工作。

（5）推动用户接气工程同步投产。

2. 市场调研阶段的主要工作和要求

新建天然气管道项目在开始启动可行性研究工作的同时，相应的销售分支机构应同步启动该新建管道配套的天然气市场开发工作，编制市场开发工作方案。

天然气市场开发工作方案是指导新建管道市场开发工作的总体纲领性文件，贯穿市场开发工作全过程，一般包括"新建管道项目概况、市场开发工作细分、市场开发工作进度计划、市场开发工作组织"等四部分内容，方案中需要标记出市场开发工作的重要节点和里程碑事件。

首先，销售分支机构应牵头组织相关人员开展新建管道沿线天然气市场的调研工作，完成《市场调研报告》的编制工作。销售分支机构在市场调研过程中，应加强与地方政府有关部门的沟通和对接，特别是要开展现场调研工作，充分了解潜在客户的用气需求情况，分析目标市场用气需求，提出合理的天然气配置和分输方案。由于下游市场总是处于不断变化之中，因此，销售分支机构对于目标市场的调研工作必须持续进行，定期跟踪和更新，才能得到更为准确的市场信息，编制出更为准确的市场配置和分输方案。

为做好市场调研的准备工作，销售分支机构应主动与新建管道项目可研编制单位加强沟通和协作，及时获取最新的管道项目可研方案相关数据，主要包括管道基本参数、管道路由、站场及阀室设计参数等。双方最好能够建立每月的定期沟通交流机制，互通有无。

销售分支机构应根据市场调研成果，编制完成《市场调研报告》。销售分支机构编制的《市场调研报告》应符合销售总部的相关技术要求。

销售分支机构组织编制的《市场调研报告》是下一步继续开展市场开发工作的基础，销售组织应有专门管理程序和标准对《市场调研报告》成果予以确认和验收。销售分支机构应持续开展市场调研工作，根据市场变化定期更新和完善《市场调研报告》相关数据，直到新建管道的合同用户全部通气投产，才能暂时退出新建管道市场开发的"历史舞台"。

3. 其他要求

为保障市场开发工作有质量地高效完成，在市场调研、天然气购销意向书签订、天然气购销合同签订、新增用户管理、推动用户接气工程同步投产等市场开发过程的各环节中，应注意加强工作质量和进度计划管理。

在市场开发过程中，应注意加强市场数据的信息化工作，整理汇总市场调研报告、管道分输供气建议方案、天然气购销意向书和天然气购销合同台帐表等资料，形成市场开发信息资料库（数据库），便于存档和日后分析使用。

销售总部和分支机构应与新建管道项目建设单位、新建管道项目可研编制单位和设计单位以及下游天然气利用企业等建立定期沟通交流机制，定期交流工程建设、市场开发、下游天然气利用项目方面的动态进展情况，以便促进整个天然气产业链协调、健康发展。

（三）现役管道天然气市场开发特点及主要工作

与新建管道天然气市场相对应的是现役天然气市场。对于现役天然气市场的开发，通常是指对该市场中新增客户的有效开发。与新建管道天然气市场开发相反，在这种市场开发过程中，营销人员面对的通常是个别新增客户，而非全新市场所面对的大规模批量客户。因此，现役管道天然气市场开发的工作流程和管理程序与前面所述新建天然气管道市场开发有所不同，有其自身的特点。

对于现役管道天然气市场开发主要着眼于个体用户的市场开发，而不是像新建管道天然气市场开发那样通常是针对批量用户；此类市场开发工作，通常涉及现有市场范围内老用户的变更和新用户的出现。

1. 现役管道天然气市场开发各层级主体职责

如前所述,不同层级的营销组织,在现役管道市场开发主要职责有所不同。对于销售总部,一般需要履行以下主要职责:

(1) 审批销售分支机构上报的新增客户资质。

(2) 协调解决销售分支机构在新增客户管理过程中出现的问题。

销售分支机构往往作为长输管道天然气市场开发和销售业务的责任主体,其职责主要包括以下内容:

(1) 根据天然气市场开发和销售业务需要提出新增用户需求。

(2) 开展新增用户的市场调研。

(3) 与用户签订天然气购销意向书和合同。

2. 现役管道的新增用户管理

从天然气销售和管道运行的模式来看,一般有两种:一种是天然气销售和管道运行是分开的,分别由不同的企业负责;另一种是天然气销售和管道运行是一体化的,由一家企业统一负责。因此,对于现役管道新增用户的管理,按照不同的天然气销售模式,其市场开发流程和工作标准也略有不同。

从国外天然气行业的发展历程来看,随着中国油气行业体制改革的不断深化,天然气管道运输独立运行是天然气行业的主要发展趋势之一,天然气销售与管道运行各自独立的模式将是未来管道天然气销售模式的发展方向。

(1) 对于天然气销售和天然气管道运输业务分别由两家企业负责的在役管道,新增客户管理参照如下流程执行:

首先,销售企业对新增用户进行市场调研,按照相关要求编制完成合格的《市场调研报告》,针对拟接气用户提出分输供气建议方案,并就长输管道新增开口在工程和运行方面是否可行、预计投产供气时间、分输规模、投资主体及相关问题征求管道运输企业意见,管道运输企业就上述问题提出意见反馈天然气销售企业。

对于具备开口条件的客户,天然气销售企业与其谈判签订天然气购销意向书和天然气购销合同(在该类市场开发过程中,根据实际情况,天然气购销意向书环节可以省略)。合同中关于具体开口位置、天然气交接技术参数、开始供气时间、投资主体等条款应结合管道运输企业的相关意见约定。

然后,天然气销售企业将签字盖章的天然气购销合同文本、分输供气建议方案提供给管道运输公司。管道运输企业根据与天然气销售企业达成一致的分输供气建议方案，以及天然气销售企业与客户签订的天然气购销合同，组织实施新增开口相关工程前期工作和工程建设。

（2）对于天然气销售和管道运行业务由一家企业统一负责的现役管道，新增客户管理参照如下程序执行：

首先，企业内部负责天然气营销的部门组织市场开发人员对新增客户进行市场调研，按照相关要求编制完成合格的《市场调研报告》，提出分输供气建议方案，内部与计划、项目建设、管道运行等其他部门达成一致意见。

然后，企业内部营销部门组织与新增客户谈判签订天然气购销合同，并在签订天然气购销合同后，由企业内部负责项目投资、建设的相关部门组织实施新增开口相关工程前期工作和工程建设。

3. 其他要求

新增客户相关工程应按照管道运营企业相关投资管理办法立项审批。

天然气销售分支机构将天然气购销合同报送其天然气销售总部审查时，应将管道运输企业或管道建设单位书面意见作为合同签约依据。

四、同步投产工作流程的特点

（一）同步投产工作概述

推动下游新增用户接气工程（以下简称"用户接气工程"）与上游管道分输站等供气设施工程同步投产是市场开发工作中的最后一个环节，也是实现市场开发目标，将有效需求转化为实质销售效益的关键环节。推动用户同步投产能够提高上游天然气供气设施的利用效率，增加天然气销量；也能够通过及时向下游用户供气满足市场用气需求。

1. 主要术语的定义

推动新增用户接气工程同步投产：跟踪、督促新增用户接气工程的建设，在上游供气设施工程具备向下游供气条件后，及时协助用户开通相应的接气工程接收天然气。

用户接气工程：用户门站、门站与分输站连接管道、门站下游与城市管网或工业用气项目的连接管道、新建工业用气项目等工程。

用户投产完成率：上游供气设施工程项目投产后的某段时间内，已投产用户占投产分输站中分输计量调压设备用户总数（因不可抗力、国家或地方政府政策因素影响不能投产用户除外）的比例。

2. 适用范围

适用于供气企业新建上游供气管道、分输站或现有分输站增设分输计量设施的相关工程（统称为"上游供气设施工程"）。在气源条件许可且用户接气工程具备接气条件的情况下，应力争在上游供气设施工程投产后，尽早向下游用户开通供气。

3. 有效对接供用气双方工程信息

一般来说，在上游供气设施工程正式开工后，天然气销售企业与上游供气工程设施建设单位衔接管道设施基本参数、线路路由、分输站和阀室设计方案、项目实施进度安排等信息，并与下游用户研究分输站场站设计方案。

天然气销售企业调研用户接气工程的基本情况、前期工作进展和设计进展，督促用户接气工程及早开工建设，以确保与天然气管道项目同步建成投产。

4. 跟踪用户接气工程进展

天然气销售企业跟踪用户接气工程的建设进度，督促和协助下游用户解决并及时报告可能影响用户同步投产的问题。天然气销售企业应委派专人负责推动下游用户接气工程同步投产工作，必要时常驻现场开展工作，以便掌握真实、详细的用户接气工程进展等情况。

天然气销售企业自上游供气设施工程开工之日起，应根据跟踪调研结果，定期编制《推动新增用户接气工程同步投产情况报表》，直至用户接气投产。

《推动新增用户接气工程同步投产情况报表》应包括：用户名称、购销合同签署情况、上游供气设施工程建设或改造进度及拟投产时间、用户接气工程建设进度及拟投产时间、存在问题和对策建议等。

5. 向用户开通供气前准备工作

天然气销售企业在编制下年度天然气分月销售建议计划的同时，应编制新增用户投产计划，将新增用户气量纳入年度销售计划。

上游供气设施工程建设单位与用户沟通双方设施动火连头的条件。天然气销售企业督促用户成就相关条件并向建设单位提交动火连头方案。在具备条件后，上游供气设施工程建设单位和用户及早实施双方设施的连接。

天然气销售企业在开通供气前，完成与用户天然气购销合同的签署、计划指定程序和财务结算等工作的衔接、用户《燃气经营许可证》（城市燃气和CNG用户）、《危险化学品经营许可证》（CNG用户）和其他法定行政许可和资质条件的审查。

第四章 天然气市场开发

在完成上述工作的基础上,根据要求向用户开通供气。

6. 其他

天然气销售企业负责推动新增用户接气工程同步投产工作的总体协调。

推动新增用户接气工程同步投产的工作成效通过"用户投产完成率"指标进行考核。

天然气销售企业如发现存在供用气双方设施不匹配、用户临时取消接气计划等问题,应及时将相关信息反馈给上游供气设施工程建设单位,并共同研究协商确定解决方案。如存在困难,应将相关问题上报上级单位牵头协调解决。

推动新增用户接气工程同步投产情况报表模板见表 4-1。

表 4-1 推动新增用户接气工程同步投产情况报表模板

序号	用户名称	购销合同签署情况	分输站		用户接气工程				预计首年供用气量	用户投产存在问题及解决方案	备注
			建设进展	拟投产时间	门站建设进度	分输站至门站管道情况及建设进度	门站下游管道情况及建设进度	拟投产时间			

注:(1)分输站与门站之间管道、门站下游管道的情况应至少包括管道长度、管径、设计压力。

(2)对于工业或发电用户,应在"门站下游管道情况及建设进度"中包括工业或发电项目建设进度。

(3)对于已投产用户,应在备注中标明"已投产"。

(二)用户接气工程的内容和影响投产因素

1. 接气工程前期工作

衡量项目前期工作进展的主要因素包括:一是项目取得行业主管部门核准或备案文件;二是项目初步设计(或者设计方案)获得批准;三是项目取得建设用地规划许可证、建设工程规划许可证等文件,办理完成开工手续。

2. 接气工程的建设

1)线路工程

衡量线路工程进展的主要方面包括:一是线路扫线,包括施工作业带的

临时征地、地面附着物赔偿,有时也包括地面建筑物的拆迁,赔偿和拆迁工作往往是制约线路工程的主要因素;二是线路焊接,线路焊接里程是衡量线路工程进展的最直接标志;三是控制性工程,一般包括河流、铁路、高速公路的穿越等内容,大中型穿越往往也是制约项目工期的主要因素;四是试压联头,管道的施压干燥标志着管道线路工程接近尾声,联头标志着管道线路工程机械竣工。

2)站场阀室工程

站场工程可能包括分输站和门站,相比之下分输站的建设工程量大、周期更长。衡量站场工程进展的主要方面包括:一是站场土建工程,也包括总图和建筑物装修等内容;二是设备采购,特别是如果涉及分输站工程,可能需要用到订货周期长的设备,例如,调压计量设备、进口阀门等,需要尽早采办;三是工艺设备安装和调试,在过去一段时间多次出现阀门、流量计等设备调试中存在故障,导致供气延缓的情况;四是电气仪表工程,特别是对于新建管道的分输站,通常,通信工程的调试(上传调控中心)工作完成是站场具备投产条件的标志。

3. 投产试运批复手续

用户的接气工程投产试运之前,需要地方政府验收批复手续。主要包括:一是环保试生产批复;二是安全试生产备案;三是消防检测及验收;四是防雷防静电验收;五是压力容器和压力管道验收。验收过程中出现各类问题时,需要整改,通常会导致投产时间的延迟。

4. 投产准备和衔接工作

在用户投产之前,与上游供气企业的衔接主要包括以下工作:一是双方的连接管道碰口,通常,上游供气企业对供用气双方管道碰口条件有一定要求,例如,要求用户管道工程已完成试压,并向上游供气企业提交碰口申请等;二是销售相关准备,包括天然气购销合同和计量交接协议签订、财务对接及预付款支付、管道生产信息系统(PPS)用户端安装培训等;三是投产申请报批,通常在上游管道供气工程具备投产条件,用户也已完成接气工程投产试运手续并向上游供气企业提出投产申请,双方完成购销合同和计量交接协议签订等准备之后,上游供气企业再向其主管部门上报投产申请,批复后即向用户开通供气。

5. 其他

对于发电用户,开始供气时间往往是由电厂项目的建设进度所决定。电厂本身影响投产接气的因素包括:一是电厂本身土建、燃机等设备安装和调试;二是电网外供电工程的建设;三是外供电协议的签订以及供电计划的落实;四是一些热电厂还涉及热网的建设问题。

(三)跟踪用户接气工程进展的原则和工作方法

1. 工作原则

一是要加强衔接,天然气销售企业应协调组织上游供气企业和下游用户单位紧密对接,使用户尽早全面了解上游对用户在接气工程设计方案、工作程序等方面的要求,并定期沟通双方工作进展,提前安排下一步工作,及时解决出现的问题,提高工作效率;二是要实事求是,鼓励用户真实地反映实际情况,力求掌握项目工期和用气量的准确信息,根据近期生产实践,要充分考虑用户接气工程投产中可能发生的各类风险因素,留下一定的富余时间;三是要有科学的工作方法,能够系统地了解反映用户接气工程进展的各项指标以及制约用户投产的各种因素,科学预计工期。

2. 工作方法

反映用户接气工程的主要内容包括线路工程描述、控制性工程描述、站场阀室工程描述等。通常需要用户在完成可研后提供工程内容表,在完成设计方案后可以更新,在日常工作中原则上不再定期更新。

天然气销售企业跟踪用户接气工程进展时,需要用户提供用户接气工程进展表,反映用户工程建设、投产试运批复、投产准备衔接等工程的进度,主要内容包括已开展工作量(或剩余工作量)、本期工作进展和下一步工作计划。工程进展表需要用户定期更新。工程进展表模板见表4-2。

表 4-2 工程进展表模板

工程阶段		工作进度具体说明
前期工作	项目核准或备案情况	项目核准及备案文件取得情况
前期工作	设计方案批准情况	设计方案批准情况
	开工手续办理情况	用地规划许可证、建设工程规划许可证等文件办理情况,开工计划
工程进展	线路工程	
	线路扫线	施工作业带临时征地、赔偿、拆迁的剩余工作量,本期完成工作量,下一步工作计划
	线路焊接	线路焊接工作总量,剩余工作量,本期完成工作量,下一步工作计划
	控制性工程	重要河流、铁路、高速公路穿越等制约投产的主要工程工作总量,剩余工作量,本期完成工作量,下一步工作计划

续表

工程阶段		工作进度具体说明
站场阀室工程	干燥试压联头	管道试压、干燥、联头剩余工作量，本期完成工作量，下一步工作计划
	站场土建装修	土建与建筑物装修本期进展，下一步工作计划
	主要设备采购	主要设备（分输计量设备、进口阀门等）采购和到货情况或计划
	工艺设备安装调试	主要工艺设备安装调试情况，下一步工作计划
	电气仪表通信	电气仪表的调试情况，通信工程和 SCADA 系统调试情况
投产试运批复手续	环保试生产批复	相关文件取得情况
	安全试生产备案	相关文件取得情况
	消防检测及验收	相关文件取得情况
	防雷防静电验收	相关文件取得情况
	压力容器验收	相关文件取得情况
投产准备和衔接工作	双方连接管道碰口	双方站外管道碰口联头情况，下一步工作进展
	合同协议等销售准备	购销合同、计量交接协议、预付款支付、PPS 系统安装培训情况
	投产申请报批	上游管道公司上报上级主管单位投产申请情况
发电项目专项	电厂设备安装	
	电网外供电工程	
总结		本期工程进展情况综述，目前存在的主要问题，下一期工作计划，预计投产时间

注：（1）如果已经完成，填写"已完成，无变化"；如果不适用，请填写"不适用"；如果未开展，请填写"未开展"。

（2）填写内容应真实生动反映情况，文字简洁，突出关键，对投产工期的预计要考虑各类风险因素，力求准确。

五、回复用户用气申请的流程管理

（一）回复用户用气申请的目的

在日常工作中，因工作需求，销售企业应对地方政府及相关部门、用户提出用气需求申请的函文即时办理回函。若处理不当，往往会损害天然气销售企业的市场开发工作。因此，规范这些函件的回复流程管理，明确相关工作标准，提高用气复函的效率和质量对于提高下游市场开发工作大有裨益。

（二）用户用气申请的定义

本教材所指用户用气需求申请主要包括新增用气区域或管道项目的开口和用气申请、现有用气区域或用户增加供气规划的申请，不包括现有用气区域和现有用户增加当年用气量的申请（该类申请流程相对简单，可通过签订补充合同的方式解决）。

（三）销售企业各层级单位职责

天然气销售企业总部的主要职责包括以下内容：
（1）组织相关单位调研，核实重点单位、重点项目用气申请内容。
（2）协调相关部门针对重点单位、重点项目用气申请事宜提出意见。
（3）组织研究重点单位、重点项目用气申请事宜，办理回复函。
（4）协调办理用气申请回复过程中出现的有关问题。

天然气销售分支机构是天然气市场开发和销售主体，主要职责包括以下内容：
（1）负责对重点单位、重点项目用气申请事宜进行调研并提出意见。
（2）在销售企业总部批复重点客户、重点项目供气事宜后落实相关工作。
（3）对于销售企业总部转办的用气申请函文，负责办理回复。
（4）对于直接发给销售分支机构的用气需求申请，负责直接办理回复或根据情况上报销售企业总部办理。

（四）回复用户用气申请的流程管理内容

1. 用气需求申请的函文分类

重点单位、重点项目用气申请事宜，由销售企业总部组织按照相关程序办理回复，此类用气申请的函文主要包括以下几类：
（1）来自省、自治区、直辖市一级政府部门，并且用气规模大、涉及与公司战略合作事项的用气申请来函。
（2）销售企业总部文件规定需要控制发展、销售分支机构不得承诺供气的用气项目申请来函。
（3）用气企业或地方政府已向销售分支机构申请用气但未获同意，需要报送销售企业总部或上一级主管单位进一步提出需求的申请来函。
（4）其他有必要由销售企业总部负责组织办理的申请来函。

2. 征求意见

如有必要，销售企业总部可根据用气申请函文的实际内容，选择向相关上级单位（如有）、有业务关系的其他相关部门或相关天然气销售分支机构征求意见。

相关单位在接收到销售企业的征求意见函后，应在规定时间内针对涉及本单位的业务提出意见并反馈销售企业。

天然气销售分支机构作为市场开发和销售主体，按照销售企业总部要求，负责对相关用气项目进行调研，并向销售企业总部和相关单位反馈意见。除非特别规定，所提出意见应包括但不限于如下内容：

（1）用气项目基本情况：用气项目利用天然气的具体用途、用气规模、进展情况、气价承受能力、接气条件等。

（2）资源条件：销售企业总部在规划中配置给各销售分支机构的资源，是否可以解决用气项目的有效用气需求。

（3）供气意见：对于支持供气的，应明确向用户的分年供气量及开口位置的建议，涉及站场改造的，应提出改造建议；对于不支持供气的，应说明原因。

3. 研究供气事宜

同意供气的用气项目应满足以下条件：

（1）用气项目符合国家天然气利用政策优先类和允许类条件，或属于国家鼓励发展的其他用气项目。

（2）用气项目所需气源可以在项目所在省份的天然气销售规划总量中调剂解决。

（3）天然气销售价格按国家气价政策和销售企业相关价格规定执行到位。

（4）管道、站场等储运设施现有供气能力，或经改造后的供气能力可以满足用气项目需求。

（5）符合供气企业有关天然气业务的其他规定。

对于不符合上述规定的条件的用气项目，如同意供气，应满足如下条件：

（1）对于天然气利用政策限制类的用气项目，经与上级主管部门或其他相关部门协商达成一致。

（2）对于超出销售规划气量的项目，通过调剂其他省份资源或落实新增天然气资源解决。

（3）对于由于合理原因，天然气销售价格暂时不能按国家气价政策和销售企业相关价格规定执行到位，但能在未来确定时间执行到位的。

4. 办理回复函

用气申请回复函应包括如下内容：

（1）回复函应明确是否同意供气。对于同意供气的，应在合理可能的范围内，说明供气规模、交付地点、开始供气时间、价格条件等。

（2）对于同意供气但仅部分满足用气需求的，应在回复函中明确说明。

（3）原则上供气量应配置到具体的用气项目，不应在没有具体项目的情况下承诺向某地区的供气量。

（4）回复函中应说明需要用气单位注意的其他事项。

（5）回复函中应注明有效期，有效期通常为1年。

（6）回复函在主送来函单位的同时，如有必要，应抄送相关部门及单位；同时应视内容，会签其他相关部门。

回复函仅用于支持用气项目开展前期工作，在项目落实之后，再按照《天然气购销合同管理办法》与用户签订天然气购销协议。

如果来函单位已就同一用气事项向相关销售分支机构提出申请，销售分支机构已经办理回复，并且销售企业总部对于销售分支机构的回复意见没有异议或补充，销售企业可不再办理回复函。

5. 用气事宜的后续落实

销售分支机构在接收到销售企业总部同意供气的用气申请回复函后，应将新增用气量纳入天然气销售滚动规划。

对于同意供气的新建用气项目，销售分支机构应与用户建立工作联系，跟踪用气项目前期工作进展，适时与用户签订天然气购销协议，并按照协议向新增用户供气。若用气项目发生变更、停止等情况，销售分支机构应及时将相关情况反馈销售企业总部，并视情况调整天然气销售滚动规划。

对于在用气承诺有效期到期日前，未能签订天然气购销协议或其他进一步协议文件的项目，销售分支机构应根据项目情况通知用户承诺事项终止，或督促用气项目建设单位办理用气承诺延期。

第二节　客户购买行为分析

一、天然气客户购买行为

（一）天然气客户购买行为的定义

市场营销的目标就是使目标客户的需要和欲望得到满足和满意。所谓客户购买行为就是消费者和各类社会组织如何选择、购买、使用和处理物品、服务、创意和经验。

天然气客户即为消费主体，主要是消费者和工商企业。研究天然气客户购买行为就是研究天然气客户购买天然气的目的、决策思路、利用过程和天然气给他们创造的价值。这里所说的消费者属于个体消费者，工商企业属于组织消费者，二者的购买行为是完全不一样的，本书分别论述消费者和工商企业的购买行为。

（二）个体消费者购买行为

个体消费者的购买行为是指天然气居民客户为个人消费而购买天然气和服务的个人或者家庭的购买行为。

1. 影响个体消费者购买行为的主要因素

天然气与其他商品一样，消费者购买行为主要受到文化、社会、个人和心理因素的影响。由于天然气属于清洁能源和大宗消费产品，个人消费者即居民客户将天然气主要用于居民生活炊事、热水、采暖以及空调，影响其消费者购买行为的最主要因素是社会和个人因素。

1）社会因素

天然气消费者购买行为受到一系列社会因素的影响，以消费者相关群体和家庭为主。

（1）相关群体。

天然气个体消费者受到许多小群体的影响。每一个人和家庭生活在各个社区，那么这个社区对于天然气的使用直接关系到每一个人和家庭。

以居民采暖为例，社区的采暖形式影响着个体消费者的采暖形式。如果该社区是集中采暖，那么处于该社区的家庭通常自然而然就集中采暖；如果该社区是分户式采暖，那么多数家庭会采用壁挂炉等分户式采暖；如果该社区是高档社区，有一部分家庭采用中央空调的形式供热供冷，那么作为邻居的另一部分家庭会效仿采用中央空调。

天然气市场营销者对于目标市场研究时，往往通过研究所参照的相关群体的生活方式和天然气购买行为，来分析和预判潜在市场。

（2）家庭。

家庭成员对购买者的行为也有很大的影响。家庭人员的构成的不同，对购买和使用天然气产生不同的影响。例如，如果家庭是两口之家，均为上班族，那么这个家庭天然气消费一方面用量少，另一方面往往以热水为主；如果家庭有老人，那么这个家庭利用天然气较多，往往以炊事为主。

第四章 天然气市场开发

通常,一个家庭受社区利用方式和生活习惯影响,炊事多使用天然气。然而,在是否采用天然气热水就受家庭成员的影响大。有的喜好电热水,有的喜好天然气热水。

天然气市场营销者在研究家庭天然气使用情况时,应分析家庭的构成和生活习惯。

2)个人因素

天然气消费者购买行为还受到购买者的经济状况、生活方式和年龄与生命周期等因素的影响。

(1)经济状况。

在天然气居民客户中,天然气消费与每一个人和家庭的经济状况相关。通常,居民的人均可支配收入越高,居民的可承受气价越高。按照一个家庭一年的生活燃料总费用占这个家庭的可支配收入的 2%为计,那么这个家庭的可承受气价有一个上限,如果超过这个上限,那么消费者会尽可能地选择电力或者其他可替代能源。

同时,一个家庭的收入是变化的,那么这个家庭随着经济状况的变化,天然气的购买能力和接受程度也是变化的。

(2)生活方式。

生活方式是个人表达自己心理的一种生活模式,它反映了消费者的活动、兴趣和观点。天然气作为城市中的一种生活燃料,每一人和每一个家庭生活方式的不同,对天然气的使用也不同。

一方面,由于自然条件不同造成生活方式不同,进而造成天然气利用方向不同。以北京和上海为例,北京冬季要供暖,上海冬季不供暖,那么两个城市在天然气供暖上大相径庭,北京冬季采暖天然气用量大,上海采暖用气量基本没有。

另一方面,由于工作及生活理念不同造成生活方式不同,对天然气利用产生影响。以北京和保定的天然气居民客户为例,北京的家庭成员午间大多习惯于在食堂或者饭店吃饭,保定的家庭成员午间大多习惯于在家里吃饭,那么由于这种生活方式的不同,带来两地的天然气家庭消费(炊事热水)不同。

(3)年龄与生命周期。

天然气作为一种商品,人们对于天然气的消费随着年龄的变化而变化。通常,对于年轻人,可能更多关注天然气的清洁和便利,而对于老年人可能更多关注天然气的价格和便利。由于关注点的不同,必将影响对天然气的消费。

同时每一个家庭会随着成员个人的发展和时间的推移发生变化，这些变化会影响家庭数和户均人口的变化，而家庭数和户均人口的变化又影响着一个城市和一个家庭的用气量的变化。

2. 个体消费者购买决策过程

通常，消费者每次购买商品要经过五个步骤：确认需要、搜索信息、评估备选方案、购买决策、购后行为。购买过程早在实际购买发生前就已经开始，并在购买后还会延续很长时间。但是在经常性购买中，消费者常常跳过或者颠倒某些步骤。图4-1展示了购买过程的五个步骤。

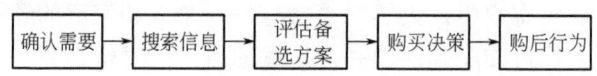

图4-1　个体消费者购买决策过程示意图

1）确认需要

购买过程从购买者确认某一个问题或某种需要开始，即确认需要。通常情况下，天然气个体消费者首先决定是否安装天然气入户设施（有时受社区供气方式的影响是被动的），然后才能考虑是否购买天然气。个体消费者在购买天然气前以考虑购买多少数量天然气为主。

由于天然气购买行为发生是以是否利用了天然气进行判断，那么个体消费者确认需要时主要考虑的是利用天然气还是利用其他能源。因此，在这一阶段，市场营销者应该重点研究个体消费者对不同能源或者燃料的认可程度和价格可承受能力对比，进而提出引导天然气消费的策略。特别是对于天然气潜在客户，市场营销者要向消费者主动介绍和宣传天然气的性能和经济性。

2）搜索信息

当消费者对某种产品感兴趣时，可能会搜索更多的信息。个体消费者购买天然气前，他们最关心的是供应商、供应渠道和价格，可能会搜索供应商、不同渠道和价格对比信息。

由于中国绝大多数天然气个体消费者利用天然气过于"被动"，而且渠道和气源是单一的，因此，他们通过市场营销者了解天然气的基本情况是最主要的渠道，其中最有可能想了解的是天然气的价格。

通常在实际情况中，这个步骤是跳过的。

3）评估备选方案

第四章 天然气市场开发

评估备选方案是消费者如何处理信息并选择产品的过程。购买方案的评估根据消费者个人和特定情形而定。

天然气消费者评估备选方案时，通常对比不同生活燃料或者能源之间在使用过程中的便利性、清洁性、节能程度、安全性、价格等。市场营销者研究购买者的实际评估过程时，一方面要了解购买者的关注点，另一方面也要对比分析不同生活燃料或者能源之间的节能程度、价格等。

4）购买决策

天然气一经利用就表明消费者已实施了购买决策。影响天然气的购买决策主要因素是社区、生活方式和家庭经济状况。

有时，突发情况可能会改变消费者的购买意图。在实际情况中，消费者经常在价格调整前临时决定购买天然气。

5）购后行为

产品购买后，营销人员的工作并没有结束。消费者是否满意以及他们的购后行为也是营销人员应该关注的。个体消费者对利用天然气是否满意主要是天然气灶具的燃烧效果和天然气热值的稳定以及售后服务。因此，企业应该经常征集顾客满意度，建立客户管理和评价系统。

目前，大多数个体消费者天然气来源于地方燃气公司，这些燃气公司在该地区享有专营权和排它性，燃气公司的顾客满意度调查和客户管理方面还不太成熟。

（三）工商企业购买行为

和消费者市场对应的是组织市场，组织市场是指那些采购商品旨在进一步生产、再销售或再分配的所有组织。组织市场包括生产者市场、中间商市场、政府市场和非赢利性团体市场。天然气工商企业市场属于组织市场，工商企业购买行为是指一些工商企业为了用于生产其他产品、出售、使用天然气而购买天然气和服务的行为。它包括批发和零售企业的购买行为。

1. 影响工商企业购买行为的主要因素

工商企业购买行为主要受经济、组织、人际、个人等因素的影响。由于天然气属于清洁能源和大宗消费产品，工商企业市场营销属于 B to B 模式，影响其购买行为的最主要因素是环境和人际因素。

1）环境因素

天然气工商企业决策购买天然气时，受目前和未来的经济环境影响最大，包括需求水平、经济前景、企业资金成本、企业财务状况。当企业的生

产产品市场不景气时，那么企业减少天然气的购买或者不进行购买；当企业扩大生产规模时，通常将增加天然气的购买。

工商企业购买者同时也受技术、政治和竞争环境的影响。特别是竞争环境直接影响购买决策。例如，两家天然气供应商同时向一家工业企业供气，那么在供大于求的局面下，两家企业势必竞争，其中价格和供应保证是主要考虑的因素。

2）组织因素

每一个工商企业各有其目标、政策、程序、组织结构和制度。工商企业市场中的天然气营销者必须很好地了解和理解这些因素，了解有多少部门参与购买决策，哪些人参与决策，他们对购买天然气的评判标准是什么，以及这些工商企业的政策和限制是什么。

天然气营销者与工商企业特别是工业企业谈判购销协议时，双方大多集中在以下几方面：一是是否签订长期合同，且合同文本是专门定制；二是动态定价，按价格公式进行定价。

3）人际因素

工商企业属于组织市场，它的购买决策由往往很多人参与，人际关系非常重要。工商企业营销者应该观察和了解每一个部门的职能、在购买决策过程的地位和影响、各部门之间的关系、具体参与人的个性和观点，并设计有效地应对和谈判策略。

在工商企业购买天然气决策过程中，这些企业的人际因素非常重要，参与人不仅享有购买的职权，而且多具有专业知识，他们的评估报告和决策意见往往对企业最终的决策产生决定性影响。

4）个人因素

天然气工商企业作为一个组织，是由个人组成的，尤其是在每一个企业，有负责购买决策的高层管理人员，这些管理人员和参与者在购买决策过程中有自己的认知、理解、动机和偏好，而个人的认知、理解、动机和偏好影响着决策。其中高层管理人员有"一锤定音"的作用。

2. 工商企业购买决策过程

通常工商企业每次购买商品要经过八个步骤：确认需要、基本需求描述、产品说明、寻找供应商、征求方案、选择供应商、正式订购、评价使用结果。对于新购买者大多经历所有步骤，对于直接重购或者调整重购的购买者可能跳过其中的某些步骤。图4-2展示了工商企业购买过程的八个步骤。

第四章 天然气市场开发

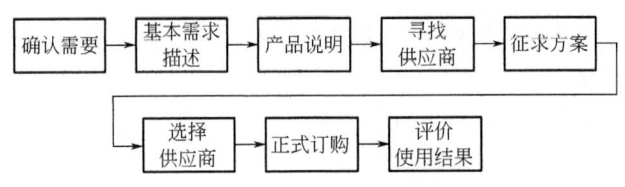

图 4-2 工商企业购买决策过程示意图

1）确认需要

购买过程从工商企业确认对天然气需要或者对原购买计划需要进行调整时，这就是工商企业购买过程的开始。确认需要可能由内部发起，也可能由外部发起。例如 1,某一工商企业由于生产规模扩大对天然气需求增加，那么需要购买天然气；某一工商企业，由于供应商实施了天然气供应工程，那么该企业开始研究是否引进天然气。

2）基本需求描述

一旦确认需要，接下来工商企业要准备基本需求说明书，以确定天然气的数量、价格、交接地点等基本需求。同时，工商企业的采购人员必须评估天然气的保障程度、价格和其他属性，此时天然气市场营销人员应积极地帮助买方。

3）产品说明

购买者要确定天然气的技术规格，由工程技术人员提出更为专业和详细的天然气需求说明书，包括天然气组分要求、压力范围、不均匀系数以及使用天然气对生产工艺的影响等。同时由经济专业人员对使用天然气经济性进行分析，评估天然气成本和价值分析。

4）寻找供应商

工商企业寻找适当的供应商。如果供应商有两家以上，那么需要对这些供应商对比分析。对于天然气领域，在当前的一段时间内，选择范围不大，所以此步骤不复杂。

5）征求方案

一旦确定一名或多名天然气供应商，请供应商提出供应方案，由供应商介绍天然气供应计划，这个计划书包括技术内容和商务内容。

6）选择供应商

在此阶段，工商企业购买者将进行供应商分析和供应计划评估，主要关注供应商的主要特性有：天然气组分、交接地点、价格竞争力、供应时间、技术支持、保障程度、诚信程度等。

在对供应商评估的基础上,按照企业的管理程序进行选择供应商。

7)正式订购

购买者确定供应商后,与供应商谈判,正式签订天然气购销协议或者合同。

8)评估使用结果

购买者按照合同使用天然气,在使用一段时间后,根据满意程度对天然气供应商进行评分,评价天然气的使用效果和评判供应商的服务水平。

在此阶段,市场营销者应随时注意购买者的评估结果,通常也可以主动对购买者开展顾客满意度调查。

第三节　天然气市场调研

天然气市场调研是天然气市场营销活动必不可少的环节。天然气销售企业通过市场调研,可以收集到相关的信息资料,了解到天然气市场现状,从而预测市场未来的发展变化趋势,为天然气销售企业的经营决策提供科学依据。

本节将介绍天然气市场调研的主要程序,一些常用的调查和分析方法、调研报告的撰写以及调研报告的评估办法。

一、天然气市场调研的定义及作用

(一)天然气市场调研定义

上一节中,已经给出天然气市场调研的定义:"天然气市场营销企业为了天然气市场营销决策,采用科学有效的方法对天然气市场上的各种信息进行系统的计划、收集、整理、分析和研究活动。"天然气市场调研是从天然气市场环境[包括人口环境、经济环境、自然环境、科学技术环境、政治法律环境和社会文化环境等宏观环境,以及公司、中间商(渠道)、顾客、竞争对手和公众等微观环境],市场参与(供气企业、燃气公司、天然气客户)、市场运营(营销规划、组织、实施与控制)、市场行为(天然气、天然气价格)到市场消费(购买动机、购买行为)几个环节来层层

第四章　天然气市场开发

逼近，刻画市场真实状况。

首先，天然气市场调研是针对某一目的而展开的，在进行天然气市场调研前，必须明确目的，然后根据目的制订相应的计划，有目标地收集和整理信息。

其次，天然气市场调研是一个有组织、有计划的过程，往往涉及大量的工作，需要接触众多的调研对象（燃气公司、工业用户、发电用户），周密的计划与组织是成功调研的可靠保障。

再次，天然气市场调研要真实、全面地反映研究对象的客观属性和规律，这需要采用科学的方法、系统化的思维方式及方案设计，以确保调研结果的有效性。

最后，值得注意的是市场调研要保持客观性，排除先入为主的干扰。

（二）天然气市场调研的作用

1. 现状描述

现状描述是指收集市场信息并陈述企业所面临的市场环境。例如，社会经济情况、能源供应和消费、燃气供应和利用。

2. 问题诊断

问题诊断是指解释信息或活动。例如，为什么化肥用户的用气量出现了下降？为什么某燃气公司的用气量快速增长？

3. 趋势预测

趋势预测是指在市场调查基础上进行科学分析，将调研中取得的资料、数据用于对未来变动趋势的预测之中，为更好地利用市场机会发挥作用。

企业还可以市场调研为依据，针对市场情况制定相应的市场营销决策。总之，市场调研对企业市场预测，制定经营方针、经营策略等具有重要的作用。

二、天然气市场调研的程序

（一）天然气市场调研的程序介绍

一般情况下，天然气市场调研的程序可分为八个步骤：识别与界定问题或机会、生成调研设计、选择调研方法、选择调研对象、收集数据、分析数据、撰写并提交调研报告、保持跟踪。

在实际操作中，这几个步骤在时间上常会发生重叠和相互关联。前阶段的活动会影响后阶段的设计，同时，后阶段的工作也会对前阶段的设计提出要求。天然气市场调研也往往是一个反复进行的过程,见图 4-3。

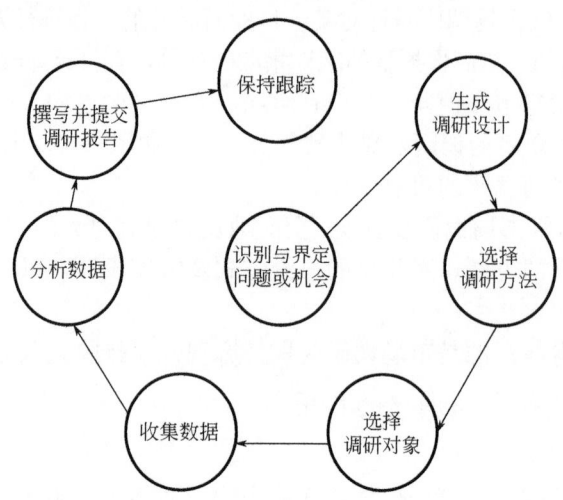

图 4-3　天然气市场调研的程序

1. 识别与界定问题或机会

正确识别与界定问题或机会,对于解决问题来说是至关重要的。它有助于调研人员确定正确的调研目的。例如,在做西气东输天然气管道可行性研究时,就需要对沿线的江苏、浙江、上海等省市的天然气市场进行调研。当调研的意图清楚时,才可以收集到所需要的信息而不会产生信息浪费,达到事半功倍的效果;否则就会事倍功半,甚至无法解决问题。

2. 生成调研设计

调研设计要为收集数据和分析数据确定调研方法与程序,制定相应的工作计划,确定信息的来源,提出调研的成本预算等。调研设计是市场调查的准备阶段,策划是否充分周密,对今后的市场调研的开展和调研质量影响很大。这一阶段主要运用定性研究和系统规划的方法,对调研目的和任务、调研对象、调研表格或问卷、调查时间与期限、调研方法、数据处理和分析研究、调查进度安排、调查经费预算和调查的组织安排等,做出具体的规定和设计,在此基础上制定市场调研方案或市场调研工作计划。

3. 选择调研方法

市场调研方法是指资料获取的方法,一般包括现场调研法、电话询问调研法、网络调研法等,其中每一类又可分为许多具体的调研方法。调研的目的、数据来源的情况、决策时间的紧迫性和获取数据的成本,都会对调研方法的选择产生影响。缺乏经验的调研人员往往采用自己最熟悉的方法，而不考虑研究目的的真实需要。选择调研方法时，应根据调研目的、调研内容、调研对象的特点、调研经费的多少来选择相应的调研方法或多种调研方法组合运用。

4. 选择调研对象

一般来说，天然气市场的调研对象既包括天然气市场营销的目标市场客户的行政管理部门（发改委、公用事业局、主管行业部门）的相关管理人员等，也包括目标市场客户（城市燃气公司、工业燃料客户、天然气发电客户、天然气化工客户）的生产经营管理人员。若调研对象是城市燃气公司，还应进一步了解该客户下游终端用户的用气情况。

5. 收集数据

调研方案确定之后，收集数据便有了方向。尽管收集数据的方法很多，但一般情况下，这些方法都包括预备调研和正式调研两个过程。预备调研是指正式调查之前进行的小规模的调查活动，从而确定正式调研方案的可行性，在预备调研通过后，再进行大规模的调研活动。

6. 分析与处理数据

分析与处理数据包括数据整理、数据分析两方面工作。数据收集上来后，需要对数据格式进行整理，从而为进一步的分析工作准备。完成数据整理后，就可以对数据进行分析了，这其中将会大量地应用数理统计或计量经济学模型与计算机技术，以帮助我们发现研究对象的内在行为规律。

7. 撰写并提交调研报告

调研的最后一项工作是对研究结论进行整理和总结，得出相关的理论解释或相应的预测结论，撰写调研报告，并向管理者提交调研报告。调研报告一般要写清楚调研的对象、调研的时间、调研的情况。

8. 保持跟踪

对于一些重要的、长期的市场调研活动，保持跟踪是非常必要的。跟踪调研是对原调研活动的结论进行求证，以确定或修正原调研结论的过程。跟踪调研在数据修正、模型修正的基础上，对原调研结论进行修正，并提出相应的决策建议。

（二）调研表模板

为了很好地开展调研工作，便于数据整理和分析，需要调研人员制定天然气调查表。

一个典型的天然气调查表（系列）包括经济社会发展、人口、不同用气项目信息等，天然气调研表模板见表4-3至表4-10。

1. 一个地区总体规划信息表

天然气市场发展规模与一个地区（可指省、地级、县）的发展状况和总体规划息息相关，了解该地区的社会经济、人口、发展规划等信息是非常必要的。主要包括：地区经济规模、规划人口、城市人口、产业布局等。主要表格样本见表4-3至表4-6。

表4-3　城市经济发展现状及预测

项目	年度一	年度二	年度三	…
人口（万人）				
城市人口（万人）				
GDP（亿元）				
万元GDP能耗（tce）				
建成区面积（$10^4 m^2$）				
供暖面积（$10^4 m^2$）				

表4-4　人口详细现状及预测

年份		年度一		年度二		年度三		…	
人口		人口（万人）	城镇人口（万人）	人口（万人）	城镇人口（万人）	人口（万人）	城镇人口（万人）	人口（万人）	城镇人口（万人）
主城区	区								
	区								
	小计								
县									
县									
县									
…									
全市总计									

表4-5　车辆详细现状及预测

年份		年度一		年度二		年度三		…	
车辆		总量（辆）	气化（辆）	总量（辆）	气化（辆）	总量（辆）	气化（辆）	总量（辆）	气化（辆）
主城区	公交车保有量								
	出租车保有量								

第四章 天然气市场开发

续表

年份		年度一		年度二		年度三		…	
车辆		总量（辆）	气化（辆）	总量（辆）	气化（辆）	总量（辆）	气化（辆）	总量（辆）	气化（辆）
主城区	环卫车保有量								
	私家车								
	小计								
××县城	公交车保有量								
	出租车保有量								
	环卫车保有量								
	私家车								
	小计								
全市总计	公交车保有量								
	出租车保有量								
	环卫车保有量								
	私家车								
	小计								

表 4-6 工业园规划情况

序号	工业园名称	地点	工业园性质	面积	产值	主要企业				投产时间
						企业名	产品	装置规模	年产规模	单位产品耗能	
1											
2											
3											

注：表中数据请注明单位。

2. 天然气用户信息表

天然气市场调研的主要任务是了解天然气用户的作息，包括气源、利用量、价格、供气管网以及用户相关信息等。主要表格见表 4-7 至表 4-10。

表 4-7 城市燃气用户供应（主要气源）和消费现状

城市	城市人口：_____万人 _____万户 城市气化人口：_____万人 其中，人工煤气用气人口：_____万人 天然气用气人口：_____万人 液化石油气用气人口：_____万人	人工煤气用量：_____ $10^4 m^3$ 天然气用量：_____ $10^4 m^3$ 液化石油气用量：_____ $10^4 m^3$

续表

城市燃气用户现状	人工煤气 居民生活用气户数：_____户 公共建筑用气户数：_____户 工业企业用气户数：_____户 采暖用气户数：_____户 其他：_____户	天然气 居民生活用气户数：_____户 公共建筑用气户数：_____户 工业企业用气户数：_____户 采暖用气户数：_____户 其他：_____户
液化石油气	居民生活用气户数：_____户 公共建筑用气户数：_____户 工业企业用气户数：_____户 采暖用气户数：_____户 其他：_____户	
城市燃气管道现状	人工煤气 压力级制：___MPa；管道长度：____km；管道材质：_____ 压力级制：___MPa；管道长度：____km；管道材质：_____ 天然气 压力级制：___MPa；管道长度：____km；管道材质：_____ 压力级制：___MPa；管道长度：____km；管道材质：_____ 液化石油气 压力级制：___MPa；管道长度：____km；管道材质：_____ 压力级制：___MPa；管道长度：____km；管道材质：_____	
气源	天然气气源：__热值：____kcal/m³ 人工煤气气源：__热值：____kcal/m³ 液化石油气气源：__热值：____kcal/kg	

第四章 天然气市场开发

表 4-8 市（县）城市燃气项目调查表

填表日期： 年 月 日					
公司名称			上级管理部门		
法人代表		注册资金		联系人及职务	
控股股东				联系电话	
实际使用燃料情况（天然气、人工煤气、LPG）					
年度	年度一	年度二	年度三	年度四	…
用气量（万方）					
最大月不均匀系数					
高月高日用量					
2010年各月燃料使用量　单位：（万方/LPG）					
1月	2月	3月	4月	5月	6月
7月	8月	9月	10月	11月	12月
2010年燃料使用情况					
用气结构			气源结构		
类别	所占比例	终端价格	资源来源	所占比例	门站价格
居民					
公建/公福					
小工业					
采暖锅炉					
直燃机					
汽车燃料					
发电					
大工业					
化工					
其他					
合计					

续表

填表日期： 年 月 日				
用气量预测				
交气点（什么管线什么分输站）			交付压力（MPa）	
合同签约日期		合同年限		开始用气时间	
用气量预测万方	年度一	年度二	年度三	年度四	…

注：某城市有多个燃气公司需分别填写。

表 4-9 工业用气项目情况统计表（工业用户）

公司名称			上级管理部门	
法人代表		注册资金		联系人及职务	
控股股东			联系电话	
通信地址				
项目基本情况				
项目名称			建设地点	
建设规模			年利用小时及效率	
交气点（管线、分输站）			交付压力（MPa）	
开始用气时间			合同气量（$10^4 m^3$）	
实际使用燃料情况（煤炭、燃料油、LPG、煤气、天然气） 单位：$t/10^4 m^3$				
年度	年度一	年度二	年度三	年度四	…
燃料使用量					
最大月不均匀系数					
高月高日用量					

注：工业项目包括利用天然气作燃料的项目（工业燃料）、天然气化工（化工项目）、天然气发电。

第四章 天然气市场开发

续表

2010年各月燃料使用量 单位：$t/10^4m^3$					
1月	2月	3月	4月	5月	6月
7月	8月	9月	10月	11月	12月

用气量预测					
交气点			交付压力 MPa)		
用气量预测万方	年度一	年度二	年度三	年度四	…
用气是否可断	（请填写用户保安气量或不可中断的状况）				
燃料名称	煤炭	燃料油	LPG	煤气	天然气
燃料价格					

表4-10 工业（含化工、发电）用户汇总表

序号	用气项目	项目类型	用气性质	地点	产品名称	年产量（10^4t）	单位产品耗气量	主要用气环节及工艺设备规模	天然气消耗量（10^4m^3）	可用天然气替代的能源类型及消耗量	项目进展情况	用气时间
1												
2												
3												
4												
5												
6												
7												
8												
9												
10												

填写说明：（1）用气项目：用气单位名称。
（2）项目类型：现有、在建、规划。

(3) 用气性质：工业、化工、化肥、发电。
(4) 地点：所属县市区、工业园区。
(5) 单位产品耗气量：如烟草为大箱、钢铁为 10^4t、玻璃为 kg、陶瓷为 m^2 等。
(6) 用气环节及工艺设备：设备为工业窑炉、锅炉等。
(7) 替代能源类型及消耗量：在建及规划项目可填写。
(8) 项目进展：项目目前进展情况，规划、预可研、可研、核准、已开工等。

三、天然气市场调研方法

天然气市场调研的方法有很多，归纳起来主要有现场调研法、电话询问调研法、网络调研法等。应用选择时，应根据调研目的、调研内容、调研对象的特点、调研经费的多少来选择相应的调研方法或多种调研方法组合运用。

（一）现场调研法

现场调研法是调研人员直接面对调研对象了解情况、获得资料的方法。基本原理是以问和听的形式获取信息，挖潜信息。访问调研法是市场资料搜集最基本最常用的调研方法，主要用于一手资料的搜集。

1. 现场调研法的分类

现场调研法根据调研对象不同，可以分为两种：

（1）城市燃气公司，一般需要调研客户基本信息（包括公司名称、法人代表、注册资金、控股股东、联系人及职务、联系电话）、历史用气情况（包括年度用气量、最大月不均匀系数、高月高日用量、月度用气量）、交气点、交付压力，居民、公服、小工业、采暖锅炉、加气站等用气量及终端价格，未来几年用气量，替代能源及其价格。见表 4-7、表 4-8。

（2）工业用户，包括工业燃料客户、天然气发电客户、天然气化工客户。一般需要调研客户基本信息（包括公司名称、法人代表、注册资金、控股股东、联系人及职务、联系电话），项目基本情况（现有、在建、规划），地点（所属县市区、工业园区），单位产品耗气量（如烟草为大箱、钢铁为 10^4t、玻璃为 kg、陶瓷为 m^2 等），工艺流程及用气环节、工艺设备，有无替代能源（煤炭、燃料油、LPG 等）及消耗量，以及历史用气情况、未来几年用气量。见表 4-9、表 4-10。

现场调研法根据谈话方式不同，又可以分为两种。

（1）自由交谈方式，能使调研对象有充分发表见解的机会，有利于沟通双方思想，深入地讨论问题，弄清所需了解问题的来龙去脉，有时还可能了解到未列入调研大纲的重要资料。这种谈话方式要求调研人员有较高的谈话技巧，善于启发和引导调研对象的思路。

（2）按调研表提问方式，调研人员按事先拟好的调研表（或调研大纲）项目，逐一向被调查者提问，请调研对象逐一回答。这种面谈方式，谈话内容明确，调研人员容易控制谈话进程，调研表回收率高，调研结果容易统计处理，适用于需要获得统计资料的市场调查，如需求预测等。

现场调研也可以采取个别访问或集体座谈的方式。集体座谈即开调研会，由于众多的被调研者同时出席，往往可以互相启发思路，使调研者获得较多情况。这种方式在选择被调研者人数上要适当控制，人数过少，不能起到集思广益的效果；人数太多，则易使调研会的进行难以控制。

2. 现场调研法的优点

（1）调查表的回收率高。一个有经验的调研者亲自去调查，或多或少总能得到被调研者的回答。面对面的接触，往往可以避免被调研者因忙碌等原因而拒绝回答的情况，因而这是回收率最高的调研方法。

（2）真实性较强。由于调研者与被调研者是面对面的，调研者可以观察到周围的环境、气氛了解被调研者的心理状况，掌握非语言信息，判断信息的可靠程度。

（3）偏差小。面对面调查，调研者可以对调研表中不清楚的问题加以解释，以免由于被调研者的理解错误而产生调研偏差。

（4）灵活性较强。在面对面的调研中，调研者可以根据实际情况，确定对被调研者是进行一般性调研还是重点调研。

3. 现场调研法的缺点

（1）调研费用高。派调研人员进行调查，尤其是被调查者分布地域广，各种费用比较高，这种方法是访问调研法中费用最高的。

（2）主观因素影响大。在面对面调查中，调研人员能够启发、引导调研对象思考问题，这是有利的一面，但同时也不可避免地存在着调研对象回答问题受调查人员的见解、语气、态度的影响，从而使调研结果真实性受影响。

（3）对调研人员要求高。这种面对面的调查，要求调研者有较高的素质，包括调研经验、询问方式、态度等。这对调研结果的质量有很大影响。对同一个调研对象进行调查，不同的调研人员获得的信息资料可能相差甚远。

（二）电话询问法

电话询问法是指通过电话与被调研者交谈，从而获得调研资料的方法。

1. 电话询问法的优点

电话询问法的优点：速度快、费用低。电话询问法产生费用与面谈访问法所需费用相比少得多且回答率较高。

2. 电话询问法的缺点

电话询问法的缺点：不适宜复杂的调研。因电话交谈时间不宜太长，所询问的问题无法深入进行。这种方法比较适用于较为简单的一些调研或探索性的初步调研，为以后进一步深入调研奠定基础。

（三）网络调研法

网络调研法是指调研人员利用互联网搜集和掌握市场信息的一种调研方法。网络调研是充分利用网络的信息查询、传送电子邮件、网上聊天、视频会议这些功能，将需要的市场相关信息进行收集、处理、分析，以获取有价值的数据和资料。

1. 网络调研法的分类

1）电子邮件法

电子邮件法是指调研者将调研问卷通过电子邮件发送给调研对象，调研对象填写调研问卷后，又以电子邮件的形式反馈给调研者。电子邮件调研法属于主动调研法，与传统的邮寄调研法相似，只是邮件在网上发送与反馈，邮件传送的时效性大大提高。

2）在线访谈法

在线访谈法是指调研人员利用 QQ、微信等与被调研者讨论问题、获取有关信息。在线访谈法属于主动调研法，与传统的访问调研法相似，不同之处在于调研人员与被调研者无需见面，节约时间成本。既可以网上个别访问，也可以组织在线座谈会。

2. 网络调研法的特点

网络调研法与传统调研方法相比，在组织实施、信息采集、信息处理等方面具有明显的优势。主要特点如下：

1）经济性

网络调研法在信息采集过程中，不需要派出调研人员，不受天气和距离的影响。信息采集和录入工作通过分布在网上的众多用户的终端用户完成。因此，调研成本低，具有经济性。

2）范围广

网络调研不受空间的限制，既可以进行区域性调研，也可以进行全国性调研，亦可进行无国界的调研和商业咨询。

3）周期短

网络调研能够通过网络迅速地获取信息、传递信息和自动处理信息，因而可以大大缩短调研周期，提高调研的时效性。

4）可靠性

网络调研的信息质量具有可靠性，主要表现在：可以在网络调研问卷上附加全面、规范的项目解释，有利于消除对项目解释不清或调研人员解释口径不一致造成的误差。

值得指出的是，在天然气市场调研方法中，最为实际、效果最佳的调研方法，依旧是在现场开展实地调研，即现场调研。现场调研过程中，通过与市场上的潜在用户开展直接、有效的面对面沟通，获取潜在用户的第一手资料，能够对天然气市场获得更为直观和准确的印象。

四、天然气市场调研报告

（一）天然气市场调研报告的格式

天然气市场调研报告的格式不是固定不变的，其具体结构、格式和风格因调研项目的需要、调研性质的不同而不同。一般情况下，一个完整的书面天然气市场调研报告大体上可分为标题部分、主体部分与附录部分三大部分。

1. 标题部分

标题部分又可分为以下几个部分：

（1）封面，包括报告的标题、执行调研项目的研究人员或机构、报告提交的日期等。

（2）目录，包括报告正文目录、统计表格目录、统计图目录、附件目录等。

2. 主体部分

正文是报告的主体部分，它描述调研设计和实施的整个过程与考虑。主体部分一般包括问题的定义、调研方案、调研实施、数据分析、调研结果、局限性及必要说明、结论和建议等几个部分。

3. 附录部分

附录是指调研报告正文包含不了或没有提及，但与正文相关，必须附加说明的部分，它是对正文报告的补充或更详尽的说明。附录中包括所有技

性较强和细节性的资料，供关心调研技术方面内容的管理者或专家阅读。通常有背景资料、收集的调研问卷、图表、分析过程与结果以及参考文献等。

（二）天然气市场调研报告的内容

1. 一般市场调研报告的内容

（1）问题的定义，包括问题背景、问题的表述、研究的目的等主要内容。

（2）处理问题的途径，主要描述研究的主要方法，如统计数据法、个案研究法等。

（3）调研方案设计，包括方案设计的类型、所涉及的信息、二手资料的收集情况、原始数据的收集情况、采用的量表技术、问卷设计、抽样设计、调查实施的情况等八大部分内容。

（4）数据分析，介绍调研的分析方法和分析方案等。

（5）调查结果，将调查的数据以及分析结果进行归类总结，包括基本结果与分组结果等。

（6）局限性及说明，即对调研结果的适用性、局限性做相应的说明。

（7）结论与建议。

2. 天然气市场调研报告的内容

一份完整的天然气市场调研报告，其主要内容包括以下 7 个部分：

（1）总论。

（2）目标市场基本情况。

（3）市场需求分析。

（4）气价承受能力分析。

（5）用气波动性分析。

（6）分输供气建议方案。

（7）结论与建议。

在"总论"部分，应包括调研背景，说明市场调研任务的由来；调研人员、调研对象、调研时间、研究方法和数据来源，说明预测所采用的方法、现场调研的过程、数据的主要来源。

在"目标市场基本情况"部分，主要描述社会经济总体情况、能源生产和消费、燃气供应及利用等方面。社会经济总体情况主要包括目标市场所在地理位置、城市面积、行政区域划分、社会文化特点等基本现状；以及目标市场经济特点和经济发展水平，目标市场人口数量及城镇化率、GDP 总量、人均 GDP、人均可支配收入等现状及上述指标近年来的增长情况；目标市场

第四章 天然气市场开发

主要工业行业、重点企业、区域分布等工业发展特点。能源生产和消费主要包括：目标市场能源生产和消费总量，煤炭、石油产品（包括汽油、柴油、燃料油、LPG 等）、电力等主要能源供应和消费情况，总结目标市场能源消费特点，分析天然气利用的潜力。燃气供应及利用主要包括：目标市场各类燃气气源（天然气、LPG、人工煤气）的供应及利用情况。其中，供应情况主要包括各类气源的来源、数量、价格等信息。若气源主要为天然气，还应说明目标市场已建、在建供气管道及其分输站、阀室的设置情况。利用情况主要包括目标市场现有燃气企业的经营区域、燃气种类、气源、用气量、用气价格、燃气输配设施等情况，重点工业用户天然气利用情况，以及目标市场未来的天然气利用发展规划等。

在"市场需求分析"部分，通过对居民、公服、工业用户、天然气汽车等用气需求的分析，汇总得出目标市场用气需求量。居民用气需求，主要通过分析目标市场居民用气定额、人口和城镇化率的变化趋势，预测目标市场的分年居民用气量。公服用气需求，主要通过分析目标市场公服企业的用气定额、用气设施数量及发展趋势，或通过分析同类用户公服用气量与居民用气量的比例，预测目标市场的分年公服用气量。工业用户用气需求，主要通过分析各工业用户的主要用气工艺和天然气用途、产品产量和产品用气定额，预测目标市场的分年工业用户用气量，对于主要用气企业（可选择年用气量超过 $1000 \times 10^4 m^3$ 的工业企业），应描述每个企业的具体用气项目、用气项目厂址、使用天然气的具体生产工艺和装置规模、天然气用途、产品及产品产量、产品用气定额、正常用气量和最大日用气规模、目前燃料使用情况（应包括燃料来源、数量、价格等关键信息）等。天然气汽车用气需求，主要通过分析目标市场的公交车、出租车等的用气定额、车辆保有量及发展趋势，预测目标市场的分年天然气汽车用气量。用气需求量汇总，主要对上述各类需求进行汇总，列出目标市场未来 5 年分年用气需求和远期用气需求（例如未来第 10 年）。

在"气价承受能力分析"部分，主要从目标市场各类能源比价关系、各类用户的气价承受能力分析、不同门站价格水平下的市场需求预测等方面进行论述。目标市场各类能源比价关系，主要包括煤炭、石油产品（包括汽油、柴油、燃料油、LPG 等）、电力等能源的价格、热值、折算成等热值天然气的价格。各类用户的气价承受能力分析，主要通过对各类用户现有燃料价格、其他可替代燃料价格或天然气在产品成本中所占比例等角度估算天然气用户对价格的承受能力。不同门站价格水平下的市场需求预测，主要结合目标市

场可能实现的门站销售价格，测算可能实现的目标市场天然气需求量（分用气类型）。

在"用气波动性分析"部分，主要包括不均衡系数预测和调峰建议。不均衡系数预测，根据用气历史数据或结合类似地区用气经验，对目标市场的用气波动性进行分析，测算不同月份的月不均衡系数和日不均衡系数。调峰建议，主要描述解决用户用气不均衡性可采取的调峰措施；分析工业和发电用户可配合管道调峰的潜力和相关措施。

在"分输供气建议方案"部分，应说明目标用户的选择、与地方政府和用户对接情况、分输供气建议方案等。目标用户的选择，主要描述选择目标用户的原则，可向目标市场供应的资源情况、管道输气能力及其他条件，其他供气商向目标用户的供气量分析。与地方政府和用户对接情况，主要包括城市燃气用户的资质和行政许可情况，用户接气管道工程的概况，地方政府对与用户签订合同和向用户分输供气的意见等。分输供气建议方案，主要包括各用户的分输位置、分输压力、分年度供气量、分输规模等关键参数，各用户的用气结构。值得注意的是，市场需求分析通常是针对某个区域，分输供气建议方案应尽可能具体到每个用户。

在"结论"部分，从用气量、价格、用户承受能力、政府态度、城市发展结构等因素进行综合分析，阐述目标天然气市场存在的各方面优势及结论。

在"建议"部分，结合本地区实际情况，针对天然气市场的开发、销售及工程建设等方面提出合理有利的建议。

3. 注意事项

（1）上述天然气市场调研报告内容是按照区域范围较大的目标市场而设计的，对于区域范围较小的目标市场或单个用户，可本着简洁有效、说明问题的原则，简化各章节设置。

（2）针对目标市场的实际情况，可在上述用气类型（民用、公服、商业、工业、天然气汽车）之外，增加其他用气类型（例如发电、化工）。

（3）对工业用户用气需求的测算往往是决定目标市场总用气需求分析的准确度的最主要因素。如果用户需求量中既包括企业现有装置需求量，也包括拟建装置需求量，应将两者分别说明，并说明拟建项目目前所处阶段（在建、已核准、已列入地方规划或企业规划）。对于拟建装置（特别是仅处于企业自身规划的拟建用气项目），应根据具体情况判断是否列入目标市场的用气需求。

（4）在各类用户的气价承受能力分析中，对于工业用气，应针对目标市场的主要用气行业分别进行气价承受能力分析。

第四节 天然气市场需求预测

一、市场需求预测的定义

市场需求预测是指在在市场调查取得一定资料的基础上，运用已有的知识、经验和科学方法，对市场未来的需求量进行分析并做出推测与判断。本章节介绍的是天然气市场需求预测，即预测未来天然气需求量。

二、市场需求预测的功能

市场需求预测的功能综合体现在以下几个方面：

（1）准确的市场需求预测为制定科学的计划和正确的政策提供依据。对于天然气产业而言，对未来一定时期内的市场需求做出准确的预测和判断，是制定各项计划和政策的基本依据之一。

（2）准确的市场需求预测是管理决策和提高经济效益的必要条件。做出正确的决策的前提之一，就是要对市场的需求做出准确的预测，有了准确的市场需求预测结果，才能做出有基础、有依据的决策，使得经济活动达到预期的效果。

对天然气产业而言，准确的市场需求预测可以为市场营销部门提供未来一定时间、一定区域范围内的天然气市场需求量及其他相关信息，是市场营销部门及生产、贸易、调度、基础设施建设等其他部门经营活动的重要依据之一。根据准确的市场需求预测结果所进行的天然气营销及其他相关生产经营活动，可大大减少盲目性，增强自觉性，必然给天然气生产经营企业带来较高的经济效益，也促进了天然气的开发、流通与利用，既提高了节能减排的效果，也满足了消费者的需求。

（3）准确的市场需求预测对社会生产和资源引进的合理化具有促进作用。随着中国的经济体制改革不断深化，能源需求的总量，特别是清洁能源需求的增长显得越来越迫切。天然气作为最清洁的化石能源，是目前实现"低碳经济"最为可行的能源之一。市场需求预测提供的各个时间段、各个区域范围内的天然气市场需求量、市场需求结构、发展变化规律等相关信息为天然气的生产与引进提供了准确的、全面的、系统的预测数据，大大提高了生产和引进的合理性，避免造成天然气资源的浪费。

（4）准确的市场需求预测对促进和满足下游用户的消费需求具有保障作用。通过对市场需求作出准确的预测，可以全面系统地了解下游市场的需求状况，包括需求数量、需求结构和需求发展变化规律等，并向相关生产企业和贸易部门提供可靠的信息。

综上所述，市场需求预测对资源的合理生产与引进，对满足和促进下游市场的消费需求，对保障国民经济和社会健康发展，对科学制定各项规划和政策，对提高管理决策水平，对满足商品生产与营销的经济效益等，都具有非常重要的作用与功能。

三、天然气市场需求预测的方法及选择

天然气市场需求预测仍然是一个广义的概念，根据预测的任务标准、空间范围、时间长短、服务对象等不同，预测所采取的方法也不相同。为了有针对性地选择不同的预测方法，有必要先对市场需求预测本身进行分类。

（1）根据预测的空间范围可分为宏观市场需求预测和微观市场需求预测。

宏观市场需求预测是指把天然气整个行业的发展总体情况作为研究对象，分析天然气在市场营销过程中的宏观影响因素，对天然气总需求的规模、结构、增长速度和供需平衡关系等做出的预测。宏观市场需求预测是政府或企业制定方针政策，调节市场平衡关系，引导社会发展方向的重要依据。

微观市场需求预测是指对天然气在某类产品、某个行业或某座城市等基层单位的各项活动作为研究对象，分析天然气在这些基层单位的销售经营过程中各项微观经济指标之间的联系和发展变化规律，对天然气的需求规模、结构、增长速度和供需平衡关系等做出预测。微观市场需求预测是企业制定生产经营决策，编制和安排资源计划，提高经济效益的基础条件。

同时，宏观市场需求预测与微观市场需求预测之间有着密切的关系，宏观市场需求预测应以微观市场需求预测为基础和前提，微观市场需求预测应以宏观市场需求预测为指导和框架，两者相辅相成。

第四章 天然气市场开发

（2）根据预测的时间长短可分为长期市场需求预测、中期市场需求预测和短期市场需求预测。

长期市场需求预测是指对 5 年以上的天然气市场需求做出预测。长期市场需求预测是制定国民经济、能源发展和企业生产经营远景规划，提出天然气行业长期发展目标和任务的依据。

中期市场需求预测是指对 1 年以上 5 年以下的天然气市场需求做出的预测。中期市场需求预测是制定国民经济、能源发展和企业生产经营 5 年规划，提出天然气行业 5 年发展目标和任务的依据。

短期市场需求预测是指对 1 年内分月天然气市场需求作出的预测。短期市场需求预测是制定季度计划、月度计划，明确规定短期发展具体任务的依据。

（3）根据预测的方法性质可分为定性市场需求预测和定量市场需求预测。

定性市场需求预测是指预测者通过调查研究、了解实际情况，凭借自己对天然气行业发展的知识背景和实践经验，对天然气市场的发展前景、速度和程度作出判断，提出天然气市场未来发展的方向和粗略的数量估计。常用的定性预测方法包括类推预测法、市场调查预测法、专家预测法等。定性市场需求预测的准确程度主要取决于预测者的经验、理论、业务水平、日常掌握的情况以及分析判断能力，适用于数据缺失或需要考虑无法量化因素的情况，但对预测者综合能力要求较高。

定量市场需求预测是指根据准确、及时、系统、全面的调查统计资源和数据，运用统计方法和数学模型，对天然气市场未来发展的规模、水平、速度、程度等进行计算，提出天然气未来的市场需求量。常用的定量预测法包括因果分析法、延伸预测法、灰色理论、投入产出法等。定量市场需求预测的准确程度不仅取决于市场调研统计资源和数据的全面性和准确性，还要求预测者对整个天然气行业的发展趋势有比较清楚的认识。

因此，在对天然气市场需求进行预测的过程中，为了使预测结果更加切合实际，提高预测质量，为政府和企业的决策和计划提供切实可行的支持，通常是将定性市场需求预测和定量市场需求预测相结合，对两类预测结果进行对比、校核、检验并分析其中差异的原因，根据经验进行综合判断。通过对定性和定量两类预测方法紧密结合，相互印证，才能使市场需求预测结果更加科学、可信。

根据预测的方法性质和时间长短分别建立天然气市场需求预测方法体系，如图 4-4、图 4-5 所示。

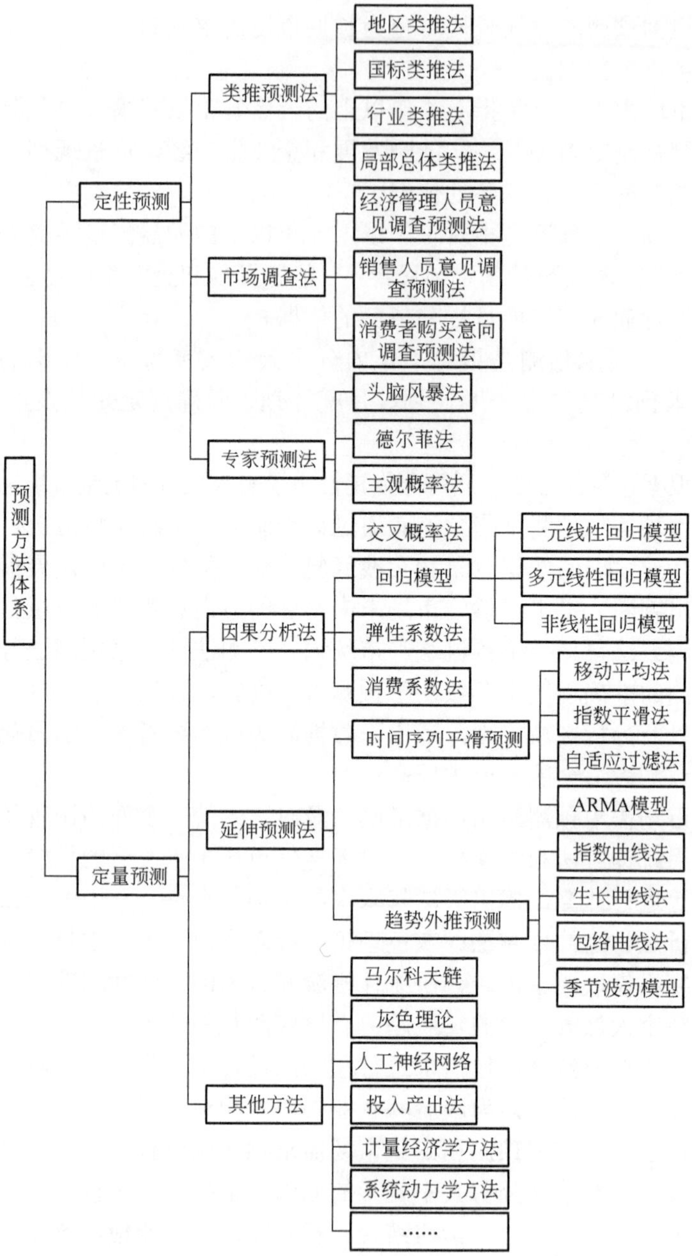

图 4-4 按预测方法性质区分的天然气市场需求预测方法体系图

第四章 天然气市场开发

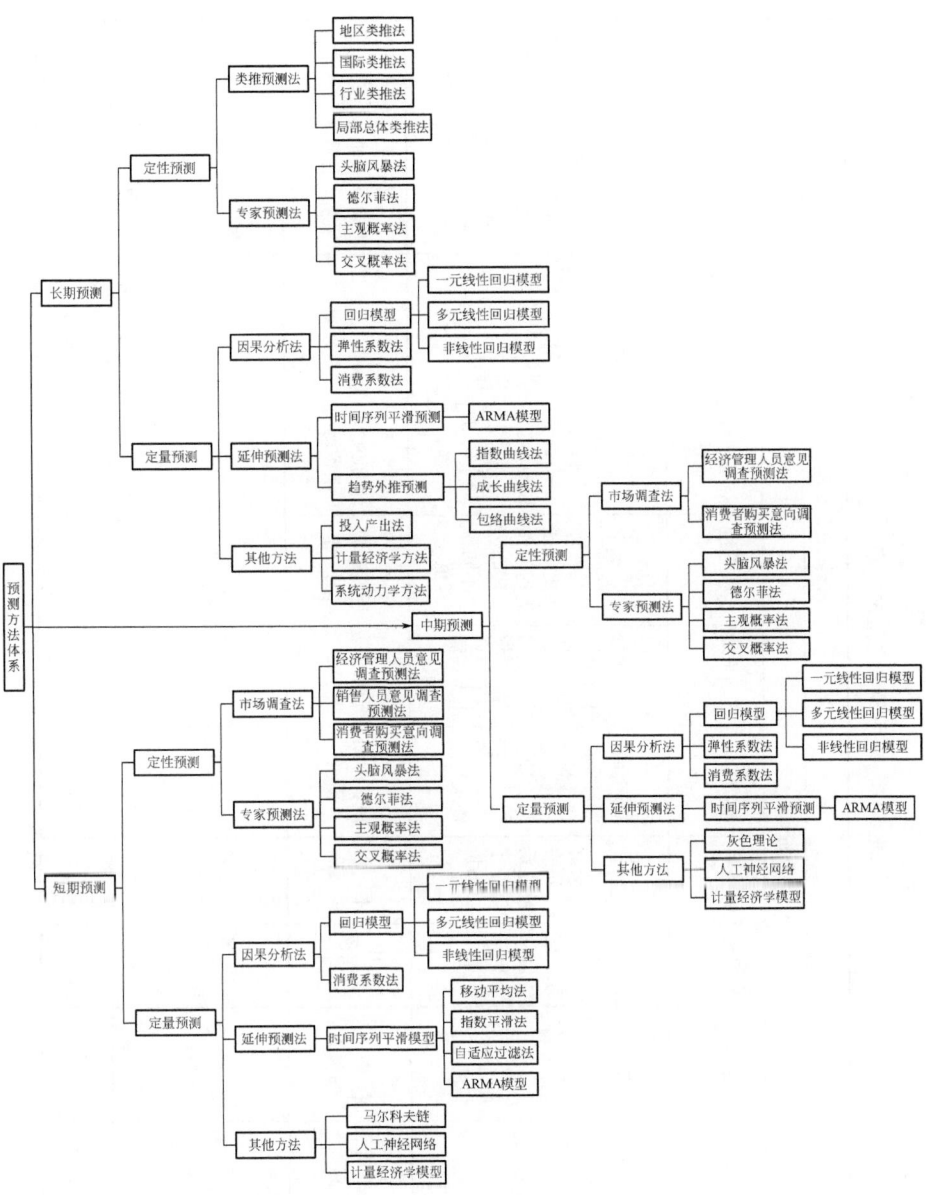

图 4-5 按预测时间长短区别的天然气市场需求预测方法体系图

常用预测方法的基本原理及特点见表 4-11。

表 4-11 常用预测方法的特点

预测方法	定性方法			定量方法									
				因果分析法			延伸预测法						
	类推预测法	市场调查法	专家预测法	回归模型	弹性系数法	消费系数法	移动平均法	指数平滑法	自适应滤波法	ARMA模型	指数曲线法	成长曲线法	包络曲线法
方法简介	运用相似原理，对比类似产品发展过程，寻找变化规律进行预测	深入市场调研取得信息，根据经验和专业水平，对发展前景分析判断	组织有关专家，通过会议形式进行预测，综合专家意见得出预测结论	运用因果关系，建立回归分析模型	运用两个变量之间的弹性系数进行预测	对产品在各行业消费数量进行分析，结合行业规划预测需求总量	对具有时序变化规律的事物取时间序列中连续几个数据的平均值作为预测值	与移动平均法类似，只是考虑历史数据近远期作用不同，给予不同权值	与指数平滑法类似，同时存在一个调整权数，以使预测误差最小的过程	ARMA模型同时考虑过去历史数据与随机因素的影响，开目引入了移动算子，方便计算	对于呈指数曲线规律变化的模型适用	对于呈生物成长规律变化的模型适用	既考虑渐进技术进步的成果，又考虑跨越式技术进步的影响
适用范围	长期预测	短、中期预测	短、中、长期预测	短、中、长期预测	中、长期预测	短、中期预测	近期或短期预测	近期或短期预测	近期或短期预测	短、中、长期预测	长期预测	长期预测	长期预测
数据资料需求	多年历史资料	多年历史资料	多年历史资料	需要多组对应数据	需要多组对应数据	需要多组对应数据	数据≥4个			需要多年数据	至少需要5年数据	需要多年数据	需要多年数据
精度	尚好	较好	较好	很好	较好	很好	尚好	较好	较好	很好	较好	较好	很好

第四章 天然气市场开发

续表

预测方法		其他方法				
方法	马尔柯夫性	灰色系统理论	神经网络理论	投入产出分析	计量经济模型	系统动力模型
方法简介	具有"无后效性",主要应用于商品的销售状态预测和期望占有率预测	对数据的全面性要求低,具有平滑数据的功能	模拟大脑结构和功能的一种信息处理系统。已在函数逼近、组合优化、目标跟踪等领域获得应用,解释性差	用于分析经济系统中各行业的投入与产出之间的联系,能够很好地建立目标预测首与经济系统中各行业及全整个国民经济运行之间的联系,具有良好的可解释性	揭示了经济活动中各种因素之间的定量关系,同时引入了随机误差项,使描述的经济关系更加符合实际	基于系统行为与内在机制间相互紧密的依赖关系,通过数学模型的建立获得,逐步发掘出产生变化形态的因果关系
适用范围	短期预测	中期预测	短、中期预测	长期预测	短、中、长期预测	长期预测
数据资料需求	至少需要5～10年历史数据	需要5～10年历史数据	多年历史数据	多年统计年鉴中关于支出法GDP的统计	至少需要5～10年历史数据	需要多年数据
精确度	尚好	较好	较好	很好	很好	很好

四、天然气市场主要预测方法及数据来源

（一）类推预测法

1. 基本原理

研究中国的天然气中长期天然气市场需求，适合采用的类推预测法是国际类推法。美国、日本、俄罗斯、英国等世界发达国家天然气市场发育历史规律，均经历了启动期、发展期和成熟期3个阶段。中国的天然气市场发育规律遵循的也是启动期—发展期—成熟期的变化规律，以2004年12月"西气东输"管道工程正式商业运作为标志，中国天然气市场开始由启动期进入发展期。

美国的天然气历史消费量资料详实，获取容易，并且中国的天然气市场发育规律与美国类似，建议参考美国在快速发展期的天然气历史消费量、逐年天然气消费增长量及平均增长量，用于预测中国未来的天然气消费需求。

例如，已知2014年及以前中国天然气消费量，采用类推预测法，测算中国2015年以后的天然气需求总量。计算公式为：我国天然气需求量=美国发展期天然气年均增长量×(年份-2014)+1761；或：我国天然气需求量=美国发展期天然气最大增长量×(年份-2014)+1761。

2. 数据来源

采用类推预测法对中国天然气市场需求进行预测，需要掌握可类推的国家如美国的天然气消费量、中国的天然气消费历史数据。

美国的天然气历史消费量数据来自美国能源情报署，美国天然气消费总量见表4-12。

表4-12　1945—1970年美国天然气消费量　　　　单位：$10^8 m^3$

年份	1945年	1949年	1950年	1951年	1952年	1953年	1954年	1955年
消费量	1045	1392	1615	1907	2042	2139	2254	2434
年份	1956年	1957年	1958年	1959年	1960年	1961年	1962年	1963年
消费量	2601	2757	2885	3170	3350	3497	3714	3911
年份	1964年	1965年	1966年	1967年	1968年	1969年	1970年	
消费量	4148	4278	4606	4869	5217	5616	5919	

中国天然气历史消费量来自于《中国能源统计年鉴2014》，中国1996—2014年天然气消费量见表4-13。

表 4-13　1996—2014 年全国天然气消费量　　　　单位 $10^8 m^3$

年份	1996年	1997年	1998年	1999年	2000年	2001年	2002年	2003年	2004年	2005年
消费量	185	195	203	215	245	274	292	339	397	468
年份	2006年	2007年	2008年	2009年	2010年	2011年	2012年	2013年	2014年	
消费量	561	705	813	895	1076	1307	1453	1676	1761	

（二）能源弹性系数法

1. 基本原理

利用能源弹性系数法预测未来天然气消费量有两种思路：一种是直接预测天然气消费量；另一种是首先预测出一次能源消费总量，再通过相应的天然气消费量占一次能源消费量的比例，进而得到天然气消费量。两种方法相比较，第二种更加常用，原因在于第二种思路充分考虑了石油、煤炭、天然气、水电等一次能源的综合影响因素，比单纯的预测天然气消费量更具可信度。

影响天然气需求的因素很多，其中较为关键的是经济增长。能源消费弹性系数法通过分析中国国民经济发展对能源的需求和能源结构的变化，预测能源总需求量，然后通过预测天然气在一次能源消费结构中的比例，预测天然气总消费量。

2. 数据来源

若要预测未来的天然气市场需求，需要掌握能源弹性、天然气占能源结构中的比例现状数据。

例如，若要预测 2015 年及以后的中国天然气市场需求，需要掌握 2014 年及以前的历史数据。根据《中国统计年鉴 2014》及《2014 年国民经济和社会发展统计公报》中 1990—2014 年的全国 GDP 总量和能源消费总量，可确定 1991—2014 年全国能源消费弹性系数，见表 4-14。

表 4-14　全国能源消费弹性系数

年份	1991年	1992年	1993年	1994年	1995年	1996年	1997年	1998年
能源消费弹性系数	0.55	0.37	0.45	0.44	0.63	0.31	0.06	0.03
年份	1999年	2000年	2001年	2002年	2003年	2004年	2005年	2006年
能源消费弹性系数	0.42	0.42	0.40	0.66	1.53	1.60	0.93	0.76
年份	2007年	2008年	2009年	2010年	2011年	2012年	2013年	2014年
能源消费弹性系数	0.59	0.41	0.57	0.58	0.76	0.51	0.48	0.30

天然气占一次能源消费中的比例，见表 4-15。

表 4-15 天然气占一次能源比例

年份	1991年	1992年	1993年	1994年	1995年	1996年	1997年	1998年
天然气占比（%）	2.0	1.9	1.9	1.9	1.8	1.8	1.8	1.8
年份	1999年	2000年	2001年	2002年	2003年	2004年	2005年	2006年
天然气占比（%）	2.0	2.2	2.4	2.4	2.5	2.5	2.6	2.9
年份	2007年	2008年	2009年	2010年	2011年	2012年	2013年	2014年
天然气占比（%）	3.3	3.7	3.9	4.4	5.0	5.2	5.8	5.9

（三）回归模型法

1. 基本原理

回归模型法，特别是成长曲线模型是因果分析法的另一种预测方法，主要适用于天然气中长期需求预测。通过分析全国与各地区天然气历史消费量，以及对应的各相关因素的历史值，建立天然气需求量与各相关因素的成长曲线模型：

$$y = 1/(1/u + b_0(b_1^{x_i})) \tag{4-1}$$

式中　x_i——确定的相关因素；

　　　y——天然气需求量，$10^8 m^3$；

　　　u——天然气需求最高限值，$10^8 m^3$；

　　　b_0、b_1——模型计算参数 x。

然后，通过相关分析，确定天然气历史消费量与各相关因素 x_i 的相关系数，计算各相关因素与天然气消费量函数的权重大小，从而建立回归曲线的综合模型：

$$y = c_1 \times \{1/[1/u + b_0(b_1^{x_1})]\} + c_2 \times \{(1/[1/u + b_2(b_3^{x_2})]\} + ... + c_n \times \{(1/[1/u + b_n(b_{n+1}^{x_n})]\} \tag{4-2}$$

式中　c_1、c_2、c_3、——消费量函数权重；

　　　$b_0 \sim b_n$——模型计算参数；

　　　x_1——国内生产总值，亿元；

　　　x_2——城镇人口人均可支配收入，元；

　　　x_3——国内天然气产量，$10^8 m^3$；

　　　x_4——能源消费用量，$10^4 tce$。

第四章 天然气市场开发

2. 数据来源

例如，若要预测 2015 年及以后的中国天然气市场需求，采用回归模型法进行预测，需要掌握 2014 年及以前的历史数据。

根据《中国统计年鉴 2014》，收集 2000—2014 年全国天然气消费量（GAS）以及国内生产总值（GDP）、城镇人口人均可支配收入（Income）、国内天然气产量（Output）、能源消费总量（Energy）等相关因素数值，见表 4-16，其中 GDP 已考虑价格指数的影响，折算至 2000 年不变价格。

表 4-16 全国天然气消费量及相关因素指标

年份	GAS ($10^8 m^3$)	GDP （亿元）	Income （元）	Output ($10^8 m^3$)	Energy ($10^4 tec$)
2000	245.0	99215	6280	272.0	145531
2001	274.3	107450	6860	303.3	150406
2002	291.8	117208	7703	326.6	159431
2003	339.1	128959	8472	350.2	183792
2004	396.7	141965	9422	414.6	213456
2005	467.6	158021	10493	493.2	235997
2006	561.4	178052	11759	585.5	258676
2007	705.2	203269	13786	692.4	280508
2008	812.9	222853	15781	803.0	291448
2009	895.2	243387	17175	852.7	306647
2010	1075.8	268814	19109	948.5	324939
2011	1307.0	293813	21810	1025.0	348000
2012	1453.0	316297	24565	1071.5	361732
2013	1676.0	337388	26955		375000
2014	1761.0	357825	28844		383250

根据《国民经济与社会发展第十二个五年规划纲要》，2015 年和 2020 年的 GDP、城镇人口人均可支配收入、全国能源消费总量以及全国天然气产量见表 4-17。

表 4-17 2015 年和 2020 年全国天然气相关因素指标

年份	GDP （亿元）	Income （元）	Output ($10^8 m^3$)	Energy ($10^4 tec$)
2015	377000	28588	1500	435000
2020	505000	38258	2000	505000

（四）灰色理论

1. 基本原理

灰色理论模型 GM（1，1）的基本原理采用实例更易于表达。

例如，已知中国 2004—2014 年天然气历史消费量，采用灰色理论模型进行未来天然气需求预测。

首先将 2004—2014 年天然气历史消费量平滑化，建立灰色模型 GM（1，1），计算步骤如下：

步骤 1：将 2004～2014 年全国天然气逐年消费量：

$[x^{(0)}(2004), x^{(0)}(2005), x^{(0)}(2006), x^{(0)}(2007), x^{(0)}(2008), x^{(0)}(2009), x^{(0)}(2010), x^{(0)}(2011), x^{(0)}(2012), x^{(0)}(2013), x^{(0)}(2014)]$

做累加生成，得到 $x^{(1)}(j) = \sum_{i=1}^{j} x^{(0)}(i)$

步骤 2：建立微分方程：$\frac{dx^{(1)}}{dt} + ax^{(1)} = b$，计算 $x^{(1)}$ 模型，从而得到 $x^{(1)}$ 序列的灰色模型 GM（1，1），运用 GM（1，1）模型预测未来中国天然气需求量。

步骤 3：由于灰色模型本质是指数曲线模型，在预测天然气长期需求时，其逐年增长量将越来越大，因此长期预测将采用成长曲线模型进行修正。

步骤 4：运用龚柏兹成长曲线模型或罗吉斯缔成长曲线模型预测长期天然气市场需求。

2. 数据来源

本研究主要是运用全国天然气历史消费量预测未来全国天然气市场需求量。

2004—2014 年天然气历史消费量数据来自于《中国统计年鉴 2014》。

表 4-18　2000—2014 年全国天然气消费量　　单位：$10^8 m^3$

年份	2004	2005	2006	2007	2008	2009	2010	2011	2012	2013	2014
消费量	396.7	467.6	561.4	705.2	812.9	895.2	1075.8	1307.0	1453.0	1676.0	1761.0

（五）投入产出法

1. 基本原理

投入产出法的基本原理是通过分析全国第二产业、第三产业各个部门的国民生产总值占全国国民生产总值的比重变化规律，结合未来的发展规划，预测各个部门未来的国民生产总值占全国国民生产总值的比重；通过分析各个部分增加值率，预测未来各个部门的增加值率；通过分析各个部门的天然气消费量与该部门当年的总产出的比值变化规律，结合该部门能源消费发展规划，预计未来该部门单位总产出消费的天然气；最后通过该行业未来总产出，以及单位产出消费的天然气，计算该部门天然气消费总量。汇总各部门天然气消费量，得到全国天然气消费总量。计算公式如下：

$$全国天然气消费总量 = \sum_{i=1}^{n} \frac{全国GDP \times 部门i生产总值比重}{部门i增加值率} \times 部门i单位产出消费天然气 \quad (4-3)$$

2. 数据来源

采用投入产出法主要涉及各个行业的国民生产总值、各个行业的产出以及各个行业的天然气消费量。

例如，已知中国 2008—2012 年的国民生产总值、各个行业的产出、各个行业的天然气历史消费量，那么预测未来的天然气需求量。各个行业的国民生产总值来自于《中国统计年鉴2014》，见表 4-19。

表4-19　2006—2012 年全国各个行业的国民生产总值　　单位：亿元

年份	2008年	2009年	2010年	2011年	2012年
采矿业	19629	16726	20937	27226	27082
制造业	102539	110119	130325	150597	161326
电力、燃气及水的生产和供应业	8091	8395	9461	10647	11263
建筑业	18743	22399	26661	31943	35491
交通运输、仓储及邮政业	16363	16727	19132	22433	24660
住宿和餐饮业	6616	7118	8069	9173	10464
其他服务业	108361	124193	146395	173599	196810

各个行业的总产出来自于《中国地区投入产出表（2002、2007）》，各个行业的总产出见表 4-20。

表4-20　2002 年、2007 年全国各个行业的总产出　　单位：亿元

年份	2002年	2007年
采矿业	10317	28459
制造业	142425	420505
电力、燃气及水的生产和供应业	8842	34318
建筑业	28133	65094
交通运输、仓储及邮政业	14606	31604
住宿和餐饮业	7146	14755
其他服务业	72540	160767

各个行业的天然气消费量则来自于《中国能源统计年鉴》,见表 4-21。

表 4-21　2006—2012 年全国各个行业的天然气消费总量　　单位:$10^8 m^3$

年份	2006 年	2007 年	2008 年	2009 年	2010 年	2011 年	2012 年
采矿业	81.72	90.97	109.67	122.93	134.14	131.93	139.50
制造业	263.12	309.08	337.92	321.14	357.70	483.07	572.72
电力、燃气及水的生产和供应业	39.13	79.62	84.01	133.82	189.07	224.95	234.52
建筑业	1.66	2.09	0.99	0.97	1.16	1.28	1.26
交通运输、仓储及邮政业	47.24	46.88	71.55	91.07	106.70	138.35	154.51
住宿和餐饮业	13.16	17.11	17.75	23.96	27.24	33.64	38.69
其他服务业	12.77	16.09	20.92	23.64	26.00	27.14	32.88
生活消费	102.62	143.39	170.12	177.67	226.90	264.38	288.27

五、天然气市场预测结果及样本

根据类推预测法、能源弹性系数法、回归模型法、灰色理论、投入产出法等方法进行预测。参照上述给出的数据,分别预测,预测结果及样本如下:

(一)类推预测法

1945—1970 年美国天然气消费年均增长量为 $194 \times 10^8 m^3$。中国 2005—2014 年年均天然气消费增长量为 $136 \times 10^8 m^3$,其中 2011 年和 2013 年增长量同比均超过 $200 \times 10^8 m^3$,分别达到 $231 \times 10^8 m^3$ 和 $223 \times 10^8 m^3$。可见快速发展期,中国天然气消费量的增长量与美国发展期的增长量($194 \times 10^8 m^3$)非常类似。取年均增长量 $194 \times 10^8 m^3$ 预测中国天然气消费量的计算结果见表 4-22。

表 4-22　2015—2025 年全国天然气需求量　　单位:$10^8 m^3$

年份	2015 年	2016 年	2017 年	2018 年	2019 年	2020 年	2021 年	2022 年	2023 年	2024 年	2025 年
需求	1955	2149	2343	2537	2731	2925	3119	3313	3507	3701	3895

1950 年美国天然气消费量较 1949 年首次超过 $200 \times 10^8 m^3$,1949 年至 1969 年的天然气年均增长量 $211 \times 10^8 m^3$。而中国 2011 年和 2013 年增长量分别达到

第四章 天然气市场开发

$231×10^8m^3$ 和 $223×10^8m^3$，假设年均增长量保持在 $211×10^8m^3$，中国天然气需求量预测结果见表4-23。

表4-23　2015—2025年全国天然气需求量　　　　单位：10^8m^3

年份	2015年	2016年	2017年	2018年	2019年	2020年	2021年	2022年	2023年	2024年	2025年
需求	1972	2183	2394	2605	2816	3027	3238	3449	3660	3871	4082

（二）能源弹性系数法

中国的能源消费弹性系数在大部分时段介于 0.4～0.6 之间，说明中国的能源利用效率存在较为明显的改善，单位不变价 GDP 所需能耗在逐年降低。随着国家环境保护政策和措施的不断落实，能源弹性系数在"十三五"期间仍将延续这种趋势，因此，"十三五"期间能源消费弹性系数按 0.45～0.55 考虑。

根据 2001—2014 年中国天然气占一次能源的比例增长率 7.3%，预测 2015 年天然气占一次能源的比例约为 6.4%。国务院办公厅发布的《能源发展战略行动计划（2014—2020 年）》，2020 年中国天然气占一次能源消费比重达 10%以上，因此 2020 年天然气占一次能源消费比例取 10%，2025 年按 13%～15%考虑。

根据《"十三五"时期中国发展环境、发展趋势和战略思路研究》，"十三五"期间 GDP 年均增长率约为 7.0%。以 2001 年为基准年，采用能源消费弹性系数法计算 2015 年、2020 年全国天然气需求量，见表4-24。

表4-24　2015年、2020年全国天然气需求量

年份	能源消费弹性系数	能源消费量（10^8tce）	天然气占一次能源比例（%）	天然气需求量（10^8m^3）
2015年	0.5～0.6	39.7～39.9	6.4	1900～1920
2020年	0.45～0.55	45.6～47.7	10.0	3440～3580
2025年	0.4～0.5	51.5～55.2	11%	4261
			12%	4817
			13%	5400

（三）回归模型法

经济的增长需要能源的驱动，分析中国天然气消费量与国内生产总值之间变化趋势的相互关系，根据历年天然气消费量与 GDP 历史数据，绘制相应的变化曲线如图4-6所示。

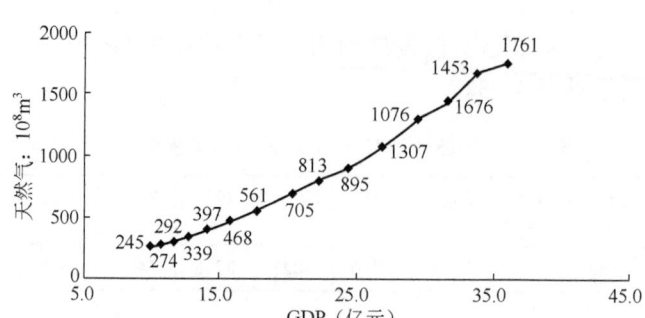

图 4-6 全国天然气消费量与 GDP 的关系曲线图

由图 4-6 可知，全国天然气消费量随着 GDP 的增长而逐年增加，根据消费量与 GDP 的关系曲线，选择成长曲线模型对曲线进行拟合。表 4-25 列出成长曲线模型的拟合结果及平均相对误差。

表 4-25 自变量为 GDP（万亿元）的成长曲线模型拟合效果

模型	修正系数 R^2	方差分析 Sig.	平均相对误差
成长曲线模型 $G=1/（1/4500+0.009×0.910^{GDP}）$	0.994	0.000	−0.73%

根据《"十三五"时期中国发展环境、发展趋势和战略思路研究》，"十三五"期间，国内生产总值年均增速为 7%左右，按 2000 年可比价格折算，2020 年 GDP 达到 50.5 万亿元；"十四五"期间，若全国 GDP 继续保持 6%的增长速度，按 2000 年可比价格折算，2025 年 GDP 将达到 67.6 万亿元。

将 2020 年和 2025 年 GDP 代入模型中，计算得 2020 年和 2025 年天然气需求量分别为 $3103×10^8 m^3$ 和 $3969×10^8 m^3$（表 4-26）。

表 4-26 2015—2025 年全国天然气需求量　　　　单位：$10^8 m^3$

年份	2015年	2016年	2017年	2018年	2019年	2020年	2021年	2022年	2023年	2024年	2025年
需求量	2018	2217	2524	2723	2916	3103	3283	3459	3633	3804	3969

同理，考虑城镇人口人均可支配收入、全国天然气产量、全国能源消费总量影响的变化趋势，建立综合模型：

$G=0.251×1/（1/4500+0.01×0.904^{GDP}）+0.252×1/（1/4500+0.238×0.419^{Income}）+0.253×1/（1/4500+0.006×0.998^{Output}）+0.244×1/（1/4500+0.025×0.896^{Energy}）$

根据《"十三五"时期中国发展环境、发展趋势和战略思路研究》等相关资料,分别将 2020 年和 2025 年的 GDP、城镇人口人均可支配收入、全国天然气产量以及全国能源消费总量代入模型,得到 2015—2025 年全国天然气需求量。

表 4-27　综合回归模型预测全国天然气消费量　　　单位:$10^8 m^3$

年份	2015年	2016年	2017年	2018年	2019年	2020年	2021年	2022年	2023年	2024年	2025年
需求量	2052	2246	2536	2722	2901	3096	3279	3455	3620	3782	3939

(四)灰色理论

根据 2004—2014 年全国天然气逐年消费量,建立原始序列:

$$X^{(0)} = [x^{(0)}(2004), x^{(0)}(2005), x^{(0)}(2006), x^{(0)}(2007), x^{(0)}(2008), x^{(0)}(2009),$$
$$x^{(0)}(2010), x^{(0)}(2011), x^{(0)}(2012), x^{(0)}(2013), x^{(0)}(2014)]$$

对 $X^{(0)}$ 作累加生成 $X^{(1)}$:

$$x^{(1)}(1) = x^{(0)}(1) = 396.7$$

$$x^{(1)}(2) = \sum_{i=1}^{2} x^{(0)}(i) = 864.3$$

$$x^{(1)}(3) = \sum_{i=1}^{3} x^{(0)}(i) = 1425.7$$

$$x^{(1)}(4) = \sum_{i=1}^{4} x^{(0)}(i) = 2130.9$$

$$x^{(1)}(5) = \sum_{i=1}^{5} x^{(0)}(i) = 2943.8$$

$$x^{(1)}(6) = \sum_{i=1}^{6} x^{(0)}(i) = 3839.0$$

$$x^{(1)}(7) = \sum_{i=1}^{7} x^{(0)}(i) = 4914.8$$

$$x^{(1)}(8) = \sum_{i=1}^{8} x^{(0)}(i) = 6221.8$$

$$X^{(1)}(9) = \sum_{i=1}^{9} x^{(0)}(i) = 7674.8$$

$$X^{(1)}(10) = \sum_{i=1}^{10} x^{(0)}(i) = 9350.8$$

$$X^{(1)}(11) = \sum_{i=1}^{11} x^{(0)}(i) = 11111.8$$

建立相应的微分方程：$\dfrac{dx^{(1)}}{dt} + ax^{(1)} = b$

将微商用差商代替，建立方程组如下：

$$467.6 + 630.5a = b$$
$$561.4 + 1145.0a = b$$
$$705.2 + 1778.3a = b$$
$$812.9 + 2537.35a = b$$
$$895.2 + 3391.4a = b$$
$$1075.8 + 4376.9a = b$$
$$1307.0 + 5568.3a = b$$
$$1453.0 + 6948.3a = b$$
$$1676.0 + 8512.8a = b$$
$$1761.0 + 10231.3a = b$$

运用最小二乘法，得到 $a = -0.1404$，$b = 438.1023$。

从而得到时间响应函数，拟合模型为：

$$\hat{x}^{(1)}(i) = [x^{(0)}(1) - \frac{b}{a}]e^{-a(i-1)} + \frac{b}{a}, i \geqslant 1$$

$$= (396.7 + \frac{438.1023}{0.1404})e^{0.1404(i-1)} - \frac{438.1023}{0.1404}, i \geqslant 1$$

采用该模型预测 2015 年全国天然气需求量为 $2043.8 \times 10^8 m^3$，2020 年需求量为 $3219.1 \times 10^8 m^3$，2025 年需求量为 $4080.3 \times 10^8 m^3$（表 4-28）。

表 4-28 2015—2025 年全国天然气消费量 GM（1，1）模型拟合值及相对误差

单位：$10^8 m^3$

年份	2015年	2016年	2017年	2018年	2019年	2020年	2021年	2022年	2023年	2024年	2025年
需求量	2044	2301	2547	2782	3006	3219	3420	3604	3774	3929	4080

第四章 天然气市场开发

(五)投入产出法

根据《中国能源统计年鉴 2014》,天然气主要用于采矿业、制造业、电力、燃气及水的生产和供应业、交通运输、仓储和邮政业、住宿和餐饮业、其他服务业以及生活消费。

以制造业为例,采用投入产出法计算 2015—2025 年期间制造业天然气需求量。2012 年,制造业的增加值为 161326 亿元,折算成 2000 年不变价格,为 98229 亿元,占 GDP 的比重为 31.1%。2006—2012 年期间,制造业增加值以及占 GDP 的比重见表 4-29。

表 4-29 制造业增加值及占 GDP 比重(2000 年不变价格)

年份	2006 年	2007 年	2008 年	2009 年	2010 年	2011 年	2012 年
增加值(亿元)	58617	66886	72764	78619	87253	93526	98229
占 GDP 比重(%)	32.9	32.9	32.7	32.3	32.5	31.8	31.1

"十三五"时期是中国制造业由"量"向"质"转变的关键时期,预计 2020 年制造业增加值约为 169072 亿元,占全国 GDP 的 31.4%;2025 年达到 212348 亿元,占全国 GDP 的 30.9%。

目前世界工业增加值率的平均水平为 35%,发达国家达到 40% 以上,假设中国的制造业增加值率到 2025 年可达到目前世界的平均水平 35%,利用插值法,可计算得 2015—2025 年的制造业增加值率(表 4-30)。

表 4-30 制造业增加值率

年份	2015 年	2016 年	2017 年	2018 年	2019 年	2020 年	2021 年	2022 年	2023 年	2024 年	2025 年
增加值率(%)	31.2	31.6	31.9	32.3	32.7	33.1	33.5	33.9	34.2	34.6	35.0

根据《中国能源统计年鉴 2014》,将 2006—2012 年制造业逐年能源消费总量及天然气消费量列于表 4-31。

表 4-31 制造业逐年能源及天然气消费量

年份	2006 年	2007 年	2008 年	2009 年	2010 年	2011 年	2012 年
能源消费总量(10^4tce)	151275	164951	172107	180596	189415	200403	205668
天然气消费总量($10^8 m^3$)	263.12	309.08	337.92	321.14	357.70	483.07	572.72

由表 4-29 至表 4-31,分析 2006—2012 年制造业单位产出能源消费总量及天然气消费变化趋势,工业单位产出消费的能源消费与天然气消费计算公式如下:

$$单位产出消费能源总量=\frac{能源消费量\times 增加值率}{产业GDP} \quad (4-4)$$

$$单位产出消费天然气=\frac{天然气消费量\times 增加值率}{产业GDP} \quad (4-5)$$

将计算结果列于表 4-32 中。

表 4-32 制造业单位产出消费能源总量及天然气

年份	2006年	2007年	2008年	2009年	2010年	2011年	2012年
单位产出消费能源总量（tce/万元）	0.716	0.693	0.674	0.663	0.635	0.635	0.629
单位产出消费天然气（m³/万元）	12.45	12.99	13.23	11.80	12.00	15.31	17.51

由图 4-7 可见，2006—2012 年期间，制造业单位产出消费的能源总量呈逐年下降的趋势，而单位产出消费的天然气则呈现出平稳增长的趋势，年均增长量大约为 0.84m³/万元。国家工信部提出中国制造业未来发展重点任务除了要努力提高制造业增加值率外，还要减少消耗、降低成本，推进减排治污，提高资源节约和集约利用的水平。

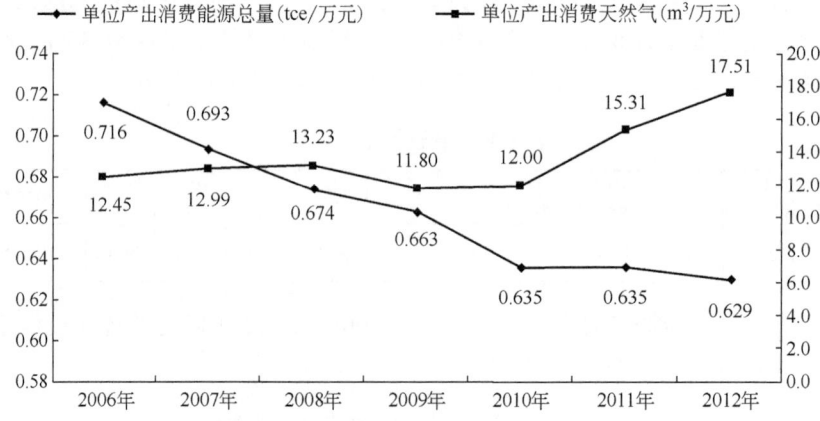

图 4-7 2006—2012 年制造业单位产出能源消费趋势图

当受到资源限制时，"十三五"期间制造业单位产出消费天然气年均增长速度为 0.84m³/万元，随着全国天然气资源的不断丰富，天然气在制造业的应用必将跃升一个台阶。在基准情景下，"十四五"期间制造业年均增长量按 2006—2012 年年均增长速度的 1.5 倍考虑，则到 2020 年，制造业单位产出

第四章 天然气市场开发

消费天然气为 24.2m³/万元，2025 年达到 30.5m³/万元。

控制 PM2.5 进一步扩散情景，单位产出消费天然气增长量将在"十二五"的平均发展速度的基础上增长 1.5～2.0 倍左右，则 2020 年单位产出消费天然气将达到 27.6m³/万元，2025 年达到 36.0m³/万元。

在大力防治污染、减少 PM2.5 情景下，考虑到水能、风能和太阳能等可再生能源的利用技术尚不完全成熟，未来发展还具有很大的不确定性，天然气替代煤炭在制造业扮演更加重要的角色，则单位产出消费天然气增长量将在"十二五"的平均发展速度的基础上增长 2.0～2.5 倍，则 2020 年单位产出消费天然气将达到 30.9m³/万元，2025 年达到 41.4m³/万元（表 4-33）。

表 4-33　制造业单位产出天然气消费　　　　　　　单位：m³/万元

年份	基准情景	控制 PM2.5 扩散情景	减少 PM2.5 情景
2015	20.0	21.3	22.5
2016	20.9	22.6	24.2
2017	21.7	23.8	25.9
2018	22.5	25.1	27.6
2019	23.4	26.3	29.2
2020	24.2	27.6	30.9
2021	24.9	28.7	32.3
2022	25.5	29.6	33.5
2023	26.0	30.4	34.5
2024	26.4	31.0	35.4
2025	26.7	31.5	36.1

则 2015—2025 年制造业天然气需求量可按以下公式计算：

$$天然气消费量 = \frac{GDP总量 \times 行业增加值占GDP比重}{产业增加值率} \times 单位产出天然气消费量 \quad (4-6)$$

经计算，基准情景下，2020 年制造业天然气需求量为 $1262 \times 10^8 m^3$，2025 年达到 $1685 \times 10^8 m^3$；在控制 PM2.5 扩散情景下，2020 年天然气需求量为 $1440 \times 10^8 m^3$，2025 年需求量为 $1988 \times 10^8 m^3$；在大力防治大气污染、减少 PM2.5 情景下，2020 年天然气需求量达到 $1612 \times 10^8 m^3$，2025 年达到 $2279 \times 10^8 m^3$（表 4-34）。

表 4-34 制造业天然气需求预测值   单位：$10^8 m^3$

年份	基准情景	控制 PM2.5 扩散情景	减少 PM2.5 情景
2015	812	863	913
2016	889	961	1032
2017	972	1068	1160
2018	1062	1182	1299
2019	1158	1306	1449
2020	1262	1440	1612
2021	1349	1555	1750
2022	1435	1666	1885
2023	1520	1777	2017
2024	1604	1883	2150
2025	1685	1988	2279

同理，采用投入产业法分别计算采矿业、电力煤气供应业、交通运输仓储业、住宿餐饮业、其他服务业以及居民生活用气需求，得到 2020 年全国天然气总需求为 $3195\times10^8 m^3 \sim 3820\times10^8 m^3$，2025 年增长至 $4066\times10^8 m^3 \sim 5077\times10^8 m^3$（表 4-35）。

表 4-35 各行业天然气需求预测值   单位：$10^8 m^3$

情景类型	行业	2015 年	2020 年	2025 年
基础情景	采矿业	162	208	222
	制造业	812	1262	1685
	电力、煤气及水的生产和供应业	352	678	935
	交通运输、仓储及邮政业	225	398	469
	住宿和餐饮业	63	115	142
	其他服务业	36	54	73
	居民生活	360	480	540
	合计	2010	3195	4066
控制 PM2.5 进一步扩散情景	采矿业	162	210	222
	制造业	863	1440	1988
	电力、煤气及水的生产和供应业	397	742	1083
	交通运输、仓储及邮政业	260	435	523
	住宿和餐饮业	65	120	149
	其他服务业	36	54	73
	居民生活	418	500	580
	合计	2201	3501	4618

续表

情景类型	行业	2015年	2020年	2025年
大力防治大气污染,减少PM2.5情景	采矿业	162	210	222
	制造业	913	1612	2279
	电力、煤气及水的生产和供应业	464	795	1157
	交通运输、仓储及邮政业	291	490	587
	住宿和餐饮业	67	129	159
	其他服务业	36	54	73
	居民生活	450	530	600
	合计	2383	3820	5077

第五节 天然气市场细分

市场细分是 1956 年由美国市场营销学家温德尔·斯密斯（Wendell R. Smith）首先提出的新概念，是现代企业营销的一大进步和市场营销重要理论之一。所谓市场细分，就是企业通过市场调研，依据消费者的需求和欲望、购买行为和购买习惯等方面的明显差异性，把某一产品的市场整体划分为若干消费者群的市场分类过程。每一个消费者群就是细分市场。

下面根据市场细分的理论对天然气市场细分的定义、标准、程序进行详细说明。

一、天然气市场细分的定义

天然气市场细分的定义是天然气企业通过市场调研，依据天然气消费主体（指消费者和社会组织）的需求和欲望、购买行为和购买习惯等方面的明显差异性，把天然气市场整体划分为若干消费者群的市场分类过程。通常天然气市场根据时间、地点、用气特性、顾客的不同需求及企业的具体情况进行市场细分。按照差异性进行分类的每一个天然气消费者群就是一个细分市场。

企业对天然气市场进行细分，有以下作用：

（1）进行天然气市场细分，易于分析每一个细分市场的优点和缺点，帮助企业有针对性建立自己的目标市场，增强竞争能力，提高经济效益。

（2）建立以市场细分为基础的营销战略，有的放矢地进行营销，提高天

然气营销的效率，降低成本。

（3）市场细分能够增强企业的适应能力和应变能力，根据细分市场开展营销活动，易于掌握市场的特点和变化，有助于企业适销对路。

二、天然气市场细分的标准

市场细分是把整体市场按照一定的标准，分割成若干个不相同而内部需求相似的分市场。这种标准就是细分依据，它是指影响消费者在需求和欲望方面产生明显差异的因素。

天然气市场细分的方法是在分析天然气的市场消费特点的基础上，建立天然气客户数据库，针对市场营销的目标，提出适合于天然气市场营销活动的细分标准。以下是几种常用天然气市场细分的分类标准：

（一）地理细分标准

按照地理或行政区划把天然气市场分为不同的地理区域。目前，常见的细分标准是按照行政区划进行划分，将全国 31 个省市自治区和香港、澳门划分为八大地区。根据市场营销活动的需求不同，可以按省、地级市、县进一步细分。表 4-36 列出以地理位置和行政区划为标准的天然气分布区域。

表 4-36　天然气分布区域划分

划分标准	地区	省　份
地理和行政区划	东北地区	黑龙江、吉林、辽宁
	环渤海地区	北京、天津、河北、山东
	长三角地区	上海、江苏、浙江省
	东南沿海地区	广东、福建、广西、海南、香港、澳门
	中南地区	湖北、湖南、河南、安徽、江西
	中西部地区	山西、内蒙、陕西、宁夏
	西南地区	四川、重庆、云南、贵州、西藏
	西北地区	新疆、青海、甘肃

由表 4-36 的区域细分可以看出，地区划分中考虑了地理位置，比如西北

第四章 天然气市场开发

地区三省份；也考虑了行政区域，比如东北地区三省份。然而在划分中，没有完全按照严格意义上的行政区划，比如环渤海地区没有包括辽宁省。所以说，地理细分市场应考虑企业的选择不同而不同，没有一个严格的标准。

（二）应用细分标准

天然气应用于不同的行业和领域，在每一个行业的用途和用气特点也不尽相同，按应用把天然气市场分为不同的应用结构，每一个应用市场就是子市场。目前，常见的细分结构市场是将天然气应用分为四大行业、八大应用。表 4-37 列出天然气应用结构市场。

表 4-37 天然气应用结构细分

划分标准	行业	应用	具体应用
应用结构	城市燃气	居民	居民
		公服	公服
		天然气汽车	CNG 汽车、LNG 汽车
		LNG 船	LNG 船
		采暖	集中采暖、分户式采暖
	工业燃料	工业燃料	玻璃、陶瓷、石化等工业燃料
	天然气发电	天然气发电	燃气调峰发电、热电联产、分布式能源
	天然气化工	天然气化工	合成氨、甲醇、制氢等

（三）规模细分标准

天然气用户规模的大小通常是以用户对天然气需求量的多少来衡量的，因此，用户规模可作为细分市场的依据。对于天然气用户，通常情况下，用户规模越大，天然气单位供应成本越低；用户规模越小，天然气单位供应成本越高。因此，天然气供应商在天然气发育初期，选择规模大的用户作为启动市场是合理的选择。

具体以多少用气量作为划分的标准，对于不同的供应商是不一样的。建议如下：

对于国家级的天然气供应商，以中石油为例，以规模细分市场，划分的标准在（5000～10000）$\times 10^4 m^3/a$ 为合适，大于此范围的用户为大用户。

对于省级管网公司，以浙江省天然气管网公司为例，划分的标准在

（1000～3000）×$10^4 m^3/a$ 为合适，大于此范围的用户为大用户。

对于燃气公司，不同的城市燃气公司大小也不同，划分标准也不同。以北京城气集团为例，划分的标准在（100～500）×$10^4 m^3/a$ 为合适，大于此范围的用户为大用户；以保定市燃气公司为例，划分的标准在（50～100）×$10^4 m^3/a$ 为合适，大于此范围的用户为大用户。

（四）价格细分标准

不同的天然气用户的价格承受能力不同，往往在实际情况下，不同的用户供气价格也不一样。市场营销人员在市场营销活动中，出发点不同，以价格划分的标准也不同。

如果对潜在市场进行研究，研判对未来的天然气市场如何选择，以天然气用户可承受气价的大小作为标准是合理的。

如果对于现有市场进行研究，供应商向现有市场供气的经济性，以供气价格的高低作为标准是合理的。

如果供应商的供气成本已知，为了选择一些经济价值高的用户，供气商往往以供气成本作为标准。

（五）用气特性细分标准

不同的天然气用户的用气性质是不一样的，不同的用气性质，用户的需求也不一样。在营销活动中，了解用气特性是必要的。在用户特性中，价格是最为重要的经济性标准，不均匀性和可中断性是最为重要的两个生产性标准。

1. 不均匀性

每一个天然气用户不均匀性是不一样的。通常情况下，城市燃气用户不均匀系数大，尤其是北方用户；工业燃料、发电和化工用户的不均匀性与生产工艺有关，不同的生产工艺和生产过程，不均匀系数不同。由于不均匀性关系到用户调峰需求量的大小，而调峰需求量的大小又决定着调峰设施的规模和配置，所以无论是研究人员、市场营销人员、生产运行人员，均对不均匀性比较关注。对市场细分时可按不均匀性的大小进行划分。

2. 可中断性

在天然气实际供用气过程中，时有发生事故或者因突发意外事件，此时造成天然气短缺或者断气。在上游不能完全供应保障的前提下，如果有一些具有可中断性的用户，那么可以将天然气供应不足或者中断带来的风险降为最低。对市场细分时可按是否可断性进行划分。

以上介绍了市场细分的一般标准,在实际营销过程中,企业究竟采用哪种标准来细分,还要根据地理位置、供气条件、天然气供应商的目标、客户的不同需求及企业的具体情况来决定,才能获得较好的机会和效果,有助于达到目的。

三、市场细分的程序

无论是个体消费者市场,还是工商企业市场,都要按照一定的程序进行,才能较好地实现细分市场的基本要求。天然气与其他商品一样,市场细分按以下程度进行。

（一）选择市场范围

根据企业任务、企业目标,确定一定的天然气市场范围进行研究。市场细分常常是从一个整体市场划分出来的局部市场上进行的。

例如,在早期开展的西气东输一线天然气市场研究中,先确定管线沿线的省份和重点地区作为研究的区域范围,然后进行市场研究和市场细分。在此任务下,首先将长三角地区、西北地区、中西部地区、中南地区作为研究地区范围,而珠三角地区等其他地区就不包括。

（二）确定市场细分标准

企业往往根据市场营销的目的、成果以及经验进行选择细分标准。在选定的细分标准中,挑选出具体的细分标准。确定市场细分标准可以是一种标准,也可以是更多的标准结合。

例如,一个天然气企业在营销过程中,如果强调经济性和效益,那么市场细分的标准必然选择价格标准;如果强调用气的稳定性和安全性,那么市场细分的标准可选择不均匀性和可中断性。

（三）初步细分市场和筛选

在确定市场范围的基础上,按照确定的市场细分标准,选出天然气用户,分析这些用户和进行初步市场细分。开展市场调研,分析各个细分市场的特点,排除那些不需要的市场,保留重点要分析的市场。

例如,西气东输一线天然气市场研究时,最初将长三角地区、西北地区、中西部地区、中南地区作为研究地区范围,然而经过调研和分析发现,西北

地区、中西部地区当时经济相对落后,天然气基础薄弱,对天然气的消费意识不强,因此,研究人员和营销人员决定将西北地区和中西部地区暂不考虑作为目标市场,重点考虑长三角地区、中南地区作为目标区域。

(四)评估细分市场

通过初步细分,确定各个细分市场的范围,接着就要进一步深入调研,分析各细分市场的竞争状况、大小和变化趋势,进而估量和测算每一个细分市场的规模。

例如,西气东输一线天然气市场研究时,经过初步细分市场后,对目标区域进行了深入的市场调研,分析这些地区的天然气发展状况、竞争态势、发展趋势及经济性,采用科学的预测分析方法,测算上海、河南等省份的具体市场需求。

(五)选择目标市场

对细分市场评估后,企业发现了若干个目标细分市场,但企业的资源生产能力、储运能力是有限的。因此,企业需要对细分市场进行排序,从自身的营销目的和综合效益最大化出发,选择最终的目标市场,并制定合理的天然气供应计划和分配方案。

例如,西气东输一线天然气市场研究时,对目标区域的细分市场评估后,测算出目标区域的天然气需求规模在 2010 年前可达到 $200 \times 10^8 m^3$,然而西气东输一线的资源条件和管输规模初步具备 $120 \times 10^8 m^3/a$ 的能力。这样市场研究人员就从 $200 \times 10^8 m^3$ 的市场中选择 $120 \times 10^8 m^3$ 的市场需求量,最后提出 $120 \times 10^8 m^3$ 合理的分配方案。

(六)制定市场营销策略

企业选择目标市场后,下一步就是制定市场营销策略,这些策略包括产品策略、价格策略、分销和促销等。综合起来就是"4P"市场营销战略。

第六节 天然气目标市场选择

市场细分有助于企业识别细分市场的机会。市场细分后,企业必须评价细分市场来决定选择哪几个细分市场为目标市场。所谓目标市场是指企业营

第四章 天然气市场开发

销活动所要满足的市场，是企业为实现预期目标要进入的市场，即企业服务的对象。

一般，企业选择目标市场是以市场细分为基础和前提的，企业确定目标市场有多种选择方式。

一、评价细分市场

细分市场是目标市场选择的基础，在目标市场选择前应对细分市场进行评价。评价细分市场时，企业必须考虑以下三类因素。

（一）细分市场的规模和增长潜力

天然气市场营销最主要的目标之一是天然气销售量，天然气销售量的实现主要取决于细分市场的规模和增长潜力。因此评价细分市场时，首先要分析和预测天然气需求量和增长潜力。无论是对于研究人员，还是市场营销人员，天然气市场研究是一项很重要的工作，可以说是市场营销的前提和基础。

在天然气市场快速发展阶段，对于天然气市场中规模大、增长速度快的细分市场是天然气企业特别是大型企业最关注的领域之一，例如，天然气发电；对于规模有限、新型的细分市场是天然气中小企业最关注的领域之一，例如，LNG汽车等。

（二）细分市场的结构吸引力

企业评价细分市场时还要考虑细分市场的结构吸引力。例如，一个细分市场如果已经包含了很多强大而激进的竞争力，影响了新进入者的吸引力；一个细分市场存在许多现有或者潜在的替代品，价格和盈利就会受到这些替代品的影响，那么企业选择细分市场时，就面临着这些替代品的挑战。一个细分市场中购买者议价能力强的话，对上游的服务和质量要求都苛刻，那么容易压价而影响供应商的盈利性。

（三）企业的目标和资源

评价细分市场时，除了考虑规模和增长潜力、结构吸引力外，还要与企业自身的营销目标和资源相结合，做好以下几方面工作：

1. 天然气供需平衡

无论一个细分市场的规模和潜力有多大，是否对企业有吸引力，关键是

看市场空间有多大,即缺口有多大。企业开展目标市场选择前,开展供需平衡研究是非常必要的。

2. 天然气供应价格与可承受价格对比

仅仅有市场空间对于企业来说是不够的,企业的最终目的是赢利,那么进行天然气供应价格与可承受价格对比同样是必要的。

3. 企业的营销能力与细分市场的匹配性研究

有了市场空间和价格优势,还要考虑企业的营销组织和能力,需要分析企业是否具备开发细分市场的能力。

二、选择目标市场

评价细分市场之后,企业决定哪几个细分市场为目标,即选择目标市场。天然气目标市场选择策略分为无差异营销和差异化营销。

(一)无差异营销

运用无差异营销策略,企业决定忽略细分市场的差异,用同样的天然气商品和服务满足整个市场。这种营销策略注重消费者的共性,而非个性。采用无差异营销策略的优点是市场营销过程简单、投入少、代价小,缺点是不能有效挖掘细分市场的价值、客户议价能力强,适用于天然气供不应求的局面或者企业缺乏足够的分销渠道的市场。无差异营销主要有以下几种方式:

1. 区域集中方式

区域集中方式是采取同一价格或者统一的商品设计对某一地区所有用户销售天然气。实际上,在目标市场选择前,企业往往也对该地区进行细分市场研究,评价后选择区域集中的营销策略。一方面是企业主动选择的,特别是在供不应求的局面下,客户众多,采取该种营销方式易于操作和有利于供应商的议价;另一方面是企业被动选择的,企业在市场营销时,有时受到自身营销能力的限制,或者受客户的议价能力强等因素的影响,不得不选择简单易行的营销方式。

2. 大客户集中方式

上游供应商的许多天然气大客户,例如、燃气公司、省级管网公司等,其市场中往往不是单一的天然气应用市场,向这些大客户营销天然气时,大多采用集中方式,即采取同一价格和统一的商品设计对大客户销售天然气。

第四章 天然气市场开发

采取此种方式的主要原因是营销方式简单，成本较低，还有一个重要原因是分销的基础设施不向第三方开放。

（二）差异化营销

运用差异化营销策略，企业决定瞄准天然气几个细分市场并分别为它们设置不同的商品和服务。天然气作为大众化商品，其共性是突出的，个性往往体现在天然气组分、压力、不均匀供应、交接地点等几个方面，这些方面在天然气购销合同中有所强调。那么差异化营销策略以市场细分为基础，通常按照细分市场的标准进行目标市场选择。

1. 地区选择

通常按照地理位置细分的市场区域不只一个，企业营销时对不同的地区或者省份采取不同的价格、商品设计和服务。地区选择是目标市场选择中最重要的营销策略之一，天然气市场营销对基础设施的依赖性比较强，不同的地区，不仅可承受气价不同，而且供气成本也不同，从赢利性考虑往往效益最大化的地区是选择的目标市场。

2. 结构选择

对于天然气市场，按照应用标准细分的市场不只是一个，企业营销时对不同的应用结构市场采取不同的价格、商品设计和服务。结构选择是目标市场选择中最重要的营销策略之一，不同的应用市场可承受气价、发展规模和潜力不同。在市场启动时选择市场切入点即选好应用市场非常重要，对于市场营销是"事半功倍"的行为。

3. 规模选择

不同的天然气用户，利用规模不同。按照规模标准选择细分市场，是企业常采用的一种营销方式。天然气市场化程度越高，采取此种方式的可能性越大，主要是因为市场化程度高，客户的差异化需求越突出，而给企业带来的价值也不一样，此种方式有助于企业提高效益。

4. 不均匀选择

不同的天然气用户，用气不均匀性不同。用气不均匀性的不同，对供气的方式、能力、成本等需求也是不同的。实际情况中，根据不均匀性，对不同用户采取不同的供气方式、商品要求和服务，此过程也是对细分市场进行了不均匀选择。最常用的不均匀选择策略是季节差价，即对同一种细分市场或同一个用户，按不同的季节进行定价。

第七节　意向书及合同谈判

一、天然气购销合同综述

在经济活动中,当事人之间为确保交易安全、固化约定内容、排除无谓争议、保留交易证据、达到预期交易结果,经常需要设立合同。商业合同是为交易目的而设立,这决定了合同的经济行为属性。

《中国人民共和国民法通则》(以下简称《民法通则》)第八十五条规定:合同是当事人之间设立、变更、终止民事关系的协议。依法成立的合同,受法律保护。《中华人名共和国合同法》(以下简称《合同法》)第二条规定:合同是平等主体的自然人、法人、其他组织之间设立、变更、终止民事权利义务关系的协议。合同的有效性受《合同法》等法律管辖,依法设立的合同具有法律约束力,这些决定了合同的法律行为属性。

讨论天然气购销合同,需要同时关注它的经济行为属性和法律行为属性。

本节讨论的天然气购销合同,主要约定供气企业作为卖方交付并出售天然气、用户作为买方购买并提取天然气的条件和条款以及相应的违约责任。在这里使用"用户"这个词是出于天然气行业的习惯,实际上从合同的角度,买方应该称为 "客户"。严格地说,用户是指实际使用产品或服务的人,是真正的需求者;客户是指购买产品或服务的人,不一定是真正的需求者,以城市燃气用户为例,其实质是天然气经销商,并不是最终的使用者。在本书中我们根据行业习惯将两个词混用,不做这种细微的区别。

对于天然气购销合同,有时也会使用天然气买卖合同、天然气购销协议(Gas Sale Agreement, GSA)或者别的名称。

从《合同法》对合同的定义可以看出,协议的范围比合同更为广泛,合同是协议的一种。对于天然气购销合同可能采用的各种名称,不论是合同、协议、备忘录甚至意向书,只要具备由平等主体签订、约定当事人民事权利义务关系、具备合同法所规定各类要素、并且内容明确完整,就都是受《合同法》管辖的合同。

第四章　天然气市场开发

《合同法》规定了 15 类有名合同，其中："买卖合同"是出卖人转移标的物的所有权于买受人，买受人支付价款的合同；"供用电、水、气、热力合同"是供应方向使用方提供电、水、气、热商品，使用方支付费用的合同。本书主要讨论的是批发环节的天然气购销合同，即供气企业向城市燃气公司、大型直供用户销售天然气的合同，在归类上应属于买卖合同。

天然气交易与普通商品交易相比，具有如下特殊性：

（1）交易具有持续性，天然气的交付提取是在一段时间内每时每刻持续发生，如持续数日、数月或数年。

（2）天然气的交付提取具有波动性。买方的天然气需求往往受季节、气温、经济景气等因素影响，在持续交易中会有波动；而从卖方角度，受天然气生产、输送和储气能力所限，满足上述波动性存在一定局限。因此，双方需要事先就允许的供气波动性做出约定。

（3）交易价格具有变动性。国内天然气交易价格受政府管制，国外天然气交易价格一般与交易市场成交价格挂钩。无论国内还是国外，在天然气持续交易的过程中，价格都可能发生变化。因此，通常在合同中需要约定一个天然气定价机制，而不是固定的价格。

（4）天然气交易有时需要巨额投资。为实现向用户供气，供气企业往往需要在气田开发和管道建设方面投入巨资，因此，长期合同通常约定下文所述的照付不议条款。

由于要反应天然气交易的特性，天然气购销合同与一般买卖合同相比，在内容上既有共性，也有明显的区别。

二、天然气购销合同的内容

天然气购销合同的内容应由买卖双方根据交易实际协商确定。2014 年 2 月，国家能源局通过《国家能源局关于印发<天然气购销合同（标准文本）>的通知》（国能监管〔2014〕98 号），下发了天然气购销合同（标准文本）和配套的使用说明。使用说明中指出：该标准合同适用于天然气供应企业与城市燃气企业、直供工业用户参照签订多年、年度或短期天然气购销合同，合同双方可在公平、合理和协商一致的基础上，进一步对有关条款进行补充、细化或完善，增加或减少附件等。

与上述标准合同相比，目前国内主要供气商使用的天然气购销合同虽然在结构安排上有一定差异，但内容基本相同。我们认为，这些合同继续使用应该与上述文件并不违背。

根据供气期限的不同,天然气购销合同可分为长期合同和短期合同。长期合同一般是指合同期限不短于一年的合同。短期合同一般是指合同期限短于一年的合同。常见的一份长期天然气购销合同样本目录如下:

1. 定义
2. 天然气的销售与购买
3. 交付点
4. 供气起始日与试运转期
5. 气量
6. 计划与指定
7. 维修
8. 照付不议
9. 短供气量
10. 天然气品质规格
11. 计量与交接
12. 天然气价格
13. 结算与付款
14. 期限
15. 生效前提
16. 协议的终止
17. 协议条款定期回顾
18. 转让
19. 不可抗力
20. 违约责任
21. 争议解决
22. 保密
23. 适用法律
24. 通知
25. 其他

从目录来看,我们认为这份合同在结构体系设计和功能模块排列上清晰合理:从第 2 条到第 10 条都是围绕天然气数量的条款;第 11 条和第 12 条是关于品质规格和计量检测的条款;第 13 条和第 14 条是关于价格和结算的财务条款;第 15 条到第 17 条是关于合同期限、有效性和终止的条款;此后是一般性法律条款。但可以商榷的是，合同中"第 24 条适用法律"存在的必要性，如果这份天然气购销合同不是涉外合同，则适用于中华人民共和国法律是不言而喻的，不需要设置专门条款来约定。

以下对合同正文的主要条款按照在合同中出现的实际顺序，进行逐条讨论。

（一）定义

定义条款主要应明确以下三类术语的准确含义：第一类是在一般经济活动中不会出现的术语，例如"最大日量"或"照付不议气量"；第二类是有多种用法、含义模糊、容易产生歧义的术语，例如"交付点"；第三类是在本合同中的含义与一般理解不一致的术语，例如，如果合同中一天的开始并不是发生在零点，则需要对"天"或"日"做出准确定义。

有些合同对"天然气"也做出定义，而且规定的含义与一般理解没有差异，这种做法没有大的问题，但也并不是必要的。

在英文合同中，术语在定义条款中的出现顺序通常是按单词字母次序排列。在中文合同中，推荐按术语在正文中出现的顺序排列，这样更有利于阅读。

对于篇幅不长的合同，有时我们在正文相应条款中对术语做出定义，例如，3.2 交付点的天然气压力（"交付压力"）应不低于 2.5MPa 且不高于 4.0MPa。在这种情况下，不需要在定义条款中对"交付压力"再做定义。

（二）天然气的销售与购买

通常在本条中约定：在合同期内，卖方应根据本协议的条款和条件在交付点向买方销售和交付天然气，买方应根据本协议的条款和条件购买和提取卖方所交付的天然气。在合同开始部分这样约定是为了起到提纲挈领的作用。

有些合同会在本条约定卖方的气源，这是为了合理限定卖方的供气义务，例如，如果在合同执行过程中，这个气源由于不可抗力中断供应，导致卖方不能向买方供气，卖方可以援引不可抗力原则豁免自己的供气义务。

（三）交付点

交付点的含义是天然气所有权和灭失风险的转移点。在交付点之前，天然气的所有权和损失风险由卖方拥有和承担；在自交付点之后，天然气的所有权和损失风险由买方拥有和承担。

有些合同将交付点定义为卖方分输站流量计下游的第一个法兰，但我们认为更好的做法是将交付点定义为分输站围墙以外卖方管道和买方管道的连接焊缝，因为从流量计到上述连接焊缝之间的管段及相关设施仍然是卖方的资产，买方难以控制其中的风险。

在本条中，通常还会约定交付压力，有些合同将交付点压力约定为一个固定值，但在实际操作中，交付压力会发生波动，推荐约定为一个双方认可的波动区间。

（四）供气起始日与试运转期

供气起始日是双方开始交付和提取天然气的时间。由于合同通常在卖方供气工程和买方接气工程竣工之前签订，开始供气的具体日期存在不确定性，因此，一般合同约定供气起始日最初是一个"时间窗口"（时间区间），同时约定随着时间推进不断缩小这一时间窗口直至确定为具体某一日的机制。

在开始供气后，由于双方需要进行供气设施和接气设施的调试，在调试期间双方设施运行不稳定，可能无法按照合同约定的气量交付和提取天然气，因此通常会规定从供气起始日开始的一段时间作为试运转期，在此期间免除买方的照付不议义务，同时免除卖方按买方指定供气的责任。

（五）气量

这是天然气购销合同的最重要条款之一，它约定每年的交付提取气量，并约定"最大日量"来限制供用气的波动性。

在有些长期合同中，会约定好合同期限内每一年的年合同量。但在国内实践中，考虑到用户用气需求不断增长，并且每年用气需求不确定的实际情况，推荐双方在长期合同中，首先约定一个时间区间（例如 3 年区间）内每一年的年合同量，在这个合同区间结束之前，双方届时再协商约定下一个时间区间内每一年的年合同量。

按照律师需要考虑所有不确定性的原则，这时需要考虑如下问题：如果届时双方无法达成一致怎么办？事实上双方可以在合同中约定不同的处理方式，例如，终止合同，或者按双方分别提出年合同量的较低者为准。通常推荐在合同中约定，这种情况下以当前时间区间内最后一年的合同气量为准。

最大日量是每日平均气量乘以一个倍数得到的结果。最大日量是合同期内任一日买方有权要求提取、卖方有义务交付的最大气量。最大日量的约定是确保合同能够得到执行的必要条件，是买卖双方就供用气波动性达成妥协的结果。

合同中还需要约定在每一天内天然气的最大交付速率，一般是以天然气的小时流量来衡量。很多合同对此只是原则性约定：卖方和买方应在考虑正常运行波动的范围内，以平稳的速率交付和提取天然气。

（六）计划与指定

计划与指定是天然气购销合同中第二重要的条款。它一般至少会规定年度计划、月度计划和日指定的机制，有些合同还会规定季度计划和周计划机制。

日指定是天然气销售业务独特的关于每日销售气量的计划机制。由于天然气供应能力受限，买卖双方需要提前确定下一日的购销气量。通常，用户通过电子信息系统提出下一日的气量申请（"日指定"），卖方在电子系统上予以确认。日指定量不应超过最大日量，它是双方有义务在下一日交付和提取的具体气量，具有约束力。

年度计划和月度计划是否也有约束力？不同合同有不同的约定。在国外一些合同中，年度计划和月度计划是没有约束力的，只有日指定有约束力，换句话说，只要买方日指定量不超过最大日量，卖方就有义务按日指定量供应天然气。但根据中国目前的实际情况，这种做法不太行得通。这主要是因为我们国家天然气供应能力受限情况非常突出，特别是由于缺少储气库等调峰措施，冬季供气非常紧张。如果每个用户都在冬季用气高峰期按最大日量提取天然气，就容易发生全局性的供应短缺，造成严重后果。因此，推荐在合同中约定年度计划和月度计划具有约束力，用户除每日提取气量不要超过最大日量，在每一月有权提取的累计气量不应超过月度计划。

（七）维修

买卖双方的供用气设施都需要进行计划性的维修，在此操作中可能会影响交付或提取天然气。按此实际需要，合同中会约定双方每年有权进行维修操作，并约定维修期天数、计划程序和沟通程序，豁免双方在维修期间交付和提取天然气的义务。维修条款一般还会约定双方应努力使维修期安排在用气淡季，并使各自的维修期重合，以减少对天然气购销的影响。

（八）照付不议

照付不议条款的基本含义为：买方在合同期内的每一年，需要提取并购买一定最低数量的天然气（即照付不议气量）并支付气款，如果买方在某一年没有实际提取够照付不议气量，买方也需要支付照付不议气量相对应的气款。

照付不议条款的功能主要是降低卖方风险，由于天然气基础设施建设需要巨大投资，投资方需要通过照付不议条款提前锁定未来现金流入，确保投资回报。在实践中更重要的是，照付不议合同具有融资功能，卖方在签订照付不议合同后，可以将合同权益转让给第三方贷款机构作为抵押或质押，使项目获得贷款融资。照付不议条款通常只在长期合同中使用。

买方每年有义务提取的照付不议气量一般是按年合同量乘以一个折减系数，再扣减掉买方可以免责的未提取气量计算得出。为保护买方利益，合同会约定买方在支付照付不议气款后的几年内，如果提取完当年的年合同量或者照付不议气量，可以免费提取按照照付不议条款已经付款但未提取的天然气。

（九）短供气量

短供气量是指合同期内任一日买方有权指定、卖方未能提供并且不能免责的天然气量。对于短供气量，卖方需要向买方支付一定比例的付款。

通常认为短供气量与照付不议是两个对等的条款。一些业内法务人事认为，买方支付照付不议气款和卖方支付短供气量付款都是合同约定的救济措施，而不是违约赔偿措施，亦即如果买方未能按合同约定提取天然气，在支付照付不议气款后，就应被视为履行了合同义务，即便卖方有更大的损失，买方也不存在赔偿的义务。

（十）天然气品质规格

目前合同通常约定：天然气应符合国家标准 GB 17820—2012《天然气》中有关二类气的规定。按上述规定，天然气的主要指标包括：高位发热量≥31.4 MJ/m^3；总硫（以硫计）≤200 mg/m^3；硫化氢≤20 mg/m^3；二氧化碳≤3%；在交接压力下，水露点应比输送条件下最低环境温度低 5℃。

多年的实践表明，天然气只要满足上述品质规格，就可以适应绝大部分城市燃气和工业用气设施要求。但也不全如此，国家标准 GB 18047—2000《车用压缩天然气》对水露点和硫化氢含量的要求就比二类气更严格，为解决此问题，CNG加气站可能需要设置脱水和脱硫设备。此外，在北京市也曾发生过由于煤制天然气中含有少量氢气，导致电厂燃气轮机回火不能正常运行的情况，这是极少见的案例，但也提醒我们对于天然气品质规格的适用性不能理所当然地一概而论。

（十一）计量与交接

通常合同约定：卖方负责安排交付点之前的所有天然气交付设施，买方负责安排交付点之后的所有天然气接收设施。计量和检测设备由卖方负责设计、安装、运行和维护，并应符合GB/T 18603—2014《天然气计量系统技术要求》、GB/T 13610—2014《天然气组分分析 气相色谱法》等标准的要求。

合同中需要约定所采用的计量方式。目前我们国家大部分天然气购销合同采用体积计量，但也有些合同学习西方国家惯例改用热值计量。

一直以来，由于计量引发的合同争议时有发生，因此，在合同中需要约定计量设备的检定要求，以及发现计量误差后的处理机制。

（十二）天然气价格

天然气价格是天然气购销合同中第三个重要的条款。

目前我们国家的天然气省市门站价格执行国家规定的指导价，这个指导价规定了一个最高限价，同时允许气价下浮，因此其实是一个价格区间。以往一些合同中规定天然气价格由买卖双方在国家指导价格区内协商确定，但这种规定在执行上存在如下问题：如果双方不能协商一致怎么办？为解决这个问题，根据目前操作实际，推荐对合同价格做如下约定：合同价格应由卖方参照卖方采购、处理、运输和储存天然气的成本及合理收益、买方所在地区的天然气市场情况确定，并提前通知买方，按照这种方式确定的合同价格不应超出国家指导价格区间。

对于一份长期合同，很重要的一点是要尽可能考虑到未来可能发展的各种情况，并约定相应的处理方式。关于气价，必须考虑的一个问题是如果国家取消国家指导价格怎么办？针对这种情况，推荐在合同中约定：如果国家取消或将要取消国家指导价格，则双方应协商确定本协议的供气价格或价格机制。

（十三）结算与预付款

双方需要在合同中约定按期结算天然气货款的机制。通常为分担流动资金压力，合同中还会约定买方支付一部分预付款的机制。在有些合同中，为了保障卖方的债权，还会约定用户出具银行保函等保证机制。

（十四）期限和生效前提

这里约定的是合同的生效和终止时间。合同签字或盖章之日是合同的成立时间，合同可以在成立之日生效，也可以在合同所约定先决条件得到满足之日生效。对于需要新建长距离输气管道才能实现供气的合同，有必要考虑将管道建成投产作为合同生效的先决条件。

有些天然气购销合同的期限长达 20 年甚至 30 年。随着天然气市场化程度的不断发展，天然气合同期限有缩短的趋势。

（十五）协议的终止

对于长期合同来讲，任一方在某些条件下有权提前终止合同是非常必要的。这些条件可能包括：另一方长期拖欠应付款项；另一方长期不能交付或提取天然气；另一方进入破产清算程序；以及前面提到的双方在国家解除价格管制后一定时间内未能就天然气价格达成一致等。

（十六）协议条款定期回顾

长期合同的定期回顾是国际天然气贸易中的一个惯例，主要是回顾合同的价格条款。通常，买卖双方都期望合同约定的价格与市场价格基本相符，如果出现明显偏差，通过回顾条款进行价格调整。在中国天然气市场情况快速发展变化、天然气定价机制持续改革的环境下，约定定期回顾条款也是合理的选择。

（十七）其他条款

除上述具有一定特殊性的条款外，天然气购销合同中还会包括不可抗力、违约责任、保密、转让、争议解决、通知、承诺与保证、其他等条款。这些条款具有一定普遍性，在此不再一一赘述。事实上，很多这方面的内容在《合同法》中都有规定，从事天然气购销合同工作的同志应认真学习和深入掌握《合同法》。如果《合同法》就这些问题已经做出明确规定，则可以不必在天然气购销合同中专门约定，当然，更不能在合同中做出违背《合同法》的约定。

有时，供气企业和用户在谈判签订天然气购销合同之前，会首先签订表达双方关于天然气购销事宜初步设想的意向书，给下一步的合同谈判奠定基础。通常，双方的本意是不希望意向书具有法律约束力，任何一方在未来合同谈判时，可对意向书中的条件和条款进行变更。但事实上，法律并没有对意向书的效力做出规定，因此，意向书中通常含有导致其丧失约束力的条款，例如"本意向书不具有法律约束力""双方的权利义务具体由正式的合同确定"。

意向书应当简略，通常仅约定气量、气价、交付点以及其他双方认为必要的条款，在表述上可参照上文进行简化处理，这里不再赘述。

三、国内外天然气购销合同操作实践

（一）英国和美国天然气购销合同操作实践

一个国家主要采用什么样的天然气购销合同，取决于这个国家天然气的市场化程度、管道设施公平开放程度、天然气交易市场发展情况、政府对气价的管制情况等因素。在美国和英国这些天然气市场化国家，管道企业独立运营，管道设施实行"第三方准入"，供气方高度多元化。在这样的环境下，天然气购销合同模式呈现出如下特点：

（1）由于买卖双方可以方便地从市场上购买天然气，所以通常采用期限短于一年的短期合同。

（2）是由于采用短期合同，所以没有照付不议条款。

（3）由于政府对气价不管制，并且交易市场具有发现价格的功能，大部分天然气购销合同的气价与交易市场价格挂钩，随之波动。

（4）由用户负责组织气源，委托输送，解决调峰问题，实现自身供需平衡。用户通常需要与供应方签订多份短期合同，与管道公司签订委托运输合同，并与储气库公司签订储气合同。用户通过管理上述一揽子合同保障供需平衡。相应的，供气方不负责保障用户供需平衡，它只需要承担在每份短期合同期限内，每天按照基本均衡的气量供应天然气的责任。

（5）用户会通过期货市场套期保值，管理天然气购销合同的气价波动风险。

（二）中国的天然气购销合同操作实践

中国的天然气市场与英、美国家有很大差别，基本还是非竞争性天然气市场，正处于市场化改革的起步阶段。在中国，同时存在天然气购销长期合同和短期合同。

短期合同通常是年度合同，这种合同的优点是对双方都灵活，没有长期约束,可以在一年期满后选择其他合作方;缺点是如果市场缺少流动性,则买卖双方业务长期发展都缺乏保障。

长期合同近十几年来在长输管道沿线市场得到广泛的应用。这种合同的优点是使买卖双方建立起长期的供用气合作关系,解决了发展的后顾之忧,也有利于保障前期基础设施投资的回收。在市场化程度较低的环境下,长期合同不失为一种好的选择。

但长期合同在执行过程中也遇到了一系列的问题,主要包括:

(1)中国天然气市场处于快速发展阶段,用户的用气需求持续增长,同时每年的实际增长速度又存在较大不确定性,导致用户每年的实际需求与长期合同约定的合同气量相比,容易产生较大差异。

(2)由于缺少多元化的供气方,缺少单独运营的储气库,因此,用户在用气高峰期的调峰问题只能依靠唯一的供气企业解决。在用气高峰期,一些用户实际的日需求量远超过长期合同约定的最大日量,使得合同约定的最大日量机制难以得到落实。

为应对上述问题,需要在长期合同基础上采取一些修补的机制。但要实现彻底解决问题,还是需要依赖市场化的机制。近年来,中国天然气管网公平开放进程加快,天然气价格改革持续推进,天然气交易市场投入运营,天然气行业朝着市场化方向快速发展,随之而来,预计中国天然气购销合同的模式也会逐步向美英国家的模式转变。

四、天然气购销合同谈判

(一)谈判的原则

合同谈判往往是买卖双方正式合作的开始,会对双方未来的合作产生影响。谈判是为达成各方都能接受的协议。协议是各方妥协的结果,体现了各方利益的平衡。影响最终谈判结果的最重要因素是谈判各方的议价能力,例如,产品的稀缺程度和客户的稀缺程度两者综合起来会决定买卖双方在谈判中的地位,但谈判者的谈判方式也会对谈判结果产生影响。要使谈判更有效率,达到更明智的结果,并给未来友好合作打下基础,谈判者应该注意如下四项原则:

1. 谈判应把人和事分开

在谈判中,应把人际问题与谈判涉及的实际问题分开处理,谈判者应该是共同解决问题,而不应该相互攻击。谈判是围绕促进人际问题而不是损害人际关系为目的,如果能赢得信任、理解、尊敬和友谊,会使谈判和今后合作越来越顺利。在实际操作中,应注意认真聆听并理解对方的意思;站在对方角度换位思考,去理解对方的观点;不要以自己的担心推测对方的意图,不要假定对方恶意;讨论自己对问题的认识,争取对方理解;人们倾向于保全自己的面子,应该使你的提议看上去与对方观点一致。

2. 谈判应着眼于利益而不是立场

在谈判中,谈判者本应努力实现各自利益最大化,但实际却常常把精力集中在各自立场上,谈判中对立场的过分强调常常掩盖了实际的利益诉求。应当认识到,谈判的根本问题不在于双方立场上的冲突,而在于双方需求、愿望、想法的冲突。对立的立场背后既有共同的利益,也有相互冲突的利益。分析利益的多重性,识别最重要的利益。最重要利益如果不相互矛盾,就有达成协议的可能。要达成协议,权衡后相互妥协是不可避免的。在实际操作中,应注意谈判不是辩论对方立场的对错,也不是审判,而是要努力找到各自核心利益,争取达成共识;讨论自己的利益,承认对方的利益;理解双方为什么会这样做,为什么不这样做的问题,考虑妥协方案。

3. 谈判应围绕共同利益,去创造和选择方案

谈判双方应致力于寻求多种解决方案,然后再选择可以达成共识的方案。如果有可能,就努力去把蛋糕做大。有时,我们在创造和选择替代方案方面会面临四个障碍:一是因为新方案的不足,就排除进一步完善的可能性;二是只寻求单一的答案,而不去考虑其他可能;三是以为蛋糕的大小是不变的;四是认为对方的问题应该由对方自己解决。在实际操作中,在谈判陷入困境时,谈判者应当努力寻找新方案,扩大谈判桌上的选项;将创造方案与评判方案二者分开,避免因为谈判过程中形成的成见影响对方案的判断。

4. 谈判应坚持使用客观标准

协议应基于客观标准,要有公平合理的依据,而不应基于各方的主观诉求。不管你如何主动理解,改善关系,协调利益,总会存在一个问题:双方利益至少在某些方面是冲突的。在实际操作中,要做利益的权衡,需要找到客观的标准,达成各自让步的妥协,这些标准包括详细的计算、行业先例、行业标准、公平对等原则等。

最后一点,面对困难的谈判,我们永远有一个选项,就是在不能达成我们可以接受的协议时,选择退出谈判,而永远不要达成让自己后悔的协议。

这是非常遗憾的结果，导致前期大量工作白白浪费，导致公司失去达成交易的机会，但它不一定是最坏的结果。

（二）天然气购销合同的谈判

对于天然气购销合同，理想的谈判组应该包括天然气营销、管道运行、财务、法律等部门的人员参加，营销人员作为主谈，其他人员配合。在实践中，一般性的天然气购销合同谈判相对容易，但有时我们会遇到特殊合同或者特殊问题，使谈判陷入困境，考验谈判人员的业务能力。谈判人员应事先取得足够的授权，最大程度地发挥谈判资源。

在合同谈判的不同阶段，需要做好相应的工作：

在谈判准备阶段，收集、整理和分析用户信息和管道设施相关信息，考虑双方对问题的不同认识和可能出现的谈判障碍。大部分谈判的关键问题是气量、价格和不均衡性，但有时气质、压力、交付点或者一些法律条款都会成为问题。准备相应应对预案，有时需要做多方案比选和详细测算。充分的准备工作不仅会帮助你在谈判中取得主动，也会赢得谈判对手的尊重，为下一步合作打好基础。

在协商阶段，要运用上文所述的四项谈判原则逐步消除意见分歧，促进双方理解对方的利益所在，寻找对彼此都有利的方案，并根据客观标准寻求共识以解决利益冲突。在天然气购销合同的谈判中，卖方的核心利益是实现预期销量，只承担能力范围内的调峰责任，销售天然气得到合理回报；买方的核心利益是确保天然气稳定供应，有合理渠道解决调峰需求，获得公平的气价。通常来说，双方核心利益并不矛盾，可以达成协议。在困难的谈判中，双方针对利益冲突会逐步妥协，要做出对谈判结果的预期，掌握好谈判节奏，争取在达成最终妥协之前，你的手里还有最后一个让步筹码。

在谈判中要克制情绪冲动，排除交流障碍。必须指出，所有侮辱、责骂对方谈判人员，以及对谈判进展表现出过度不耐烦的行为只能理解为专业能力和个人素质的低下，是完全不能接受的。

如果存在关键性问题，可以首先就这些问题进行协商，然后再进入合同文本的讨论。一般来讲，提供最初一稿合同文本的一方在谈判中会有一些主动，因此尽可能由我方提供第一稿的合同文本。

供气企业准备的天然气购销合同文本一般是根据示范文本起草，这很容易让人理解为是格式合同，从而导致在根据《合同法》解决合同条款歧义时，

第四章　天然气市场开发

使供气企业处于不利地位。因此，谈判人员应该逐条向买方解释和讨论条款内容，根据买方特殊需要，可以对条款进行修改，或增加单独的条款。但这会导致另外一个问题：对于面对众多用户的供气企业，它希望保持供气条件对于所有用户的一致性，而不希望针对某个用户修改合同条款。这方面需要谈判人员在一致性和特殊性之间做好平衡，供气条件的修改应与相关部门沟通，在合同签订后还要跟踪落实。

第八节　天然气市场营销策略制定

一、市场营销战略的意义与理论

市场营销战略是对企业市场营销工作做出全局性、长期性、方向性的谋划。一个企业的市场营销战略是受到企业战略规划制约的。企业战略规划包括确定企业任务、企业目标、投资组合、发展战略等过程。市场营销战略是企业战略的重要组成部分，营销战略的制定与实施，也就是市场营销的过程。

制定营销战略从本质上讲就是选择适当的竞争战略。企业应在竞争环境分析、竞争行业分析、竞争者分析的基础上，进行竞争战略的设计。企业根据在市场上的地位不同，应采取不同的策略：市场领导者策略、市场挑战者策略、市场追随者策略、市场拾遗者策略。由于竞争策略贯穿于市场营销战略制定过程和实施中，本文对竞争战略不进行专门的论述。

市场营销战略是现代市场营销中极其重要的战略，是市场营销理论的重要环节。一个完整的市场营销战略，是指企业针对自身的目标市场，协调配套地运用各种可以控制的营销因素（变量），形成由一系列营销策略组成的战略组合。典型的营销战略理论是"4P"理论，即产品策略、价格策略、分销策略和促销策略。在"4P"理论的基础上又提出了"11P"理论，在"4P"的基础上增加了探查、分割、优先、定位、权力、公共关系、人。尽管公共关系和人是"11P"中最后两"P"，但是前"9P"的保障，也是近年营销理论非常重要成果。

"11P"市场营销战略组合示意如图4-8所示。

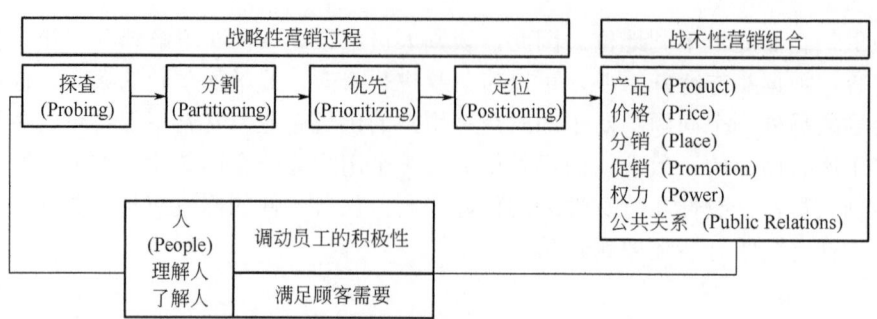

图 4-8 "11P"市场营销战略组合示意图

二、天然气市场营销策略

结合天然气市场营销活动和市场营销过程,"4P"产品策略、价格策略、分销策略和促销策略是其中最重要的策略。而营销组织的建设是营销战略实施的重要保障之一。

(一)产品策略

产品是市场营销战略的第一个要素。任何企业在制定市场营销战略计划时,首先要考虑的就是产品策略。因为产品是市场营销活动的中介,只有通过产品才能使生产者和消费者之间实现交换的目的;同时,企业只有提供满足消费者需求的产品和服务,才能实现获取利润的目标。

天然气作为一种商品,与其他产品一样,也经过发育、成长、成熟、衰退四个过程。对天然气生命周期的阶段划分,便于营销者根据不同阶段的特征,分析天然气的营销状况,制定营销策略,掌握营销活动的主动权。不同的阶段产品策略不同。

1. 发育期

天然气在市场发育期,强调的是功能,以培育市场为主,使消费主体接受。

为了使天然气市场迅速地发展起来,在发育期采取的主要营销策略包括以下几种:

1) 产品推广策略

在发育期,顾客还没有充分认识天然气的优势和价值,需要市场营销者加大力度宣传天然气的功能和价值,吸引消费者利用天然气,引导市场消费。

第四章 天然气市场开发

在推广宣传过程中,应充分突出天然气的清洁、便利、高效和综合价值。

2)价格竞争力策略

为了快速启动市场,最有效的策略是价格策略。通过提供一个有竞争力的价格,在竞争中处于优势,可显著地、快速地开发市场并占有市场。对于不同的细分市场,天然气可与不同能源之间互相替代,为了有效、快速地占领市场,天然气与可替代能源在价格上具有竞争力。

3)供应驱动策略

天然气对基础设施的依赖性,特别是在市场发育期,只有供应商主动建设储运设施,提前将供应通道打通,引导消费者,培育市场,逐渐扩大天然气销售量。

2. 成长期

天然气在成长期,最主要的特征是天然气消费量大幅增长。那么企业在此期间,以扩大销售和提高市场份额为主。而消费者关注的是价格和供应保证。

1)灵活的价格策略

进入成长期,市场已经对天然气的功能和质量充分了解,消费者对天然气的关注点集中在价格方面。企业可以选择适当时机,采取灵活策略,一方面吸引那些对价格敏感的消费者购买天然气,另一方面阻止竞争对手的进入,提高竞争力。

2)品质策略

在成长期,消费者对天然气另一个关注点是供应保证。这里的供应保证,不仅是天然气数量的满足,而且是天然气质量的保证。天然气质量主要是指天然气的组分、压力、不均匀性供应。企业通过完善基础设施和工艺水平,改进天然气的品质,特别是不均匀性供应水平,满足市场的需求,提高市场的认知程度。

3)营销渠道拓展策略

成长期以扩大市场为主,那么拓展营销渠道是主要的措施。通过对营销渠道的完善,一方面通过建设大的基干管道扩展天然气消费区域;另一方面通过建设"最后一公里"管线,向消费终端延伸;第三方面建设地下储气库等调峰设施,提高供应保障程度,使消费者依赖性和认可度增强;再者,企业适当扩大营销网络,开展消费市场。

3. 成熟期

进入成熟期,天然气的市场需求量趋于饱和,市场化程度高,市场竞争

激烈。此阶段的主要策略如下：

1）低成本策略

进入成熟期，天然气形成了多元化的供应格局，市场化程度越来越高，市场参与者众多，竞争非常激烈。企业为了维持市场份额或者扩大市场份额，强化营销，促销成本越来越大，那么采取低成本策略是最有效的策略，往往该策略是被动的。

2）服务提升策略

为了保持竞争力，企业在服务上提升水平。一方面通过服务，使消费者体会到便利，例如，消费者使用天然气的约束条件越来越少；另一方面，增加产品的附加价值，例如，放宽结算和信贷条件；第三方面，树立企业形象，打造"百年老店"品牌企业。

3）竞争策略

成熟期往往是市场竞争最激烈的阶段。企业在此期间，为了应对竞争局面，采取一些有利的竞争策略。主要包括价格竞争策略、营销网络互相渗透策略、开拓分销渠道策略、促销策略等。

4. 衰退期

进入衰退期，天然气销售量和利润下降，特别是新能源的发展，消费者对天然气的忠诚度降低。在此期间的营销策略主要突出转型。

1）集中策略

在衰退期，企业已经不可能维持原有的发展目标和发展战略，需要把企业的人力、物力和财力集中在最有优势的细分市场和业务发展上。此阶段，企业必须明确发展策略，即"有所为、有所不为"，放弃一些业务和细分市场，将投资格局集中在优势市场和业务上。

2）产品组合与改进策略

在衰退期，被动地放弃原有市场或者退缩并不是最佳选择，最积极的做法是采取原产品和新产品的组合策略。一方面不断改进天然气营销策略，吸引一些原有市场；另一方面向新能源业务转型。选择与天然气市场比较契合的一些业务，形成综合性的能源企业，采取产品组合策略，保持企业的活力和可持续发展。

（二）价格策略

在市场经济条件下，任何产品的交易都不能没有价格。商品价格的变化直接影响顾客的购买行为以及商品的销售和利润，交易成功与否是以价格谈

第四章 天然气市场开发

妥为标志。因此，价格策略是市场营销策略组合中最重要的组成部分，也是核心的策略之一。影响天然气定价有企业的定价目标、天然气成本、市场需求、竞争因素和其他因素等五个方面，天然气定价方法主要包括成本加成法、市场净回值法、混合定价法。企业需要利用灵活的价格策略，达到营销效果和实现营销目标。

1. 地区差价

所谓地区差价就是企业销售天然气时，对于不同的地区制定不同的价格。地区差价策略有几种形式：一是原产地定价，首先定天然气出厂价，确定产地定价，然而其他地区的价格在出厂价的基础上加上由产地到目的地的管输费，例如，西气东输一线最早的天然气价格就是按照此方法，首先确定塔里木气田天然气出厂价，然后再根据到不同地区的管输费，测算不同地区的价格；二是统一门站定价，例如，2013年国家发改委发布的新的价格调整方案，就是统一门站价格；三是基点定价。选定某城市或地点作为基点，首先对该基点定价，其他地区定价是在基点定价的基础上加上从基点城市到目的地的管输费，例如，美国HH定价，可以看作基点定价。

2. 结构差价

所谓结构差价就是企业销售天然气时，对于不同应用领域的用户制定不同的价格。结构差价策略有几种形式：一是成本区别定价，在同一地区不同应用领域的用户，供应成本不同，那么定价也不同，二是可承受能力差别定价，不同应用领域的用户，可承受气价不同，那么定价也不同。对于上述两种形式，尽管目前没有严格意义的单独所采用的形式定价，但是大多数国家对于天然气终端用户价格往往采取两种方式的结合。

3. 规模差价

所谓规模差价就是企业销售天然气时，对于不同需求量的用户制定不同的价格。通常情况下，用气规模越大的用户，供应价格越低；用气规模越小的用户，供应价格越高。对于此种形式，多对居民用户定价或者促销时采用。例如，我国居民用气价格中的阶梯价格就是这种思路，但是用气量越多，价格水平越高，主要是为了节能。

4. 季节差价

所谓季节差价就是企业销售天然气时，价格按照季节、日期，甚至小时而变动。不同的用户天然气用气量不同，天然气供应规模取决于用气量的多少。对于一个用户，生产规模确定后，每年的总用气量不变，但是由于利用性质不同的关系,天然气用户往往在一年中的月、日、小时用气量是不同的。对于用气不均匀性不同的用户,对供气能力的需求和供气成本均不同,基于此,按时段的不同制定不同的价格,其中最常见的就是季节差价,对某一用户在不同月份采取不同的价格。目前,国际上许多国家实施了季节差价,我国还没有。

5. 促销价格

在实际营销过程中,天然气价格策略经常采用促销价格策略。

(三)分销策略

在营销过程中,企业运用一定的市场分销渠道,将产品在适当的时间、地点和适当的价格供应给客户。这种企业和消费者联系在一起,最终实现产品所有权转移的时空通道,便构成了市场分销渠道。

1. 天然气分销的特点

天然气营销多是 B to B 市场营销,B to B 市场中的分销有三个主要特点:

(1)直接销售是最常见,也是最主要的方式。直接销售主要针对那些客户数量有限具有较大销售量的客户,直接销售能够发展必要的供需关系,以便适应每个客户特有的需求。由独立的分销商进行的主要是标准化的、面向众多小客户的产品,同时发展部分分销商,是有关市场变化信息的重要来源之一。

(2)生产厂商较少依赖大分销商。在 B to B 市场营销中,可以更加依赖几个重大的客户,较少受分销商摆布。

(3)生产厂商(技术—商务)销售力量的重要性。在 B to B 市场中,企业拥有由技术-商务人员构成的内部销售力量,可以调查扩大销售的可能性,进行销售并追踪客户。所以,具有技术并懂商务的销售人员对于 B to B 市场营销非常重要。

2. 天然气分销渠道类型

分销渠道分直接分销渠道和间接分销渠道。直接分销渠道是指无需中间商层级将产品由生产商直接供应给客户的时空通道;间接分销渠道是指通过中间商层级将产品由生产商间接供应给客户的时空通道。

对于不同的客户,渠道选择是不同的。天然气分销渠道构成示意如图 4-9 所示。

第四章 天然气市场开发

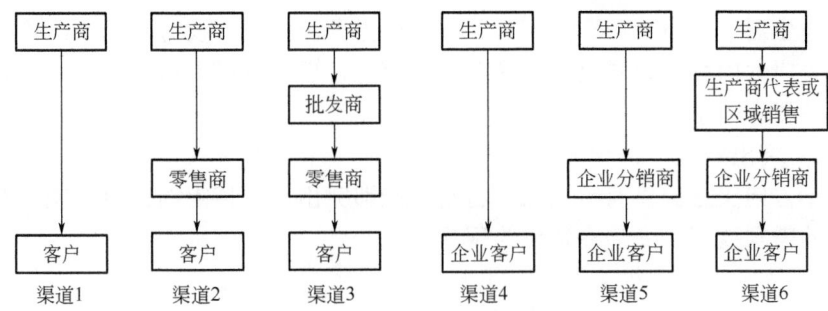

图 4-9 消费者和工商企业分销渠道示意图

3. 天然气分销渠道选择

天然气分销渠道的选择与天然气基础设施的关系很大。如果生产商与客户之间已有天然气基础设施，那么通常对渠道空间不再选择，只对销售方式进行选择；如果生产商与客户之间没有天然气基础设施，那么需要对渠道空间和销售方式同时进行比选。

一般情况下，天然气分销渠道选择分三步：

（1）对客户进行直接分销和间接分销进行分类，确定直接分销和间接分销的客户。通常，用气量大且市场集中的客户，采取直接分销比较合理；由众多小客户组成且比较分散的客户，采取间接分销比较合理。

（2）评估渠道选择方案。按照经济性、控制性和适应性三个标准对分销方案进行评估，经济性分析以利润最大化为评判标准，控制性以顾客忠诚度为评判标准，适应性以应变力为评判标准。

（3）与客户进行供应方式和销售方式谈判，落实销售和供应方式。

（四）促销策略

促销是指企业通过人员推销或非人员推销的方式，向目标客户传递商品或者劳务的存在及其性能、特征等信息，帮助消费者认识商品或者劳务所带给购买者的利益，从而引起消费者的兴趣，激发消费者的购买欲望及购买行为的活动。

1. 促销的作用

从促销的定义可以看出，促销有如下作用：

1）传递信息，提供情报

一方面，卖方（企业或者中间商）向买方（中间商或消费者）介绍有关企业现状、产品特点、价格及服务方式和内容等信息，以此来诱导消费者对产品产生需求欲望并采取购买行为；另一方面，买方向卖方反馈产品价格、质量和服务内容、方式是否满意等有关信息，促使供应者取长补短，更好地满足消费者需求。

2）突出特点，诱导需求

卖方向买方提供有关信息，特别是能够突出产品特点的信息，能激发消费者的需求欲望，变潜在需求为现实。

3）引导消费，扩大消费

在促销活动中，营销者介绍产品知识，一定程度上对消费者起到了教育指导作用，从而有利于激发消费者的需求欲望，实现扩大销售。

4）形成偏好，稳定销售

企业通过开展促销活动，使消费者保持忠诚，稳定客户，维持或提高销售量。

2. 促销的方式

促销的方式多种多样，具体又可分为广告、营业推广、公共关系和人员推销四种方式。通常，促销策略又称为促销组合策略，如图4-10所示。

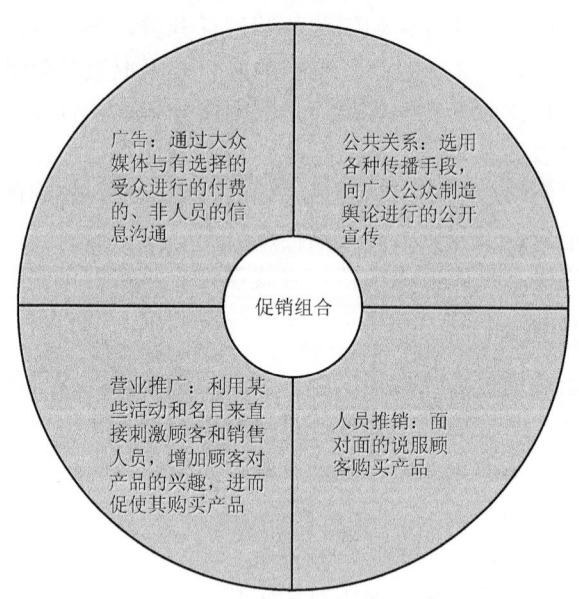

图4-10 促销组合策略

3. 天然气促销策略

除常规的广告和公共关系外,天然气促销常采用的策略是推动与拉引策略、促销定价策略。

1) 推动与拉引策略

一方面,天然气企业主动利用营销人员和中间商直接或者间接促销天然气进入市场;另一方面,企业通过广告及其他促销活动,吸引消费者购买天然气。前者为推动策略,主要在于发挥企业的主观能动性,通过积促销而激发、引导消费;后者是拉引策略,主要从消费者需求出发,通过促销使消费者满意,主动购买天然气。

2) 促销定价策略

促销定价策略是天然气最常见的促销策略。主要有如下几种:

(1) 额外差价。在正常销售过程中,为了扩大销售量,对一定销售量之外的额外销售量实行较低气价,激发用户多消费天然气。

(2) 淡季差价。不同的季节,天然气销售量也呈现不同的状况。我国通常在非采暖季和非迎峰渡夏期间,天然气处于销售淡季。为了扩大销售量,在淡季对天然气降价销售。

(3) 延长结算周期。在购销合同中,规定了明确的结算周期。而实际购销过程中,消费者特别是工商企业均希望结算周期延长,为了稳定客户,企业对一些客户的结算周期延长。

(4) 可中断差价。企业在天然气供应过程中,有时不能完全满足消费者需求,需要用户配合,比如在天然气用气高峰期间,需要一些用户中断,降低峰值。此时,对可中断用户可实行一定的价格补偿。

(五) 市场营销组织

"11P"市场营销组合中的最后一个"P"指的是人(People)。为了搞好外部营销,满足消费者的需要,首先要实施内部营销,调动企业员工的积极性。人是市场营销活动的实施行为人,是实施其他"10P"的保证。而每一个人又是服务市场营销组织。合理的组织有利于营销人员的协调和合作,是实施市场营销战略的保证。

1. 市场营销组织的涵义

市场营销组织是企业为了实现营销目标而使全体营销人员通力协作的科学系统,是指企业内部涉及营销活动的各个职位及其结构。制定和实施市场营销战略,离不开有效的市场营销组织。

有时，市场营销组织也被理解为各个营销职位中人的集合。由于企业的营销活动由人来完成，因此，判断市场营销组织的好坏主要是指人的素质，而不单单是组织结构的设计。这就要求营销负责人既能有效地制定营销计划和战略，又能使下级正确地贯彻执行这些计划和战略。

市场营销组织的作用和目标主要有：一是对市场需求做出快速反应；二是使市场营销效率最大化；三是代表并维护消费者利益。

2. 天然气市场营销组织设计的基本原理

建立天然气市场营销组织遵循以下原理：

1）专业化原理

结合天然气市场的特点和市场营销的理论，天然气市场营销组织应包括市场研究（调研和预测）、市场开发管理、市场营销战略和计划、消费者服务、商务等功能。因此通常情况下，天然气营销组织内部应设计这些专业的职位。

2）权责对等原理

在营销组织中，上级应拥有指挥、领导权力。上级可对下级分配工作，然而同时要给予下级在处理工作中所需要的权力，使之能当机立断，进行决策。所以营销组织应制定各岗位的岗位责任制，使员工明确自己的工作责任。

3）有效性原理

营销组织的设立是为了实现营销目标，因此就要求营销组织的结构、人员、活动是有效的。判断一个合理的营销组织与架构的复杂程度无关，主要取决于效率。

3. 天然气市场营销组织的类型

现代企业的营销组织有不同的组织形式，大体上营销组织的类型可分为专业化组织和结构性组织两种，天然气市场营销组织同样如此。

1）专业化组织

天然气市场营销组织按照专业化进行设计，主要有两种形式：

（1）职能型。

职能型营销组织是按照机构营销职能设置组织结构，主要的形式如图4-11所示。

第四章 天然气市场开发

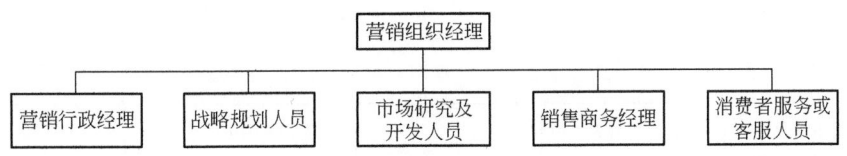

图 4-11 天然气市场营销职能型组织

（2）地区型。

如果一个天然气企业的营销活动面向全国主，企业往往就按照地理区域设置组织结构，主要的形式如图 4-12 所示。

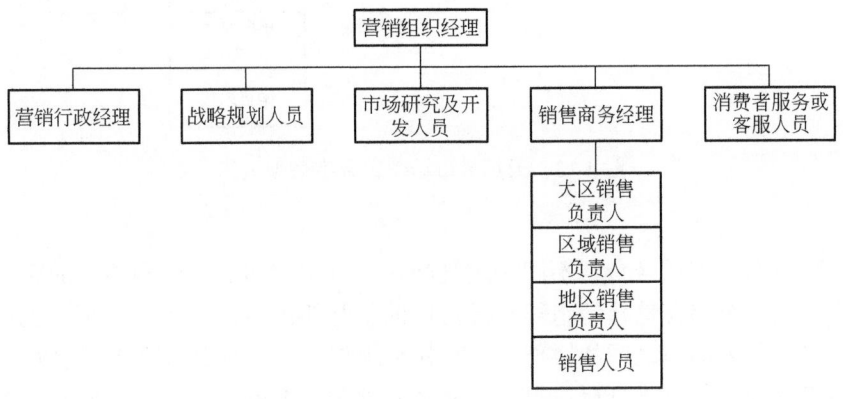

图 4-12 天然气市场营销地区型组织

2）结构性组织

专业化组织只是从不同角度确立了营销组织中各个职位的形态，至于如何安排这些职位，还要分析组织结构与职位间的相互关系。结构性组织主要有两种形式：

（1）金字塔型（垂直化）。

金字塔型是一种较为常见的组织结构形式。它由市场营销负责人至一般员工自上而下建立垂直的领导关系，管理幅度逐步加宽，下级只向自己的上级直接汇报。按职能专业化设置的组织结构大都是金字塔型。其特点是上、下级权责明确，沟通迅速，管理效率较高。缺点是下级员工缺乏对企业整个营销状况的了解（图 4-13）。

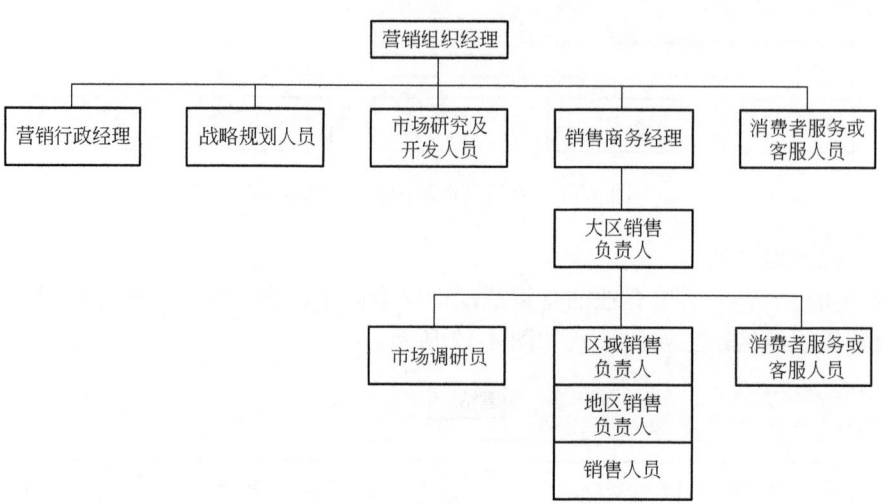

图 4-13　天然气市场营销金字塔型组织

（2）矩阵型。

面对不同市场且负责不同天然气产业（批发销售、下游利用）的企业，需要建立一个综合性营销组织，最常用的就是矩阵型组织形式。矩阵型组织能加强企业内部门之间的协作，能集中各种专业人员的知识技能，适应性强。但是双重领导，过于分权，每个专业独立性强，容易产生争议（图 4-14）。

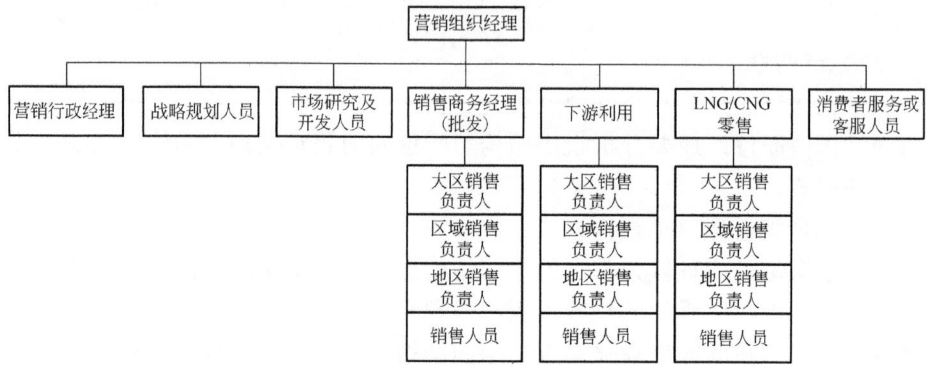

图 4-14　天然气市场营销矩阵型组织

第五章 客户管理

第一节 天然气购销合同管理

一、合同管理

合同管理是企业经营管理的重要组成部分。合同管理的目的是实现企业利益的最大化和法律风险损失的最小化。说到合同管理,有时往往被狭义地认为是合同审查、审批、盖章、归档和统计管理。真正意义上的合同管理,或者称之为全面合同管理,应定义为是指企业对以自身为当事人的合同依法进行订立、履行、变更、解除、转让、终止以及审查、监督、控制等一系列行为的总称。其中,订立、履行、变更、解除、转让、终止是合同管理的内容;审查、监督、控制是合同管理的手段。合同管理必须是全过程的、系统性的、动态性的。全过程就是由洽谈、草拟、签订、生效开始,直至合同失效为止,不仅要重视签订前的管理,更要重视签订后的管理。系统性是凡涉及合同条款内容的各部门都要一起来管理。动态性是注重履约全过程的情况变化,特别要掌握对自己不利的变化,及时对合同进行修改、变更、补充或中止和终止。

合同管理的具体事项通常包括:

(1)客户选择即交易选择管理,避免因不当的选择形成缔约过失责任,或选择风险较大而受益不大的客户或交易。

(2)合同签订及生效的管理,从内部完善审批制度和合同签订及履行的标准程序,杜绝因合同签订及履行的随意性而产生的风险。

(3)建立完整的合同文本管理、档案管理制度,并保证合同任何阶段的档案集中管理,以保证企业能够不断自我完善,也防止因缺少证据而丧失权益。

（4）各部门相互配合问题的管理，使各部门对于生产计划、合同履行中本部门的职责了然于心，并严格按合同要求相互配合。

（5）危机事务处理管理，在合同履行中如果出现违约、突发公共事件时，有条不紊地及时采取有力措施，防止损失发生或损失扩大。

二、天然气购销合同的管理

天然气购销合同涉及标的金额巨大，应当以书面形式订立合同，要杜绝无合同供气和事后合同的情况发生。对于天然气购销合同的管理，上述合同管理的一般性内容也完全适用。天然气购销合同的起草和谈判已在前文涉及，本节主要讨论其他几个方面的具体管理内容。

（一）建立完善的天然气购销合同管理体系

天然气购销合同涉及的合同类别较多，既有长期合同也有短期合同，既有内部企业之间的合同也有与外部企业的合同，在主合同之外还可能有补充协议和变更协议。对于大型供气企业，天然气购销协议的管理往往采用按照"谁订立、谁履行、谁负责"原则确定的分级负责、归口管理的模式。供气企业需要建立全面涵盖公司总部和各分支机构的天然气购销合同管理体系。合同管理体系应包括如下几个方面：

（1）制定天然气购销合同管理制度，明确从用户选择到合同执行完毕整个过程中的工作流程和相关规定。

（2）形成一个职责分明、架构完善的管理体系和工作机制。例如，营销人员负责合同的执行，相关业务部门有序配合，法务人员完成法律风险控制和法律问题处理，外部律师分析处理最为复杂和关键的法律问题。

（3）制订包括各类天然气购销合同及相关补充变更协议的一系列标准合同文本。

（4）建立合同审查、台账、统计、查询的电子化信息系统。

（二）天然气用户的选择

天然气供气企业选择下游用户，既要考虑自身的经济效益、经营风险和法律风险，也需要考虑社会效益，包括考虑《天然气利用政策》等行政规章的规定。通常，所选择的用户应满足如下要求：

（1）用气项目应符合国家《天然气利用政策》规定的"优先类"或"允许类"条件，或属于国家鼓励发展的其他用气项目。

第五章　客户管理

（2）用气项目需求应落实，避免发生买方提出很大用气需求、实际却无法按合同用气的情况。

（3）用气项目应得到地方政府支持，包括城市燃气项目应获得相应特许经营权、列入城市燃气发展规划等。

（4）供气企业的气源和管道设施能够满足用户用气需求。

（5）用户应具有合理的价格承受能力。尤其对于发电、工业、化工等用气量大的用户，一旦由于气价上涨导致用户无法再使用天然气，将对天然气销售工作产生很大影响，也给用户带来巨额损失。

（6）用户具备履行合同的经济实力。

（三）天然气购销合同的主体资格审查

如果用户主体资格存在瑕疵，可能导致所签订天然气购销合同可能成为效力待定合同，不受《合同法》保护。以城市燃气用户为例，合同主体资格审查通常需要用户提供两方面的材料：

（1）企业营业执照副本、组织机构代码证、税务登记证。城市燃气用户首先必须是一个依法注册登记的企业，并且用户营业执照规定的经营范围中应当包括城市燃气供应或类似的内容。

（2）燃气经营许可证、城市燃气特许经营协议。燃气经营许可制度是2010年3月1日起施行的《城镇燃气管理条例》所确立的一项法律制度，是政府依法加强燃气管理的一种事前控制手段，主要是为控制风险；燃气特许经营制度源自2004年原建设部颁布施行的《市政公用事业特许经营管理办法》，是基于管道燃气的自然垄断属性，通过市场竞争机制选择燃气投资者、建设者、运营者以及经营者的一种手段。作为城市燃气企业，原则上应该同时具有上述两项文件。

以上是从法律角度对用户合同主体资格的审查。从商务角度，为保障交易目的的实现，需要对用户情况及市场情况进行调研并形成市场调研报告，对于需要建设较长距离接气管道的用户，可能还需要用户提供接气管道核准文件或者地方政府的支持性文件。

（四）合同统计和档案管理

在实际操作中，天然气购销合同的统计通常包括合同信息的统计和合同签订情况的统计。合同信息统计表通常包括用户名称、用户类型、交付点位置、合同起止时间、合同气量等信息；合同签订情况可以通过合同台账来反映，合同台账用来记录一段时间以来各类合同的办理情况。

统计的目的是为了进行分析，使业务人员了解每个用户的主要合同信息，及时发现各类问题，也可以了解全体用户的合同气量累计情况，以及一段时间内的用户签约情况等汇总信息，并对用户合同信息进行分地区、用气类型的多维度分析。以上主要涉及的是对合同签订情况的统计，根据业务需要，也可以开展对合同执行情况的统计分析，例如，对用户延期付款情况的统计等。

合同档案是指合同从签订至终止的整个过程中形成的体现签订各方意志的具有法律效力的文件及与之相关的具有保存价值的其他文件材料。天然气购销合同的档案不仅包括双方签字盖章的合同文本、各类补充协议和变更协议文本、用户资质材料，也包括双方之间有关合同内容意思表达的信件、函件等资料。

合同档案是维护当事人合法权益的最直接、最有效的手段之一。通过对合同的档案管理，可以保存与合同有关的相关证据材料，一旦发生纠纷，可以及时运用档案记载的内容，依法维护当事人的权益。

天然气购销合同应实行集中统一管理，以确保档案完整、完全和有效利用。供气企业应建立健全合同文档的形成、积累、整理、归档工作制度，并确定专人负责合同文档管理。

与普通文书档案相比，合同档案文件的形成具有较大的不规律性，合同管理人员应及时、全面收集档案文件，建立档案目录清单。合同档案具有依据凭证性，因此在档案提供利用时，一般提供复印件。同时，天然气购销合同通常会约定保密条款，因此对天然气购销合同档案应采取必要的保密措施。最后需要强调的，合同档案来自于销售业务部门，用之于销售业务部门，合同管理部门应当发挥主观能动性，加强与销售业务部门的协作，配合销售业务部门定期检查合同的办理情况，对办理完毕的新合同或补充协议等及时归档，清理遗漏的合同材料，还应宣传合同档案的意义与相关的法律知识，加强业务部门的档案意识，为合同档案的管理奠定良好的基础。

随着信息化技术的发展，供气企业要借助信息化的手段提升合同统计与合同档案的管理水平。在保管好档案原件的同时，逐步实现档案文件的电子化。逐步研究将有关工作通过客户关系系统（CRM）等平台实现，提高合同统计分析和档案查找的便利性和及时性。

（五）违约处理

合同订立的目的是为了履行。供气企业应加强对天然气购销合同执行过程的监控,一旦用户发生违约行为,无论是预期违约还是实际违约,供气企业都应及时与用户沟通,了解落实具体情况,依据合同法和天然气购销合同,促使用户承担继续履行、采取补救措施或者赔偿损失等违约责任,必要时可根据合同约定进行仲裁或者提起诉讼。对于重大违约,可根据合同约定进入终止合同的程序。

在实践中,用户可能发生的最主要的重大违约是不履行或延迟支付天然气款的义务。事实上,要从根本杜绝产生呆账或坏账的风险,首先应该从用户选择开始,加强对用户履约实力和信用情况的考察,视情况采用银行保函等担保措施。在赊销的情况下,要对赊销总额进行控制,严格财务审批制度,落实清欠责任。一旦出现清欠困难,应当立即根据合同启动减少甚至停止供气的措施,并与用户进行协商,制定还款计划,在必要的时候寻求法律帮助来解决相应的债务纠纷。

(六)合同的变更

合同一旦生效,双方都应该严格履行。在长期天然气购销合同的执行过程中,有时需要根据情况的变化,对合同进行补充或变更,包括变更合同主体名称、交付点、价格等。更常见的情况是经双方协商一致,对合同气量进行补充或变更,例如,补充约定下一个 3 年区间的分年合同气量,或者变更下一年度的合同气量。

在长期合同的签订中,合同气量的确定是一个重要问题。从供气方的角度,所有下游用户(包括未来潜在用户)的长期合同气量之和应该基本等于并且不能超出资源规划总量;同时,对于具体某个用户,供气方应通过市场调研,识别出用户已经落实的用气需求,按此确定用户的合同气量。对于供气企业,最理想的情况是形成销售规划气量指导长期合同气量、长期合同气量指导年度销售计划、年度销售计划指导日常运行,日常运行反过来又影响销售规划编制的闭环控制。

第二节 计划管理

销售计划管理是天然气营销日常管理的一项关键工作。市场开发人员将潜在客户发展为合同用户以后,营销管理人员将根据用户的需求编制销售计

划,通过"日指定、周平衡、月计划"管理将用户的用气需求固化,形成整体销售计划,从而实现对用户的实际供气。按照确定的销售计划供气,是保障下游用户用气安全和上游平稳供气的关键措施。

一、天然气销售计划管理

(一)年度天然气销售计划

1. 年度天然气销售计划和分月方案的编制

(1)销售企业应以天然气销售业务的中长期规划为依据,结合上中下游各环节需求,包括上游天然气资源安排、新建管道工程进展、管道运行安排、下游市场开发成功、长期供用气合同签署情况、下游用户用气需求等因素,统一进行平衡,拟定年度天然气销售计划。

(2)原则上销售公司应在每年10月31日前编制完成初步的下一年度天然气销售建议计划。

(3)销售企业天然气年度计划编制人员编制年度天然气购销计划,报主管领导批准后,同步发送给管道运输企业、天然气调控机构和相关单位。

(4)管道运输企业、天然气调控机构和相关销售企业按照年度天然气购销计划和分月方案与下游用户签署年度供用气合同、制定管道运行方案。

2. 年度天然气销售计划的调整

(1)每年第四季度,销售企业根据实际完成情况,对预计无法完成年度考核指标的,编制《年度天然气销售计划考核指标调整建议报告》。

(2)天然气年度销售计划编制和执行人员提出《调整建议解决方案》,经主管领导或上级管理部门审批。

(3)主管领导或上级管理部门对年度天然气销售计划调整方案提出批复意见,并发文至销售企业、天然气调控机构等单位。

(4)天然气调控机构、销售企业接收并执行《年度天然气购销调整计划》。

(二)冬季天然气销售方案

(1)通常,销售企业应于每年6月启动当年冬季方案编制工作,销售企业根据要求应在在6月30日前要求各用户上报"冬季天然气需求"。

(2)冬季天然气销售方案编制人员将用户提供需求进行分析、调整、汇

第五章 客户管理

总,与上游资源、管道运输企业等相关单位沟通交流,结合资源与市场情况、在役管道运行情况、储气库注采情况和新建管道工程投产安排等情况,在平衡落实天然气管网可分配销售资源和独立气区商品量的基础上,编制《冬季天然气销售方案》。

(3)《冬季天然气销售方案》编制人员以文件形式,将《冬季天然气销售方案》发送给管道运输企业、调控机构以及相关用户执行。发送时间通常不晚于每年的 10 月 31 日。

(4) 管道运输企业、调控机构和相关销售企业按照冬季销售方案与下游用户对接冬季气量安排,并制定管道运行方案。

(三)月度天然气销售计划

(1) 月度天然气销售计划的依据主要有:《年度天然气销售计划和分月方案》《冬季天然气销售方案》(冬季月份应用)、各用户提出上报的《月度用气需求建议》、天然气产购销实际运行情况和管道运输企业提出的管道输送能力等生产建议。

(2) 在每月 15 日前,销售企业以《年度天然气购销计划和分月方案》或《冬季天然气销售方案》为基础,根据实际运行中市场的变化情况,通过客户关系管理系统(或管道生产管理系统)等信息系统上报《月度销售建议计划》。

(3) 月度天然气销售计划编制人员将所有信息初步汇总平衡后,与管道运输企业、上游资源供应企业沟通后,结合资源与市场情况、在役管道运行情况、储气库注采情况和新建管道工程投产安排等情况,平衡落实天然气管网可分配销售资源、独立气区商品量和市场销售安排。

(4) 每月月底前,月度天然气销售计划编制人员将编制完成的《天然气销售月度计划方案》上报相关领导审批后,发送给管道运输企业、调控机构以及相关用户执行。发送时间通常不晚于每月最后一天。

(5) 管道运输企业、调控机构接收《月度天然气销售计划》,根据月度销售计划,编制月度管道运行方案并组织执行。

(6) 月度天然气销售计划由销售企业负责执行。

二、天然气销售日指定管理

确保天然气销售月度计划、年度计划实行的关键因素是天然气销售日指

定。天然气销售日常运行安排的准确程度依赖于日指定管理的实施。因此，日常工作中对用户销售行为的具体体现就是日指定的实施。

（一）日指定管理原则

日指定管理原则如下：

（1）确保用户供气安全、平稳。

（2）资源是供气的基本依据。

（3）销售企业制定日指定，应立足于更好地完成或超额完成月计划。如果用户的日完成在日指定偏差控制范围内，销售企业日指定安排应尽力满足用户的日需求。

（4）调控机构和管道运输企业负责实际运行和管输能力的优化，管输能力具备的条件下，管道运输企业依据天然气销售企业制定的日指定向用户供气。

调控机构和管道运输企业确保按照运输合同/计量交接协议约定的供气方式将日指定控制在规定要求的范围内。

（二）日常管理工作

天然气不同组织或部门应做好日指定第日常管理工作，确定界面、合理分工。

销售企业或部门应要求和督促用户准确填报日需求，并做好与用户的日指定量协调工作，尽力满足用户用其需求。

管道运输企业做好日常分输与用户的沟通工作，做好所管辖用户委托运输协议及计量交接协议存档的工作，建立用户台账，做好基础资料管理工作。

管道分输场站运行机构做好各分输用户日指定执行情况记录。

（三）日指定流程管理

天然气销售实行日指定管理。天然气终端用户向销售企业提出日用气量需求计划；销售企业每日汇总用户需求并制定所辖管道各用户日指定；天然气调控机构每日审核和发布销售企业提交的日指定。

1. 日指定申请与审批

通常，用户日指定审批由调控机构值班调度长完成。以某一石油公司的天然气日指定申请与审批流程为例：

（1）销售企业或部门每日15：00之前通过管道生产信息系统（PPS）提

交所辖管道各用户次日的日指定申请,日指定应明确至各分输站、各用户。销售企业或部门根据月度计划制定日指定,日指定总量根据调控机构对于各管道总量要求进行内部调剂。

（2）调控机构结合生产实际,在保证管网安全管存量的前提下,审批销售企业或部门提交的各管道日指定总量,并对管网总量进行控制。16：00之前审批和发布日指定,并根据日指定安排生产运行。

（3）如果日指定量与周平衡量偏差较大,销售企业与调控机构协商确认,如果能执行,按审批后的日指定执行；如果不能执行日指定申请,启动日指定审批应急程序。

2. 日指定变更

如果用户日指定气量发生了变化,应启动日指定变更程序。以某一石油公司的天然气日指定变更流程为例：

（1）各用户应严格按照日指定控制日用气量,每日每个用户最多只能进行一次当日的日指定变更,且应在当日 18：00 前完成变更申请。

（2）当用户日指定变更时,首先向销售企业提出变更申请,销售企业同意后,向调控机构上报用户日指定变更申请；当下游用户出现应急情况,销售企业可以单独向调控机构提交用户的日指定变更申请,但单一用户提交变更的次数不宜超过两次。

（3）调控机构根据生产情况审批并下发日指定变更。

（4）如果不能执行日指定变更申请,启动日指定审批应急程序。

3. 日指定审批应急程序

销售企业与调控机构进一步沟通协调,按照双方协商意见调整管道内各用户日指定。调控中心审批销售企业重新提交的管道日指定。如果双方协商不能达成一致意见,由上级管理部门协调解决或采取其他方式。

4. 日指定查看管理

为了提高效率,销售企业和客户建立沟通信息系统。通过天然气沟通信息系统,各企业及机构查看日指定以及变更情况。

5. 日指定执行

销售企业日指定由调控机构和天然气管道场站按照计量交接协议约定执行。站控状态时,站场可根据各销售企业制定的执行程序进行日指定执行控制；中控状态时,站场日指定执行控制由调控机构操作。

以某一石油公司的天然气日指定执行流程为例,具体执行如下：

（1）销售企业协调用户按照日指定量提取分输点的当日用气量,管道场站和调控机构按照日指定量向用户分输。

（2）日指定偏差控制标准：日指定量小于 $10\times10^4m^3$（不含 $10\times10^4m^3$）时，每日分输偏差控制在分输点日指定量的±2%。日指定量为 $10\times10^4m^3$（含 $10\times10^4m^3$）以上，每日分输偏差控制在分输点日指定量的±1%。

（3）若每日分输偏差连续 3d 出现日指定偏差过大的情况，管道站场应向销售企业备案，并说明原因；如果是用户原因，管道场站有权要求用户签字确认。

（4）在日指定偏差控制标准内，管道场站、调控机构应尽力按照用户需要的供气方式供气，并积极满足用户的小时调峰需求。

（四）用户非正常交接管理程序

管道设备计划性检修或突发性故障，导致无法执行用户的日指定时，应按照如下程序执行。

1. 场站或管道计划性检修

（1）管道企业应提前一周向销售企业提交检修计划，检修计划需与销售企业协商后方可执行。在不影响运输安全的前提下，销售企业可以要求管道变更检修时间及时长。

（2）销售企业应至少提前一天通知用户，请用户做好应急气源准备和运行安排。

2. 场站或管道突发故障

（1）管道企业应在短时内向销售企业公司通报，通常为 15min 内为宜。

（2）销售企业应在第一时间内及时通知用户，请用户做好应急气源准备和运行安排。

3. 交接方式变化

（1）在条件具备时，管道场站/调控中心应尽力按照用户希望的交接方式交接气量。

（2）管道场站/调控中心需要变更交接方式时，应告知用户。

（五）应急供气

当供气方式、供气量发生重大调整时，应启动应急计划管理程序。调控机构经与销售企业协商后，以累加方式严格按照应急程序进行管理。

以某一石油公司的天然气应急计划管理程序为例：

（1）确定供气需要重大调整 15min 内：调控机构联系有关管道企业、销售企业、下游用户，通报调整供气的事宜。

（2）确定供气需要重大调整 45min 内：确定管道主要设备（压缩机组）的启停方案，汇报调度业务主管领导，经同意后执行主要设备的启停方案。

（3）确定供气需要重大调整 60min 内：提交合理的应急供气方案给销售企业、相关管道企业。

（4）确定供气需要重大调整 90min 内：按照主管领导批准的供气方案通知相关管道企业、销售企业和上下游单位。

（5）确定供气需要重大调整 120min 内：通知有关站场按照确定的供气方案实施供气。

第三节　客户关系管理

一、天然气客户关系管理系统的框架

天然气销售企业的客户关系管理系统与现有的营销信息系统、呼叫中心和决策支持系统有一定的功能交叉，广义的客户关系管理系统更是包含了营销信息系统、呼叫中心等系统的范畴。天然气销售企业的客户关系管理系统从业务流程和系统流程的角度，共分为接入管理、流程管理和关系管理三部分。各子系统间互为接口，数据间互为流转，如图 5-1 所示。

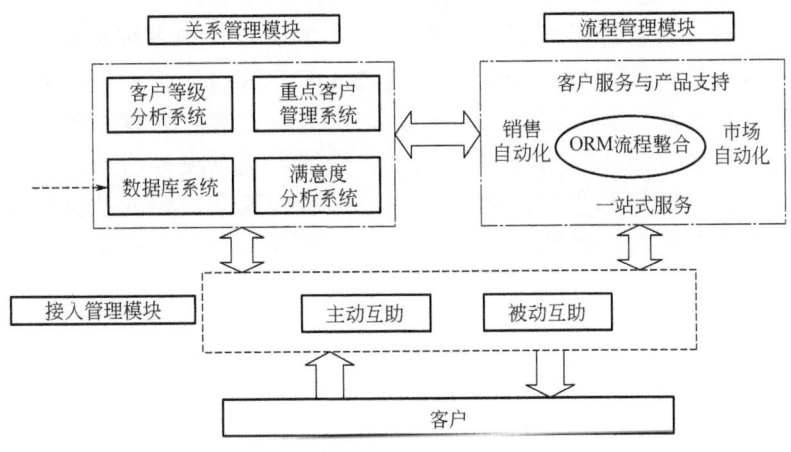

图 5-1　天然气销售企业客户关系管理系统设计框架

（一）接入管理

用于企业营销过程、客户交换过程及企业经营管理过程中产生的各种客户关系管理信息数据的获取和采集。所有能获取客户关系管理数据的硬件、软件、活动和人都纳入接入管理子系统的范畴。

（二）关系管理

在基于大量客户关系管理业务数据的基础上，对客户关系的深度分析和挖掘，为企业的经营互动提供决策支持。

（三）流程管理

用于客户关系管理数据获取后，对数据按规定的流程与规范进行自动化处理，同时，流程管理子系统还协调与现有业务子系统之间的合作关系。

二、天然气关系管理模块

天然气关系管理模块的主要功能是通过对客户信息以及数据库中记录的客户资料进行数据分析和挖掘，从中发现客户行为规律、购买模式等，并为企业决策提供支持，它是客户关系管理的核心部分，主要包括数据库系统、数据分析和挖掘系统、重点客户管理系统、其他统计分析系统等几部分。其重要作用是通过实现客户等级评价管理，并实施有针对性的策略和建议，满足客户满意度，提升客户的忠诚度。

天然气关系管理模块框架结构如图 5-2 所示。当系统接收到客户信息后，需要进行两方面的处理：一是进入客户等级评价系统，判断用户是否是重点客户。如果是重点客户，则进入重点客户管理系统，如果不是，则客户信息进入流程管理模块；二是进入满意度分析系统，衡量客户对有关服务的满意程度。当然，上述系统需要在一定的数据库支撑下完成相关判断和数据处理。

第五章 客户管理

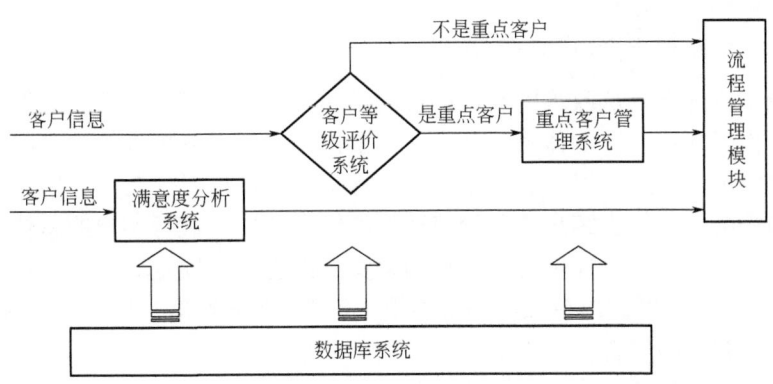

图 5-2 天然气客户关系管理模块框架结构

三、天然气客户评价体系

市场竞争越来越激烈,每一个企业都希望自己的客户数量能够不断增加并给企业带来更大的价值,但并非每一个客户都能为企业带来利润。所以,企业要把有限的资源投入到企业最具有价值和具有潜在价值的客户身上才能获得最大利润。因此,需要了解客户对企业的重要性层次,然后才可以根据客户等级的不同采用不同的服务、市场策略,来维护企业与客户之间的关系,促进双方关系的长远发展。

(一)天然气客户评价的目的

通过天然气客户评价研究,可以达到以下目的:

(1)有助于提升天然气市场营销的方法论。此前销售部门对天然气客户的认识基本上是通过经验和简单分类,缺少数据化的分析和评价;通过建立客户信息管理和评价系统,实现专业化和系统化的客户评价,为市场开发和市场营销提供依据;

(2)有助于增强对天然气客户分析的深度。对天然气客户进行价值识别和等级评定,可以帮助营销部门分析各种客户的特点和价值,有针对性地采用差异化的营销手段,引导客户成为更有价值的客户。市场开发中,可以利用客户评价结果,结合供气企业特点,优选用户,制定优化供气方案。

(二)天然气客户评价流程

通常情况下,从政策因素、社会因素和商业价值三个维度上评价天然气客户,构建立体的评价体系。从政策因素出发,然后分析社会政治因素,最后做商业价值评判。每一层可单独做出评价结果,也可综合上述因素将政策因素和社会因素作为客户商业价值评价的约束条件,进行客户的总体评价。

对于潜在客户,评价客户项目的可实施性也是一项重要内容。对于可实施性的评判,可以做出单独的评价结果,也可作为潜在客户的约束条件之一,纳入到对客户的综合评判中。

天然气客户评价流程如图 5-3 所示。

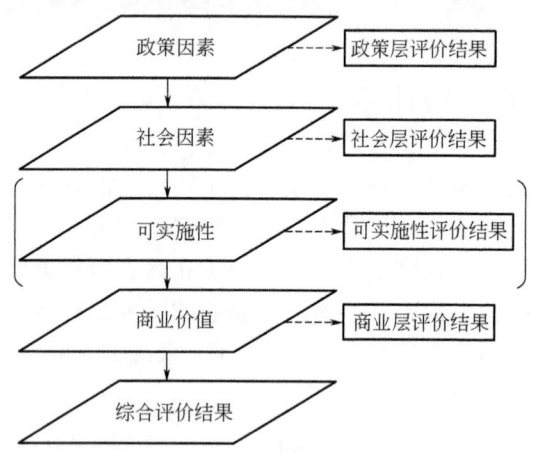

图 5-3　天然气客户(潜在客户)评价层级结构图
注:括号中的内容仅对潜在客户进行评价

(三)评价指标体系的确定

天然气客户评价的要素包括政策因素、社会因素、可实施性因素及商业价值因素。商业因素又包括客户的用气情况(包括用气量的大小、用气价格的高低等)、用气特性(包括是否为管道系统的安全平稳生产带来便利或降低成本)、信用状况(是否具备支付能力以及是否及时足额支付等)和发展潜力(用气水平的增长潜力和未来对价格上涨承受能力的预期)等方面。

按照是否有天然气的交易,天然气客户可以分为现有客户和潜在客户。现有客户是指已经用气的客户,包括刚开始与之交易的新用户、与之有较长交易历史的老客户和已经建立长期稳定关系的忠诚客户;潜在客户是指有天然气用气需求,但尚未与中国石油进行交易的客户。

对于现有客户,由于有交易历史,天然气交易相关的数据资料比较齐全。通过交易数据的分析,客户评价应能够反映出各客户对于中国石油的相对价值和重要性。对于潜在客户,客户评价应能识别各潜在客户的潜在价值,找出应该优先发展的用户,为制定相应的营销策略提供依据。应当重点考虑指标的可获取性。

根据现有客户及潜在客户的特点,从政策因素、社会因素、可实施性因素及商业价值因素出发,分别构造了天然气客户评价指标体系,一家石油研究单位推荐的天然气客户评价指标如图 5-4 所示。

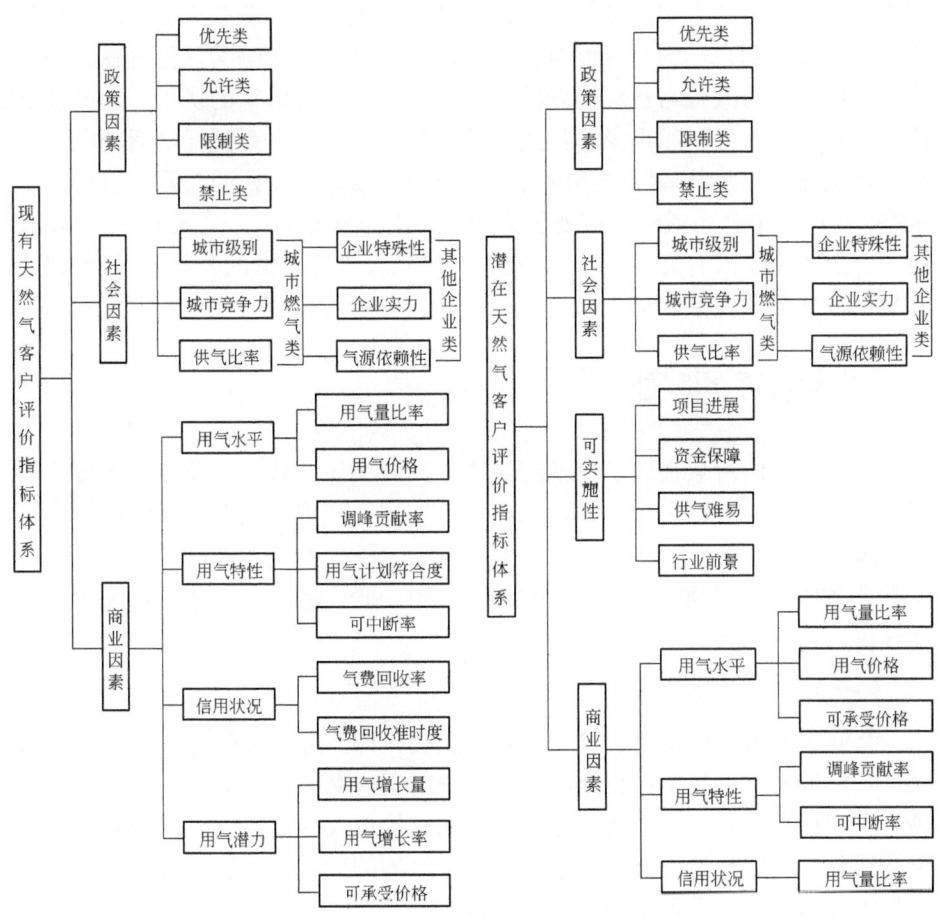

图 5-4　典型的天然气客户评价指标体系图

第四节 公共关系管理

一、公共关系涵义

公共关系管理是（Public Relation）市场营销重要的组成部分。企业不仅与消费者、供应商和中间商相关，还与其他一大批的兴趣公众有关。所谓的公众是指为达到自己的目标而对公司有现实或潜在的影响的任何群体。公共关系是指企业为改善与社会公众的关系，促进公众对组织的认识、理解及支持，达到树立良好组织形象、促进商品销售的目的的一系列促销活动。它的涵义是企业必须与其周围的各种内部、外部公众建立良好的关系。它是一种状态，任何一个公司或个人都处于某种公共关系状态之中；它又是一种活动，当一个企业或个人有意识地、自觉地采取措施去改善自觉的公共关系状态时，就是在从事公共关系活动。

二、公共关系的职能

公共关系的对象很广，包括消费者、新闻媒体、政府、业务伙伴等。组织机构利用公共关系去吸引公众的注意力或者去抵消留在公众头脑里的坏印象。国家使用公共宣传去吸引更多的观光者、外国投资者和取得国际支持。公共关系作为一门经营管理的艺术，其功用、职能主要表现在信息收集、咨询建议、信息沟通3个方面。

（一）信息收集

公共关系所需收集的信息主要有两大类，即产品形象信息与企业形象信息。产品形象信息包括：公众特别是客户对于产品价格、质量、性能、用途等方面的反映，对于该产品优点、缺点的评价以及如何改进等方面的建议。企业形象信息则包括：公众对本企业组织机构的评价，如机构是否健全、设置是否合理、人员是否精简、运转是否灵活、办事效率如何等；公众对企业管理水平的评价，如经营决策评价、生产管理的评价、市场营销管理的评价、人事管理的评价等；公众对于企业人员素质的评价，如对决策者的战略眼光、决策能力、创新精神等方面的评价；公众对于企业服务质量的评价，包括服务态度、对顾客的责任感。

（二）咨询建议

其内容涉及本企业知名度和可信度的评估和咨询；公众心理的分析预测和咨询；评议本企业的方针、政策、计划。

（三）信息沟通

在企业创建时期，信息沟通的主要任务是争取建立公众对于本企业的良好印象，能够招揽人才，争取投资来源；建立自己的独特风格，如企业的产品的命名、商标、广告的制作、代表色的选择以及门面的装修。在企业遇到风险时，要弄清事情的原因，区别对待：对公众的误解或他人的陷害，要进行必要的解释，将本企业采取的预防措施向公众宣布；对企业自身过失危害公众利益，公共关系人员应实事求是，使恶劣影响减小到最低限度，将本企业的改进措施公之于众，帮助企业重振声誉。

三、天然气市场营销企业实施公共关系的主要方法

通常情况下，天然气市场营销企业为了获得公众谅解，建立良好的公共关系，需要开展以下工作。

（一）向公众传达统一的天然气相关信息

天然气企业的公众包括消费者、政府、媒体，还需要向第三方，包括研究能源问题的专家学者、政府机构、消费者协会等，进行不断的沟通和交流。对待这些不同的公众利益相关方，要用统一的风格传达一致信息，避免不同传播中不一致性产生的消极影响。但也要掌握他们不同的关注点和侧重点，要用不同的策略对待不同的受众。例如，消费者关心的是天然气价格问题，投资者关心的是投资的长期盈利性问题，公司需要努力在这两种需求之间找到平衡。

（二）加强舆情沟通，避免媒体的失实报道

与媒体的关系，是天然气营销公共关系工作的重点。如果有任何设备更新和大型管道投产运行信息，公司都应主动与媒体联系，进行沟通和交流，希望他们客观正面报道。天然气营销公关关系机构制定媒体宣传策略。宣传

策略包括两个方面：一是花钱请广告公司、公关公司在媒体上做广告；二是影响记者，让他们主动帮助公司。有说服力的、独立的第三方不光是媒体人士，也包括非政府组织的能源专家和政府的智囊团等。公关除了与专家、学者和媒体保持日常沟通和交流外，还会通过开展一系列交流会和研讨会等活动加强与他们的关系。

（三）影响政策制定，赢得政策支持

天然气企业与国家政策紧密相关，公共关系中非常重要的一项工作就是如何争取政策支持，因为政策决定着公司是否能掌握天然气产业发展主动权。对我国政府部门来说，除了国务院，国土资源部，还有负责管理能源的部门，这些都是天然气公司需要影响的对象。政府公关有很多难题，其中最关键的就是政府预算紧缩。民意调查显示，民众关注的重点是健康、教育和失业问题，没有能源问题。因此，虽然政府制定了严格的节能减排目标，但民众并没有给予太多的关注和支持。在对政府实施公关时，首先要分析政府所制定的政策对公司的影响是什么，是有利的影响还是不利的影响，潜在的风险有多大？然后再根据潜在的风险来确定公司公关的长、中、短期目标，影响最核心的政策制定。除了对政府部门进行公关外，公司还需经常进行民意调查来了解究竟需要在哪些方面进行改进。有调查结果显示，民众最不满意的有定价机制和售后服务等具体内容，因此，公司的公关工作将在这些方面进行改进。

（四）传达希望外界知晓的信息，争取理解和支持

在公众心目中，能源公司的形象低于电信、银行等其他大型公司，这使能源公司意识到必须加强与公众的交流和沟通，以提高公众对其的认可和支持度。另外，如果能源公司要达到政府提出的节能减排的目标，就必须更新设备、发展科研、扩大天然气等清洁能源利用，这样就势必大幅提升能源成本，相关解释工作也需要大力推进。这些内容需要在各种媒体上发布，包括报纸、电视、新媒体、网络媒体、内部网站。中石油作为上市公司，有义务向公众披露充分的信息。公司的成本组成，例如，能源开采的投入、支付员工的工资、广告费用、宣传费用、公关费用等，都必须向公众公布。此外，公司的利润率要控制在10%以下，因为能源公司是被社会高度关注的公司，如果利润率太高，会让公众觉得很不舒服。公关部门通过软实力微妙地影响各方，表面看起来力量较弱，但有时也会起到非常巨大的作用。

（五）利用新媒体提升公司形象

社交媒体是典型的新媒体，是现在非常重要的沟通工具。在社交媒体上虽然有一些正面声音，但当一些负面情况发生时，社交媒体的传播速度之快、影响之大是不容忽视的，也是极具破坏力的。这就要求公司不仅需要与传统媒体沟通，而且要把社交媒体作为一个与消费者沟通的好手段加以充分利用、积极开展工作，充分考虑在危机发生时如何处理和防范负面消息的传播，提前做好准备。天然气企业可利用新媒体，在主页上提供博客、微博、论坛等各种交流方式。企业还通过社交媒体了解到社会各界对公司存在的疑问，从而知道需要在哪些方面加强宣传。企业以最快速度答复人们在微博、微信等新媒体提出的每一个问题，给他们留下良好的公司形象。公司利用社交媒体主要是传达以下三个方面的信息：一是公司持续提升创新力展示；二是非常愿意与公众双向沟通交流；三是展示企业人性化的一面。通过在社交媒体中的直接沟通，可改变企业形象，拉近与公众的距离。除了消费者之外，企业还可以通过与舆论导向者充分沟通，如记者、媒体、非政府组织，展示一个公开、透明、诚实的公司形象。

参考文献

[1] 菲利普.科特勒, 加里·阿姆斯特朗.市场营销原理.楼尊译.北京：中国人民大学出版社, 2010.

[2] 万晓.市场营销.北京：清华大学出版社, 2012.

[3] 邱中建,方辉.中国天然气产量发展趋势与多元化供应分析.天然气工业, 2005；25（8）：1-5.

[4] 李健康,杨建红. 国外天然气市场发育规律.国际石油经济, 2002, 10（6）：20-22.

[5] 刘小丽. 中国天然气市场发展现状与特点.天然气工业, 2010, 30（7）：1-6.

[6] 王占黎,单蕾,孙慧, 等. 中国天然气行业2014年发展与2015年展望.国际石油经济, 2015, 23（6）：37-43.

[7] 国家统计局能源统计司.中国能源统计年鉴2014.北京：中国统计出版社, 2015.

[8] 李伟,陈燕,粟科华,等."十三五"期间我国天然气行业发展环境分析. 北京：国际石油经济, 2015, 23（3）：5-10.

[9] 严铭卿.燃气工程设计手册.北京：中国建筑工业出版社, 2008.

[10] 杜彩军.中国出租汽车运营特征及启示.城市交通,2015（4）：25-29.

[11] 周军, 卢春明, 杨凤玲, 等.城镇燃气用气不均匀性的探讨.上海煤气, 2003（1）：15-17.

[12] 盛凯桥, 张亦军, 康志刚, 等.武汉居民生活用气定额及不均匀性分析.煤气与热力, 2001, 21（5）：450-452.

[13] 史宇峰, 何润民, 等.天然气工业用户用气特征研究.北京：石油工业出版社, 2013.

[14] 张国栋.燃气轮机联合循环发电技术特点. 电气技术, 2016（10）：11-16.

[15] 康玉洁.燃气-蒸汽联合循环发电系统的现状和展望. 电气时代, 2013（6）：60-61.

[16] 吴齐伟.天然气分布式能源技术及其应用.上海煤气, 2012（4）：24-30.

[17] 张爱明.天然气化工利用与发展趋势. 天然气化工,2012, 37（3）：69-72.

[18] 潘作志.浅谈天然气化工技术现状及其发展分析.中国新技术新产品, 2013（4）：166-166.

[19] 小卡尔·迈克丹尼尔，罗杰·盖兹著.市场调研精要. 3 版. 范秀成译. 北京：电子工业出版社，2002.

[20] 黄丹.市场调研与预测.北京：北京师范大学出版社，2007.

[21] 龚曙明.市场调查与预测.北京：清华大学出版社，2011.

[22] 张灿鹏.市场调查与分析预测.北京：清华大学出版社，2008.

[23] 胡祖光、王俊豪、吕筱萍.市场调研与预测.北京：中国发展出版社，2007.

[24] 杨小平.市场信息学.北京：中国财政经济出版社，2006.

[25] 吴江水. 完美的合同. 北京：北京大学出版社，2010.

[26] 罗杰·费希尔，威廉·尤里，布鲁斯·巴顿，等. 谈判力. 北京：中信出版社，2012.

[27] 段常贵，王民生，等.燃气输配. 3 版.中国建筑工业出版社，2001.

[28] 刘凯信，陈茂祥，等.天然气工业管理实用手册.石油工业出版社，2005.

[29] 周章程.西气东输天然气需求侧管理探索.天然气技术经济，2006（4）：28-29.

[30] 朱纪宪，靳凤兰.不同天然气调峰方式经济比选探究.石油规划设计，2011，22（1）：16-19.

[31] 李景翠，申瑞臣，袁光杰，等.含水层储气库建设相关技术研究.油气储运，2009，28（8）：9-12.

[32] 陆家亮.上游调峰对气田开发的影响.天然气工业，2009，29（9）：64-66.

[33] 王茜，孙家庆，姚景芳，等.基于安全低碳供应链的天然气需求侧管理体系研究.价值工程，2014（27）：14-15.